アジアから考える

日本人が「アジアの世紀」を生きるために

水羽信男［編］

有志舎

はじめに

水羽信男

「アジア」を題名に含む本は過去においても現在においても星の数ほどある。だが、たとえば日頃、教壇に立つ僕たちは、学生に「日本はアジアの一員?」と問いかけたとき、さまざまな答えが出てくることを知っている。何よりも「アジア」とはどこなのか。一九世紀に海外進出を始めた西洋の人びとが、自分たちと異なる地域と人びとを一括りにした「アジア」という言葉が、曖昧さを含むのは当然だろう。たとえば身近な例でいえば、現在は欧州サッカー連盟に参加しているイスラエルは、かつてはアジアサッカー連盟に参加していた。

こうした曖昧さとそれにともなう混乱をはらみながら、メディアには「アジアの世紀」との言葉も溢れている。経済的にも政治的にも、そして軍事的にも二一世紀の国際社会における「アジア」諸国の存在感はますます大きくなっている、と言われる。日本にとってもアジアとどう付き合うのかは、安全保障の面でも、経済発展を持続させるためにも、どうしても考えなければならない重大な問題となっている。

あるいはこうした天下・国家に関わる大事を論じなくても、隣に中国人一家やベトナム人実習生が住んでいたり、フィリピン人やブラジル人を親に持つ子供たちが日本の学校に通学したりすることは、ごく当たり前の日常的な光景になっている。

だが、それにもかかわらず、あるいはそれ故なのか、僕たちが「日本はアジアの人々や国々とどういう関係を持つべきか」と問えば、少なくない学生たちが困惑した表情を浮かべる。その要因は学問的にいえば、正確とは言いがたいアジア論が、ある時は激烈な敵愾心を込めて、またある時は面白可笑しく侮蔑的に流布・拡散していることを指摘できる。しかし僕たち研究者の側が、明確な「アジア」イメージを提示しきれずにいるという問題も否定できないように編者は感じている。

たとえば編者の専門である中国近代史に関していえば、過去の日本の侵略の罪を贖うかのように、中国の近代化の絶対的な正しさを説き、中国の現状を肯定的に描くというようなことは、学問レベルでは数十年前に克服された。しかし、それではいかなる中国像を人びとの前に示すべきなのか、という問題になると、専門研究者のなかでも意見は割れる。それは日本の自画像についても同様であろう。総じていえば、私たちは日本を含む「アジア」といわれる地域をどのように理解すればよいのだろうか。また日本と「アジア」の関係をどう展望すればよいのだろうか。

とはいえ、今回の論集を通じて、一足飛びに「アジア」をめぐる問題を解決する「処方箋」を示すことを編者は目指さない。否、安易な論断は却って有害であるとさえ考えている。しかし「アジア」をもう一度考えるための手がかりを、広く読者に示したい。それゆえ執筆者は、日本を含む「アジア」を語ることを通じて、読者に何を伝えたいのかについて、それぞれが真摯に問うた。あるいは自らの専門からみて、日本人の「アジア」に対する認識には、どのような問題点があり、また新たな関係を構築するうえでの可能性はどこにあるのか、などについて考察した。「アジア」全域を網羅することもできない、ささやかな試みだが、読者諸賢からの厳しい批判を願っている。

アジアから考える——日本人が「アジアの世紀」を生きるために《目次》

第2部　日本とアジアとの交流・比較
――「アジア」の実相

総論　開かれたアジア論の深化のために

――本書のねらいと構成

水羽信男

アジアとはどこなかのか。辞書的にいえば、西アジア、中央アジア、南アジア、東南アジア、東北アジアとなろう。だが、こうした区分はあくまで便宜的なものである。たとえば本書第一二章でとりあげられるベトナム人は、箸を使って食事をし、もともとは漢字で歴史を記し氏名を表した。中国起源の儒学の影響も、日本や朝鮮半島と同様に強かった。その意味では、東南アジアと思われがちなベトナムであるが、東アジアとの共通性も高い。また国境でアジアを論じることも誤解を生じやすい。たとえばボスポラス・ダーダネルス海峡の西側のトルコもアジアなのか、ロシア連邦のアジアとヨーロッパの区分線は誰が何を基準に決めることができるのか等々。

その意味で、アジアを統一的に定義する方法などはなく、一九世紀に西洋諸国が「後進」・「野蛮」のレッテルを貼り、植民地支配や内政干渉の対象としたことに共通点が見出されるだけである。こうした西洋のアジア理解の原型ともいえるのが、(子安宣邦　二〇〇三年）も指摘するように、一九世紀前半のヘーゲルの次のような指摘であろう。ヘーゲルは周知のようにドイツの哲学者で、今日においても一定の影響力を有している。

東洋人は、精神そのもの、あるいは、人間そのものが、それ自体で自由であることを知らない。自由であることを知らないから、自由ではないのです。かれらは、ひとりが自由であることを知るだけです。……このひとりは専制君主であるほかなく、自由な人間ではありません（ヘーゲル・長谷川宏訳『歴史哲学講義』岩波文庫、一九九四年）。

それゆえにアジアの指導者のなかには、侵略や差別に対抗する「アジアのやり方」を強調する者も現れた。それは第二次世界大戦後、それまでの植民地だった民族の独立が達成されるなかでの正当な権利主張という側面も有していた。すなわち西洋社会が自己正統化のために、非西洋社会を一方的に「野蛮」で「理解不能」な「遅れた」社会というレッテルを貼り付けた思想・行動のパターン（＝「オリエンタリズム」）への当然の反発を背景としていたのである。

しかし、オリエンタリズムへの批判は、時にアジアの権力者が自らの独裁的な支配を正当化するために、欧米の人権論はアジアの社会には適合しない、などと強弁する理論として利用されることもあった。すなわちアジアの側にも敵か味方かの二分法によって、西洋をまるごと否定する思想・行動のパターン（＝オクシデンタリズム）があり、（井上達夫　一九九九年）が指摘するように、西洋起源ではあっても人類普遍の価値である「個の尊厳」を基礎とする人権論などが軽視されることもあったのである。

さらに先進資本主義から侵略されたことにおいて、アジア諸国はアフリカやラテンアメリカ諸国と同様だが、日本だけでなくアジア諸国にも、これらの国や民族への偏見が存在していた。つまり差別される側が、自らよりも弱い立場にあるとされた者に対して、自らを差別する者と同質の態度で接するということもあったのである。

その意味でアジアはひとつではないし、抑圧される側でありながら、国家や民族内部での抑圧もあるし、より弱いと理解されたアジア内／外の他者への抑圧もありえる、という極めて理解しがたい存在である。では今日アジアを考える意味はどこにあり、私たちはアジアをどのように考えようとするのか。この点について、本書の内容を紹介しつつ、編者なりに問題を敷衍してみたい。

「アジア認識の再構築のために――「外」からみる日本・アジア」と題した第1部は六編の論考からなる。ここでいう「外」とは論者により異なり、アジア以外の地域からの、あるいはアジア内における「他者」からの視点や、地域概念を越えた人類史的な視座などを意味しているが、いずれも既存のアジア理解に衝撃を与える論考である。

第1章「アフリカでビジネスと紛争にかかわる日本人たち――日本の現代小説にみるアフリカのイメージ」（大池真知子）は、アジアのアフリカ観を日本に即して検討することで、極めて重要な問題を提起している。昨今の日本政府は中国との対抗上、アフリカの支持を得るためにさまざまな努力を行なっているという。他方で、一九五〇年代初頭以来、長い交流の歴史を有する中国とアフリカの関係に対して、日本が付け焼き刃の対策で対抗できるのか、という疑問も呈されている。だが、こうした政策レベルの議論を深めるためにも、やはり私たちは私たち自身のアフリカ像の質を問う必要があるだろう。著者によれば、問題の解決の方法は肌の色ではなく、人として他者を見ることにつきる。彼・彼女らも当然、その固有の歴史を持ち、私たち同様に、変化してゆく現実のなかで、さまざまな思いを抱えて生活している。そのことに対する共感力の育成が重要なのであろう。だが、その課題は現状においてとてつもなく困難である。

第2章「ラテンアメリカの植民地支配と独立の経験――植民地近代を考える」（青木利夫）は、具体的な叙述の対象としてメキシコを設定し、植民地が独立し近代化を進めてゆくことの意味を考える。メキシコも多くの日本人にとって遠い存在であろうが、著者は一口にメキシコ人といっても、さまざまな血統的なルーツを持ち、かつ経済的・政治的な力量のうえで絶望的な格差を抱えていたことを強調する。そうした民衆を独立後、政府はいかにして「国民」として統合し、「国民国家」を建設してゆくのか。この極めて困難な課題を担った歴史を具体的に検討するのである。本書が明らかにした事実は、アジアの諸国にも通じる問題群のありかを明瞭に示している。そして単一民族国家との神話が根強くある近代の日本においても、アイヌや琉球、さらには朝鮮半島や台湾の人々をめぐる諸問題が、極めて重要な課題であったことを気づかせてくれるといえよう。

第3章「雑誌『島嶼邊縁』と一九九〇年代前半期台湾の文化論」（三木直大）は、国家統合・国民統合を進める権力の作用を相対化しようとする文化運動について論じている。こうした文化運動は、愛国の論理からは厳しく排斥されかねない。しかも中華人民共和国という強大な国家の存在を、いやでも直視しなければならない台湾においては、統合へ向けての圧力は極めて大きい。それゆえ国民であれ、なんであれ、集団のなかに個を溶解させるのではなく、あくまで個人としての尊厳を守る、ということは、とても重要で困難な課題となっている。そうした課題について、たとえば性的少数者の側から鋭く問題提起した知識人の活動を著者は追っている。本章は台湾におけるリベラリズムの定着の可能性を、日本以上に高く評価しているとはいえまいか。少なくとも著者が取り上げた知識人は、集団と個人という問題に対して、私たち以上に敏感であるように編者には感じられる。

第4章「日本における「台湾」／台湾における「日本」」（川口隆行）は、酒井充子と魏徳聖の二人の作品を俎上にあげる。因みに酒井は『台湾アイデンティティー』（二〇一三年）などで有名なドキュメンタリー映画監督、魏は『セデック・バレ』（二〇一一年）などの劇映画で、日本でもファンの多い台湾人監督である。二人はともに一九六九年生まれで、著者とほぼ同世代だが、それぞれが思想形成を行なった一九八〇年代から九〇年代は、日本ではバブル景気からそれが崩壊し、「ロストジェネレーション」が話題になる時期、他方、台湾では第3章が論じたように、戒厳令が解除され、国民党の一党独裁が終わるとともに、漢族以外のネイティブなどマイノリティの活動が活性化してゆく時期と、様相を異にする。こうした環境も背景の一つとして、著者は親日的といわれる台湾での「日本」像、親台的といわれる日本の「台湾」像の問題性を論じ、そこから日台の相互理解の限界について考察し、安易な「友好」関係を越える方法を模索する。

第5章「ライシャワーのアジア認識と日本」（布川弘）は、日本研究者であり、ケネディ大統領時代の米国大使であったライシャワーに注目している。ライシャワーについては、一九七〇年代までの日本の歴史学界の「主流」は厳しく批判してきた。著者は先行研究によりながら、ライシャワーのアジア認識と対日政策論を改めて検討した。それはアジア諸国の主体性を正当に評価しようとした、米国の良心的なリベラリストの視野から、近現代の日本に対する歴史認識を再検討する必要があることを、説得的に説明するものとなった。本書全体の問題関心からいえば、ライシャワーの指摘にもかかわらず、米国政府のアジア認識には、朝鮮半島やインドシナ半島に対する無理解という致命的な欠陥があったことが着目される。そこに米国におけるオリエンタリズムの影をみることも容易だが、自己と異質な社会を理解することの困難さを、私たち自身の問題として捉える視座も必要であろう。

第6章「「放射能とともに生きる」――残留放射能問題と戦後の日米貝類貿易」（西佳代）は、アジアという枠組みが、今日の問題を考えるうえで唯一の有効な方法的視座となりえないことを明瞭に示している。環境問題はまさに人類全体の課題であり、環境は人間によって管理されうるという「近代的環境観」も、残留放射能で汚染された広島のカキを、原爆投下国の米国人が大量に消費するという皮肉な事態を生み出した。そして本章が提起する環境観の問題は、今日でも福島第一原発の放射能の影響などについて考えるうえで重要であろう。環境観のありようを市民レベルでも再検討することが、極めて大切な時代になっている。ただし、環境の問題も地域によって、その現れ方は異なる。本章が取り上げたアジア太平洋地域が米国にもった意味は、欧州などとは異なっていよう。本章を素材に「核とアジア」という問題を再考することもまた必要である。

第2部は「日本とアジアとの交流・比較――「アジア」の実相」と題した。日本はこれまで論じてきたアジアの中でも、いち早く資本主義化に成功し、国民国家を樹立して、「脱亜入欧」を目指し実現した。この歴史的事実が、日本はアジアなのか、という問いが生まれる一因であり、昨今の嫌中・嫌韓論を支持する人々が、中国・韓国と日本を同じ範疇に括ることに嫌悪感を示す根拠なのだろう。こうした立場にたてば、「アジア人」に日本人は含まれなくなる。逆に侵略に対する抵抗をアジアの共通点だとすれば、日本を侵略者として、アジアから切り離す動きもまた出てくる可能性がある。

といえは、ここでは日本はアジアであるか否かについて、「こう考えるべき」という原則的な立場を大上段には掲げない。その前に、まず実相を知るために必要な新たな知見の提供を目指した。具体的には日本と中国・台湾・ベトナム・フィリピンとの交流や、相互の比較などを行う六編である。

第7章「中国の憲法制定事業と日本」（金子肇）は、中国で憲法制定が大きな話題となった一九三〇年代と一九五〇年代に焦点をあて、当時の日本人が中国における立憲政治の動きを丁寧に分析していた事実を取り上げた。編者なりに敷衍すれば、著者は今日の日本人の中国理解が経済・軍事に傾斜し、外交を除く政治に対して相対的に関心が薄い、という事実に物足りなさを感じているように思われる。いうまでもなく外国に対する好悪の感情は個々人の自由に属する問題であり、中国に対しても同様で、皆が中国を好きになる必要は当然ない。しかし感情のレベルとは別に、それを越えた冷静かつ理性的な分析に基づく中国論が必要であることは間違いない。中国はともすれば独裁国家・専制主義の国として固定的にイメージされがちだが、著者は立憲政治の展開という歴史的視点から、それとはおよそ無縁に思える中国政治を考えることも必要だと訴えている。

第8章「大正期東京の中国人留学生」(水羽信男)では、第7章が論じた立憲政治とも関わって、施復亮(一八九九〜一九七〇年)や謝晋青(一八九三〜一九二三年)という、日本ではほとんど知られていない知識人の東京での経験をとりあげた。彼らは日本に憧れ、一九二〇年前後の東京で生活することで、都市文明の華やかさを肌で感じることになった。彼らは中国の新聞にさまざまなエッセーを掲載したが、その内容を検討すると、彼らは日本から学び東京で生活し刺激を受けることによって、中国社会の後進性を痛感し、中国社会の特質について考えはじめたことが理解できる。そして施復亮は中国の変革のためには、上からの工業化とリベラルな価値が重要であることを強調するようになる。渡日前の彼が抽象的に中国の変革を論じ、個人よりも集団の力を重視していたことと比較すると、その変化の大きさは着目される。日中間の知的交流のもう一つの側面である。

第9章「竈神と毛沢東像——戦争・大衆動員・民間信仰」(丸田孝志)は、第7・8章が政治史・政治思想史に関心を寄せているのとは異なり、日中戦争(一九三七〜四五年)と国共内戦(一九四六〜一九四九年)という連続した二つの戦争のなかで、中国の民衆はどのようにして生き抜いたのかに着目して論じている。著者の最終的な関心は日中の社会構造の比較であり、民衆世界の実相のなかから本章は両者の違いを鮮明に描き出した。私たちはともすれば自分たちの住む社会を世界に共通するものであり、同時に「正しい」ものとイメージしがちで、自分たちと異なる社会に対しては激しい反発を示しかねない。だがそうしたイメージは、時に夜郎自大な態度を生み、不必要な対立を生み出しかねない。著者は生活の具体的な場面から、日本とは異なるが、それなりに合理性を保つ中国の民衆世界を描きだした。

第10章「和解への道——日中戦争の再検討」(黄自進)は、日中間の対話を困難にしている最大の要因である日中戦争をめぐる「歴史認識」問題に真正面から取り組む。著者は日本・中国(大陸)・台湾の「歴史認識」の違いの内容を確認し、日中台の研究者による真摯な和解のための努力の成果と課題について整理した。そのうえで、著者自身が組織した現在進行形の新たな共同研究について紹介している。著者の活動は、これまで積み上げられてきた成果を継承し、さらに発展させるものである。その最大の特徴は、新たな視座を加えることで、歴史観や歴史評価の方法の上で大きな違いを見せる、中国(大陸)・台湾・日本の学界に架橋しようとしていることである。そのことにより、自国中心主義的になりかねない国民の歴史認識(「ナショナルヒストリー」)を克服する方法について、模索しているといえよう。

第11章「アジアの中を移動する女性たち——結婚で日本に移住したフィリピンの女性たち」(長坂格)は、日本へ移住するフィリピン人には圧倒的に結婚移住女性が多く、そのことが他のフィリピン人受け入れ国とは異なる日本の特徴であり、それゆえ彼女たちの暮らしを研究することが重要な課題となっていることを指摘する。日本社会のなかで彼女たちは、偏見や蔑視に晒されているのである。だが、著者はフィリピン人としてのアイデンティティーを保ちながら、日本社会に根を下ろし、さまざまな制約を家族とともに超えてゆく女性たちの声を、自らの社会調査に基づき丁寧に拾い上げてゆく。著者がいうように個別の例によって、日本に住むフィリピン人の抱える問題の全体的なイメージを左右することはできない。しかし個別の事実を尊重することなしに、全体像を構築できないこともまた否定できないだろう。神は細部にこそやどるのである。

第12章「近現代ベトナムへの日本人の関与」（八尾隆生）は、近年、着目され始めているベトナムに対して、日本人が一九世紀末から浅からぬ関係をもっていたことを、主として歴史学研究という学問世界を具体的な場として論じている。著者は現地での史料調査なども行い、既存の文献だけでは理解できないベトナム人とベトナム社会を深く理解しようとしている。本章では中国と歴史的に密接な関係を持ちつつ、東南アジアの一国として国際社会にうってでようとしているベトナムの姿を直視しており、その具体的な叙述は読者のアジア理解をより深めてくれよう。しかしそれだけでなく、日本人研究者がベトナムに貢献できる具体的なテーマを示すことを通じて、草の根の交流の重要性を考えさせてくれる。というのも、経済や安全保障など当面の国益に基づく交流が必要であることは当然だが、誰もがそれだけで十分だと考えてはいないからである。

以上、本書はアジアを考える方法や、アジアを複眼的に理解するための情報を提供してきたが、アジアの問題を論じるといいながら、インド・イランなど多くの国や民族について取り上げることができなかった。また昨今では米国のアジア太平洋地域へのリバランス政策や中国の海洋政策などともかかわって、アジアとオセアニアとの関係にも関心が高まっている。この地域と日本との関係については、第6章で取り上げたが、本格的な考察はできなかった。なにより、今日の日本の新聞・雑誌などの公的なメディア、そしてSNSなどの私的な情報空間における中国や韓国・朝鮮民主主義人民共和国（北朝鮮）への批判の凄まじさを前提とすれば、朝鮮半島を含まないアジア論は不誠実であることはいうまでもない。そこで総論では、すでに「ならず者」国家としてのイメージが確立した感がある北朝鮮についてはあえて論じないが、編者の韓国をめぐる観点を示すことで、本書の欠を若干でも補いたい。

今日の日本での行き過ぎた中国批判・韓国批判を是正しようとする活動も、粘り強く続けられている（「『嫌中嫌韓』本：出版人の責務は　異議や対応を討論」『毎日新聞』二〇一六年八月二二日　http://mainichi.jp/articles/20160822/ddm/004/040/047000c　二〇一六年八月二二日閲覧）。だが日本人の中国と韓国に対する見方には、ある種のねじれのようなものがあるように編者には感じられる。

たとえば内閣府が二〇一六年一月に実施した「外交に関する世論調査」によると、米国に対して「親しみを感じる」人は八四・四％、「親しみを感じない」人は一三・五％であるのに対して、中国・韓国両国に対してはもとに親近感が低く、親近感を感じない人が多い（http://survey.gov-online.go.jp/index-gai.html　二〇一六年九月二六日閲覧。なお日本政府が国家として承認していない北朝鮮に対する設問は、この世論調査では用意されていない）。だが中国と韓国を比較すると少なくない違いがある。すなわち中国に親しみを感じる人一四・八％に対して韓国は三三・〇％となり、中国に比較すると倍以上の人たちが韓国に親近感を感じている。それに対して中国に対して「親しみを感じない」とする人は八三・二％で、前回の二〇一四年一〇月の調査と比べて〇・一ポイント悪化している。韓国に対しては「親しみを感じない」人は六四・七％で、前回の六六・四に比べるとやや改善しているし、中国に比べれば違和感をもつ人ははるかに少ない、といえる。世論調査では韓国に対する好感度が中国に比較して高いのである。

しかし、日本人の韓国に対する（中国との比較のうえでの）好感度の高さの意味について、さらに検討する必要があるように編者は感じている。第11章も紹介するように、日本に暮らす外国人はさまざまな偏見や抑圧を感じているが、とりわけ韓国籍・朝鮮籍の「在日」をターゲットとしたヘイトスピーチの惨たらしさは言うまでも無かろう。だが彼・彼女らが感じているのは、「在日」としての問題だけでなく、韓国・北朝鮮に対する日本人の驕傲さなのではなかろうか。「在日」の人々を排斥する活動のリーダーが、二〇一六年の東京都知事選で一〇万票を越える支持をえたことは、そのことを傍証しているように編者にはみえる。

いずれにしても、たとえば先の「世論調査」は日本と当該国との関係の発展が、二国間関係およびアジア太平洋地域にとって如何なる意味を持つのかも問うている。日中関係について「重要だと思う」人七三・三%に対して、日韓関係を重要だとする人は六九・七%に低下する。当然のことだが、日中関係を「重要だと思わない」人は二二・五%にとどまっているが、日韓関係を重要だと思わない人は二六・〇%まで上昇する。こうした数字を米国との関係が重要だとする人の比率九五・八%と比較すると、一般的な日本の世論の特徴が明白だが、それはさておき、上述の世論の動向から編者は、日本のパートナーとしては韓国を重要視しない日本人の意識にある種の「歪み」を感じるのである。

すなわち友好関係を築いても日本にとってそう役に立たない韓国に対して、それでも少なくない日本人は好意的であろうとしているのに、日本に対して批判的になるとはなにごとか、と感じる人が、ヘイトスピーチに参加するような人々とは別に、相当数いることを先の世論調査や東京都知事選挙の結果は暗示しているのではなかろうか。韓国に対する好感は、日本人の韓国に対する優越感が前提となっており、韓国が日本にひとたび批判的な態度をとると、抑圧に転換しうる危険性を孕むものではないかと編者は感じている。

こうした韓国に対する姿勢は、（能川元一・早川タダノリ　二〇一五年）が紹介したような誤解や悪意ある広告などによって形成されている側面もあり、それだけに韓国をありのままにとらえることが、今日とりわけ必要となっているように感じられる。だが、それが難しい情況もある。というのも、昨今の日本には「ここがすごいニッポン」といった類いの言説が氾濫しており、日本に対抗的な、あるいは批判的な議論に素直に耳をかたむけにくい雰囲気が生まれつつあるからである。だが編者が担当した授業のレポートのなかには、次のような意見も含まれている。

日本のテレビ番組が、他国の森や高地などで暮らす人々のことを「秘境に住む人々」「こんなところに人がいる」などと紹介する。……日本人の平均的な暮らしを基準としてそれを下回るものとして他国の人々を扱い、人が暮らしている場所にも関わらず「こんなところ」「秘境」という粗末な、そして場合によっては失礼な扱いをしている。

国を愛することは、自らの国の歴史と現状を無謬だと言いつのることと同じではなく、愛国心ゆえに祖国の現状を批判的に考える、という選択肢も当然にある。学生たちのコメントを見るとき、こうした自省的で批判的な愛国心も存在していることが理解できる。

とはいえ韓国側から提示される情報のなかには、こうした自省的で批判的な愛国心の発露を阻害しかねない動きもある。その例のひとつに、たとえば慰安婦を取り上げたドキュメンタリー映画『終わらない戦争』（二〇〇八年）がある。この作品は国連の人権政策に影響を与えることを目的とした韓国の団体（Korea Center for United Nations Human Rights Policy）が提供したものだが、制作者側の慰安婦問題の糾弾という政治的立場（「大きな物語」）が前提とされ、慰安婦の個々の証言（小さな物語）はそのなかに取り込まれ、「大きな物語」を紡ぐために使われている。そのことによって証言者のかけがえのない固有の経験は、映画を見るものに伝わりにくくなった。こうした特性が、日韓の相互理解の深化という、この映画の製作者の期待する効果を十分に上げられない要因の一つになる可能性については、（大池真知子　二〇一五年）が説得的に指摘している。

当然、日本側にもさまざまな政治立場から導かれた「大きな物語」があり、それに適合的な形で「小さな物語」が利用され、極端な場合は歪められて、歴史が語り直されようとしている。そのなかで憎悪の連鎖が断ち切れ難くなっているのが、韓国・北朝鮮との間の「歴史認識」の問題であり、日韓・日朝関係である、ということになろう。編者はそうした錯綜した状況を改善するためにも、まずは個々の事実を直視することからはじめなければならないと考えている。

総じて言えば、編者はアジアと日本がかかえる諸問題を考えるためのヒントや、現状を冷静につみつめるために必要な知識を読者に提示したい、と願ってきた。その試みが成功しているか否かの判断は、読者に委ねるしかない。しかし本書をもとに執筆者、読者と議論を重ねて、アジアについて考え続けたいと切望している。

参考文献

井上達夫「リベラル・デモクラシーとアジア的オリエンタリズム」（今井弘道ほか編『変容するアジアの法と哲学』有斐閣、一九九九年）

大池真知子「女たちの声に耳を澄ます――映画『終わらない戦争』が表象する「慰安婦」と「慰安婦」問題」（『アジア社会文化研究』一六号、二〇一五年）

子安宣邦『「アジア」はどう語られてきたか――近代日本のオリエンタリズム』（藤原書店、二〇〇三年）

能川元一・早川タダノリ『憎悪の広告――右派系オピニオン誌「愛国」「嫌中・嫌韓」の系譜』（合同出版、二〇一五年）

第1部

アジア認識の再構築のために

――「外」からみる日本・アジア

第１章

アフリカでビジネスと紛争にかかわる日本人たち

――日本の現代小説にみるアフリカのイメージ

大池真知子

はじめに

私は、アフリカ文学、つまり、アフリカの人がアフリカを描く文学を研究している。ところが、いや、だからこそ、日本の作家がアフリカを舞台にして書いた作品を、積極的に読もうとしてこなかった。問題は、こういった作品がアフリカを表象するやり方にある。往々にして、そこでのアフリカは、主人公である日本人が、想像力を自由に発揮し、旺盛に活動する舞台である。雄大な自然の宝庫であったり、野蛮な民族紛争が止まない無法地帯であったり。主人公は、芸術家、ビジネスパーソン、医師、兵士といった人物で、アフリカの混沌から作品を創造したり、その混沌に秩序をもたらしたりする。アフリカはラスト・フロンティアで、なんでもありのワンダーランドなのだ。当然、アフリカに暮らす人々が、歴史や文化を持つ人間として描かれることはまれだ。アフリカ文学を読みなれている者にとって、こういったアフリカ表象はリアリティを欠き、作品も物足りなく感じてしまう。アジアであれば、日本とのあいだにつながりもしがらみも複雑に抱えているので、一定程度の評価を得た小説で、アジアがこのように一方的に描かれることは、少なくとも現代ではあまりないだろう。

しかし、ここ数年、日本にとってアフリカの意味が、経済的、政治的に大きく変化している。そのことは、日本が主催する「アフリカ開発会議」（TICAD）の変化からも見て取れる。この会議は、五年おきにアフリカ各国の首脳を日本に招いて行われてきた。一九九三年に第一回が開催され、第六回は、前回から五年を待たず三年で、これまでのように日本ではなくケニヤで、二〇一六年に開催された。（平野克己　二〇一三年）によると、二〇〇八年の第四回会議が大きな転換点だったと言う。中国が二〇〇〇年からアフリカを重視するようになったのを背景に、日本もそれまでのODA中心を改め、官民で連携してアフリカ開発を進めるようになったのである。これは、「TICAD史のみならず日本の援助政策史にとって画期となった」（平野　一二頁）。さらに、二〇一三年の第五回会議では、テロ対策も議題となった。「日本の対アフリカ外交に国家安全保障の要素が加わった」（白戸圭一　二〇一三年　一八頁）のである。

このように、ここ一〇年ほどのあいだ、日本にとってアフリカが経済的、政治的に重みを増すなか、人々が抱くアフリカのイメージもまた、変化していると思われる。大枠で見れば、あいもかわらず「ワンダーランド」であるのは否定できまい。だとしても、そこにはなんらかの違いが見られるはずだ。本章では、一九九〇年から二〇一五年までに日本語で出版された長篇小説で、アフリカを舞台にした作品を概観し、日本人が持つアフリカのイメージの変遷を分析する。とりわけ、日本が開発会議を開催して、アフリカとの新たな関係を模索しはじめた一九九〇年代前半の表象、さらには、アフリカに注目が集まり、日本が積極的に関係を結びはじめた二〇一〇年代前半の表象について、明らかにしたい。

1　第一期（一九九〇年代前半）と第二期（二〇一〇年代前半）

一九九〇年から二〇一五年までに出版された小説で、アフリカを舞台にした作品は、およそ一四作である（表参照）。インターネットの検索をつうじて、この一四作にたどり着いた。完全に網羅してはいなくとも、主要な作品はカバーしているはずだ。[*1] 興味深いことに、作品の出版年は、おおよそ一九九〇年代前半と二〇一〇年代前半の二つの時期に集中している。それぞれ第一期、第二期と呼ぶことにしよう。

紛争時	
兵士	医師
『蛮賊ども』（初版 1982 年）（船戸与一）	『アフリカの蹄』（帚木蓬生）
	『アフリカの瞳』（帚木蓬生）
『ジェノサイド』（高野和明） 『土漠の花』（月村了衛） 『深山の桜』（神家正成）	『風に立つライオン』（さだまさし）

表　アフリカを舞台にした小説

	年	日本人の立場 ／ おもな出来事	平時 ビジネスパーソン	平時 芸術家，学者
	1989	ベルリンの壁崩壊		
第一期	1990	南アフリカでマンデラ釈放		
	1991	ソマリアが無政府状態になる		
	1992	ソマリアに米軍中心の多国籍軍派遣		
	1993	米軍ソマリアから撤退／TICAD I		『ガダラの豚』（中島らも），『ママ・アフリカ』（山川健一）
	1994	ルワンダで大虐殺／南アでアパルトヘイト完全撤廃		
	1995			『野性の風』（村山由佳）
	1996	第一次コンゴ戦争～1997年		
	1997			
	1998	第二次コンゴ戦争（アフリカ大戦争）～2003年		
	1999		『沈まぬ太陽』（1969～73を舞台）（山崎豊子）	
	2000	サハラ以南でエイズ・ウイルス感染がピーク	『アフリカの王』（1989～92を舞台）（伊集院静）	
	2001			
	2002			
	2003	スーダンでダルフール紛争本格化		
	2004	映画『ホテルルワンダ』／マータイがノーベル平和賞受賞		
	2005	リベリアで女性大統領／ソマリア沖の海賊活発化		
	2006	映画『ブラッド・ダイアモンド』		
	2007			
	2008	TICAD IV		
	2009			
第二期	2010	南アでサッカー・ワールド・カップ		『ピスタチオ』（梨木香歩）
	2011	サーリーフ等がノーベル平和賞受賞／アラブの春／南スーダン独立		
	2012			
	2013	TICAD V	『アフリカッ！』（松村美香）	
	2014	西アフリカでエボラ出血熱流行		
	2015			

第一期の直前の八九年には、ベルリンの壁が崩壊し、東西冷戦が終焉した。その結果、それまで東西どちらかの陣営に属していたアフリカ諸国でも変化が起き、民主化が進むとともに、民族紛争が勃発した。南アフリカでは、九〇年、黒人指導者のネルソン・マンデラが二七年にわたる禁固を解かれ、四年後の総選挙で大統領となり、アパルトヘイトが撤廃された。また、九一年、ソマリアで独裁政権が倒されて無政府の状態となり、アメリカ合衆国中心の多国籍軍が派遣された。ところが九三年、アメリカ兵の遺体を市民が引き回す姿が報道されてアメリカの世論が硬化し、アメリカ軍はソマリアから撤退。世界はアフリカの紛争に関わることに及び腰となり、九四年にルワンダで大虐殺が起きてしまう。日本は九三年に第一回の開発会議を開催しているが、(Matsutani 2013)がまとめるように、これはアフリカにたいする世界の関心が後退するなかの大胆な決断だった。当時日本は「世界第二位の経済大国で世界最大の援助国」(平野 二一頁)であり、会議は「低迷を続けていたアフリカ開発に日本が本格的に乗り出すという宣言」(平野 二二頁)だったのである。

第二期は、南アフリカのサッカー・ワールドカップで幕を開ける。内戦終結後のリベリアで初の女性大統領となったエレン・ジョンソン・サーリーフは、二〇一一年、他の二人の女性活動家と共同でノーベル平和賞を受賞した。二〇一三年には第五回の開発会議が開催され、投資先としてのアフリカがあらためて注目された。この時期、『東洋経済』(二〇一〇年)、『日経ビジネス』のムック(二〇一二年)、『ニューズウィーク日本版』(二〇一三年)など、複数の雑誌でアフリカの特集が組まれ、[*2] ビジネスの可能性が強調された。また、同会議では、アフリカで頻発するテロにも言及された。背景には、二〇一三年にアルジェリアの天然ガス施設で日本人の人質一〇名が殺害されたという事件があった。

つまり、第一期の一九九〇年代前半は、冷戦が終結してアフリカが不安定化する一方で、世界の関心が薄れるなか、日本が援助をつうじてアフリカと関わりはじめた時期だと言える。第二期の二〇一〇年代前半は、成長するアフリカが、投資先として世界の注目を集める一方、テロの危険が増し、日本が安全保障の問題に取り組みはじめた時期だと言える。

2 四分類――ビジネスパーソン、アーティスト、兵士、医師

日本人がアフリカでさまざまな経験をする一四作は、日本人の立場におうじて、四つに分類することができる。

（1）日本人がビジネスパーソンとしてアフリカで事業を行う。

（2）日本人が芸術家として、アフリカからインスピレーションを得て創作する。あるいは、文化人類学者としてアフリカの呪術を学ぶ。

（3）日本人が兵士――傭兵あるいは自衛隊員――としてアフリカの紛争に参戦する。

（4）危機的な状況下で、日本人が医師としてアフリカの弱者を助ける。

アフリカは、（1）と（2）では手つかずの自然と資源の宝庫として、（3）と（4）では無法地帯として表れる。アフリカはアジアと違って、物理的にも心理的にも距離があるために、そこに生きる一人ひとりに思いを馳せることが難しい。そのため、主人公の日本人が勝手気ままに想像力を働かせ、しがらみなく躍動する舞台となりがちだ。この点は、明治期の冒険小説[*3]や昭和初期の秘境小説[*4]から変わっていない。

とはいえ、アフリカを冒険の舞台装置として扱うのが基調だとしても、少なくとも第二期の作品では、若干の変化が見られる。以下では、四つに分類される小説群ごとに、第一期と第二期でアフリカ表象の変化を比べてい

く。ただし紙幅の都合で、日本人が（1）ビジネスパーソンか（3）兵士として登場する作品群のみを取り扱う。第二期に、経済と安全保障の面でアフリカへの関心が高まるなか、この二つの作品群で、日本人とアフリカの人々との新たな関係を模索する意欲的な作品が目立つからだ。[*5] とくに投資と紛争という文脈では、搾取が起きやすい。そのため、主人公の日本人がアフリカの人と人間的な関係を結べるよう、作家はそれなりの工夫を凝らしている。作品が表象するアフリカは、日本人が活躍する舞台から、日本人がアフリカの人々と関係を結ぶ現場へと変化しているのだろうか。もし変化しているとすれば、そこにはどのような人間関係が描かれているのだろうか。

3　ビジネスの場

最初にとりあげるのは、ビジネスの場としてアフリカを描く作品群である。ここ数年、アフリカは投資先として急に注目されるようになった。小説でも、第一期から第二期にかけて、分かりやすい変化が見て取れる。主人公はビジネスパーソンとして登場し、彼がアフリカでプロジェクトを実施して、自己実現を果たす過程が、物語の核となる。該当する小説は三作あるが、両時期を舞台とするのはそのうち二作品である。

山崎豊子『沈まぬ太陽――アフリカ篇』

一九九九年に出版された『沈まぬ太陽――アフリカ篇』は、一九七〇年頃のアフリカを舞台とする。そのため、厳密には、本章の分析の対象から外れる。したがって、ごく簡単に触れる。なお、『沈まぬ太陽』は日本航空をモデルにした半ノンフィクションで、「アフリカ篇」の後、「御巣鷹山篇」「会長室篇」と続く。ここでは「アフリカ篇」のみを扱う。

この後に論じる二作品との大きな違いは、主人公はアフリカに左遷されて、自己実現どころか心身を荒廃させていくという点だ。航空会社で組合のリーダーだった主人公は、活動を危険視されて、まずカラチ支店へ左遷される。さらに、自社便の就航を控えて支店を開設したばかりのテヘランへと送られる。その後さらに左遷される先が、ナイロビである。ナイロビでは自社便は運航すらしておらず、主人公はたった一人で営業所を立ち上げ、運営する。あげくの果てには、日本の企業の事務所もないラゴス行きまでちらつかされるが、飛行機事故が発生して本社の政治情勢が変化し、主人公は本社に呼び戻されて、物語は終わる。

アフリカはまさに「地の果て」として表象されている。ナイロビには、家族も同僚もいない。主人公は、みずから仕留めたライオンや豹をはく製にして部屋に並べたて、彼らに見詰められながら孤独に酒を飲む。カラチとテヘランでは妻子を帯同していた。カラチでは、子どもは、開設されたばかりの日本人学校に通い、テヘランでは、主人公が中心になって、中東ではじめて日本人学校を開設した。だが、ナイロビには、主人公は単身で赴任するのである。日本の読者になじみのあるケニヤのナイロビですらこうであり、ナイジェリアのラゴスにいたっては、前人未到の地としてイメージされている。

伊集院静『アフリカの王』と松村美香『アフリカッ！』

『沈まぬ太陽』が描くのは一九七〇年頃のアフリカであり、未開の地として表象されるのも仕方ないかもしれない。では、同時期に出版された『アフリカの王』（二〇〇〇年）はどうだろう。こちらが舞台にするのは、一九九〇年頃のアフリカであり、第一期に相当する。第二期を舞台にする『アフリカッ！』（二〇一三年）と比較しながら分析していこう。

『アフリカの王』の主人公は、天衣無縫な雑誌編集者である。[*6] 物語の前半は、彼が仕事で無茶をしながら、アフリカに惹かれていく過程を描く。地上げ屋と暴力沙汰を起こして出版社を馘首された後、物語の後半では、ケニヤの国立保護区にホテルを建築しようと思い立ち、それを実現する。主人公は、業界人らを相手に壮大なロマンを語り、一口三〇〇万円の会費を集めて、資金を調達する。マサイの地主やケニヤの政治家との困難な交渉、インド系の実業家による嫌がらせ、遅々として進まない工事、厳しい天候など、さまざまな障害に遭うが、ついにホテルを建てる。

一方、『アフリカッ!』の主人公は、総合商社に勤める元気な若者である。新事業の調査のために意気揚々と赴いたケニヤで、破傷風を発症してしまう。ロンドンで緊急入院し、そこでザンビア人のミュージシャンに出会って、ザンビアで娯楽産業を興そうと思いたつ。ケニヤの支店長を説き伏せてザンビアで調査をし、帰国後、プレゼンする。提案は通らなかったものの、その若さと熱意を買われて、主人公はザンビアでバイオエタノールの事業をすることになる。エピローグでは、主人公らがクラウドファンドで建設した野外音楽堂で、こけら落しのコンサートが開かれており、主人公が夢を諦めていないことが示される。

まず、二作品の主人公の造形を比べてみよう。

『アフリカの王』の主人公は、破格の人物だ。ケニヤの取材では、ガイドの制止を振り切って象に接近し、取材班の命を危険にさらして、鬼気迫る写真をまんまと撮影する。フランスでは取材にろくに参加せず、パリで知り合った女を連れて、取材班に無断でケニヤに行ってしまう。地上げ屋との暴力沙汰で出版社を首になったのは、先に述べたとおり。退職後、ふたたびケニヤに行く途中のパリで、これまた破天荒な建築家と出会って意気投合し、そのまま一緒にケニヤに赴いて、国立保護区の「マサイ族の聖なる丘」（伊集院静　三〇四頁）の上にホテルを建設しようと決意する。持ち前のバイタリティで障害を乗り越え、最後にはホテルを建設する。アフリカは、このような型破りの主人公が受け入れられ、けっきょく願いをかなえてしまう、ラスト・フロンティアとして表象される。

一方、『アフリカッ！』の主人公は、同じようにパワフルではあるが、その元気ぶりはどこかにいそうな若者のそれであり、熱くて青臭い。「この巨大な大地に日本の製品を送り込んで生活を向上させる。日本の技術で困窮から救う。そして、日本も利益を得る」（松村美香　二一頁）という想いも、悪くはないが観念的すぎる。案の定、その甘さゆえに、破傷風にはなるし、交渉事では上司に救ってもらうし、けっしてかっこよくない。年上の国連職員に恋心を抱くが、弟扱いされて終わるのも分かりやすい。とどめに、必死に練った企画案は、会社では採用されない。それにもめげず、共感してくれる人を見つけて、少しずつ夢を実現させていく。『アフリカの王』の世慣れたやり手の主人公と比べると、この青臭さが特徴であり、彼はアフリカの現実に鍛えられる存在なのである。

アフリカの人たちとの関係も対照的である。『アフリカの王』の主人公を支えるのは、日本人のガイド、アフリカ生まれのフランス人の恋人、日本人の建築家たちである。おもに資金を提供するのは、懐に余裕があり、主人公のロマンに投資する業界人である。また、ビジネスの相手や敵となる現地人は、ヨーロッパ系かインド系で、アフリカ系は小物の詐欺師や作業員としてしか登場しない。主人公が深く関係した唯一のアフリカ系の人物は、スラムで動物を描く画家である。だが、その関係は一方的だ。画家の言葉で主人公が理解するのは、彼の口癖で「大丈夫」を意味する「ンディヨ」だけなのに、主人公はそこにアフリカの寛容の精神を読み込んで、身勝手にもすべてを許してもらった気になっている。画家はやがて死去するが、物語のクライマックスで主人公の夢に現れ、アフリカの大地を統べる王としてホテルを祝福する。このようにアフリカを神秘化することで、搾取は隠ぺいされ、現実のアフリカは遠のいてしまう。

一方、『アフリカッ！』の主人公がアフリカの人々と結ぶ関係は、より対等である。『アフリカの王』では、日本の型破りな編集者と建築家が異国の風景に酔い、インスピレーションを得て、ホテル建築を思いつく。しかし、『アフリカッ！』の主人公が娯楽産業を思いつくのは、ザンビア人のミュージシャンと知り合ったのがきっかけだった。主人公と彼らは同世代で、ザンビアの音楽を広めるという夢を共有する。主人公が彼らからザンビアの状況を聞き取る場面では、彼らが問題をシビアに把握しながらも、可能性を見出していることが伝わる。『アフリカの王』の主人公が惚れ込んだアーティストが、物言わずすべてを受け入れる画家だったのとは、対照的である。また、企画を練るために主人公が話を聞く現地人は、ほとんどがアフリカ系である。これも、交渉相手のほとんどがヨーロッパ系かインド系である『アフリカの王』とは大きく異なる。主人公は、ザンビアの人々の知恵を借りながら、企画を練り、バンド演奏の動画とともに企画書をインターネットに公開して、クラウドファンドで集金する。もちろん、主人公は、日本人の上司や同僚、知人からも助けてもらうが、ザンビアの若者は企画の重要な担い手である。

このように『アフリカの王』と比べると、『アフリカッ！』が表象するアフリカは、日本人が勝手に思いついた壮大なロマンを、勢いで実現する舞台ではなく、日本人が人々と交渉しながら賛同を得て、新しい事業を行う現場である。しかし、問題がないわけではない。

まず、主人公のがんばりがポジティブ一辺倒で描かれており、アフリカの表象が一面的になっている。かつてのネガティブなアフリカ表象を修正するという点では、意義があるのかもしれない。しかし、第二期の日本社会で、アフリカは「可能性に満ちたビジネスの場」としてとらえられている。世の中で支配的な楽観主義を無批判に受け継ぎ、感情移入しやすい自己実現の物語として提示することで、楽観主義をいっそう強化する結果、アフリカは多面性を失うことになる。結局のところ、『アフリカッ！』が表象するアフリカは、『アフリカの王』のイケイケのトーンを引き継いでいるのである。しかも、小説の設定では、現地の人の了承を得ながらのイケイケであるため、問題はより根深い。

また、最終的に主人公が命じられるバイオエタノールの事業は、詳細が小説中で提示されず、その搾取性がじゅうぶんに描かれていないのも問題である。おめでたいほど善良な主人公が、冷徹な商社のプロジェクトに組み込まれたとき、彼の若さとエネルギーはどのように利用されるのだろうか。主人公が育みつつある現地の人たちとの関係は、どう変化するのだろうか。この小説の先の物語を読んでみたい。

作者の松村美香は、国際開発コンサルタントを兼業する作家で、途上国での事業をテーマにした経済小説で知られる。これまではインドネシアやモンゴルを舞台にして、援助の矛盾をえぐる硬派の小説を書いてきた。アフリカを舞台にした本作は、例外的にトーンが軽く明るい。作者は、流行している池井戸潤風の軽妙な経済小説を書いてみたかったのだろうか。じっさい、『アフリカッ！』の表紙は、池井戸の『オレたちバブル入行組』の表紙や『下町ロケット』の文庫版の表紙に似ており、系統を一にすることが分かる。そして、池井戸風の「痛快お仕事小説」——『アフリカッ！』の帯の言葉である——の舞台に作者が選んだのは、アジアでなくアフリカだった。アジアでは難しくてもアフリカであれば、一面的な表象をしても受け入れられると、作者は感じたのだろうか。だとすれば、日本人にとってアフリカは、いまだ遠いワンダーランドなのかもしれない。

4　紛争の場

つぎに、紛争時のアフリカを舞台にし、日本人が兵士として登場する作品を分析しよう。アフリカの紛争は、報道でもよく取り上げられ、日本の読者にはおなじみのはずだ。ただし、そこに日本人を参戦させるには、かつてならば、日本人を傭兵とするしかなかった。しかし二〇一四年と二〇一五年の作品では、自衛隊員として登場している。それによって、日本人の主人公とアフリカの人々との関係は、いかに変化したのだろうか。自衛隊が登場する二作品を分析する前に、まずは、傭兵を主人公とする『蛮賊ども』と『ジェノサイド』を比べてみたい。

船戸与一『蛮賊ども』と高野和明『ジェノサイド』

『蛮賊ども』は一九八一年に雑誌に掲載され、八二年に書籍として出版されて、八七年に文庫化された後、「大幅に加筆・訂正」(船戸与一　一九九六年　巻末)され、九五年に角川ノベルズとして刊行された。本章では、これをさらに文庫化し九六年に出した版を参照している。描かれているのは八〇年のジンバブエの状況だが、むしろ九〇年代になって、南アフリカでアパルトヘイトが撤廃されたこともあり、小説が描く状況が日本人にとって現実味を帯びたのかもしれない。本章では、第一期の作品として扱う。

舞台となっているのは、闘争のすえに独立が達成されたばかりのジンバブエである。ある白人の実業家が、秘密裏に資産を金塊に換え、それを列車で南アフリカに持ち出そうと計画する。彼は傭兵隊に列車を警護させるのだが、白人極右、黒人極左、新政権の公安がつぎつぎと列車を襲い、戦闘を繰り広げ、結局、金塊は政府に押収される。日本人は二人――一人は実業家の傭兵の一人として、もう一人は黒人極左の傭兵の一人として――登場する。二人は異父兄弟で、戦闘で撃ち合って死ぬ。他の傭兵たちのあいだにも個人的な怨恨があり、殺し合う。こういった大規模、小規模な戦闘シーンのスリルが、物語の核となっている。

『ジェノサイド』(二〇一一年)は第二期の作品で、内戦中のコンゴ民主共和国をおもな舞台にする。コンゴの奥地で、突然変異により高等な新人類が誕生する。アメリカの大統領は新人類を危険視し、刺客として傭兵隊を送りこむ。その一人が日本人である。傭兵隊は密林の集落で新人類の男児に出会い、その並外れた能力に圧倒され、彼を敵にすると人類が滅びると悟る。そのため大統領に背いて、内戦中のコンゴから新人類を救い出す。最後に、男児には姉がいて、数年前にコンゴから日本に脱出していたこと、姉弟が卓越した数理能力によってサイバー空間を支配していたことが判明する。脇筋では、日本人の薬学者が、新人類が開発したソフトを使って遺伝病の治療薬を開発し、傭兵隊のリーダーの息子を救う。公安に妨害されながらも薬学者が治療薬を開発する一方、傭兵隊が新人類を連れてコンゴを脱出するサスペンスが、物語の核となっている。本章では、主筋であるコンゴの戦闘のみを分析する。

最初に、両作品の人物造形について考えてみよう。両作品とも、日本人の傭兵は隊で周縁に位置し、中心にいるのは欧米人の傭兵である。だが、中心人物の造形は二作品で大きく異なる。『蛮賊ども』では、個人的な背景は詳細に与えられておらず、しかも与えられた設定は、物語の展開にさほど結びついていない。相手役である日本人の設定も同様である。しかし『ジェノサイド』では、視点となる人物は十分な細部を与えられており、しかもそれが、物語の展開に不可欠な要素となっている。彼の息子は不治の遺伝病を抱えている。彼が戦闘に参加するのは、息子の治療費を稼ぐためであり、彼が新人類を救出するのは、救出と引き換えに息子の治療薬を得るためである。また、戦闘で良心の呵責を感じる場面も描かれる。コンゴの子ども兵に対峙したとき、自分の息子を助けるためにアフリカの子どもたちの命を奪うのに耐えられず、子ども兵を掃射する同僚の傭兵をとっさに銃殺してしまうのである。丁寧な人物造形の理由は、アフリカの紛争が報道や映画で取り上げられるようになり、日本の読者にとっても身近になったからだろう。視点となる人物はアメリカ人ではあるものの、「もし自分がその場にいたら」という読者の想像に応えるように、十分に造形されている。『蛮賊ども』のように、スリル満点の紛争ゲームのコマではない。

また、アフリカの紛争の捉え方も、両作品で異なる。『蛮賊ども』では、戦闘はアフリカに限定された出来事であり、南部アフリカ特有の白人と黒人の対立として描かれている。一方『ジェノサイド』では、紛争に関わるのはアフリカ人だけではない。アメリカの大統領は、裏切った傭兵たちに懸賞金をかけて、コンゴの武装グループに彼らを襲わせる。また、日本の公安に依頼して、日本での新薬開発を阻止しようとする。アフリカの紛争に世界が関わっており、日本も無関係ではいられないという状況なのである。

月村了衛『土漠の花』

しかし、大きな変化を見せるのは『土漠の花』(二〇一四年)だ。日本人が自衛隊員として参戦するためである。それによって、アフリカの表象にいくつかの重大な変化が見られる。

『土漠の花』は内戦中のソマリアを舞台にする。日本の自衛隊は、ジブチに拠点を置き、ソマリア沖の海賊対策をしている。ある日、拠点から七〇キロの地点で有志連合部隊のヘリが墜落する。主人公を含む自衛隊員一二名が救助に向かったところ、ソマリアの女三名が助けを求めてきた。自衛隊が女たちをかくまったために、敵対する氏族に急襲され、隊長を含む五名の隊員とソマリアの女二名が死亡する。生き残った隊員七名は、ソマリアの女を案内役にして、自衛隊の拠点を目指す。その途上で、イスラム原理主義組織や敵対する氏族と死闘を繰り広げ、隊員たちは変容を遂げる。結局拠点にたどり着いたのは、隊員三名とソマリアの女一名だけだった。彼らの戦闘は隠蔽され、戦死はヘリ救助中の事故死として処理された。そして女は、自分の氏族を救う活動をするため、アメリカに渡った。

自衛隊員が主人公となることで生じた最大の変化は、アフリカの紛争が、戦闘ゲームから人間ドラマになったことだ。つまり、闘う兵士たちに葛藤と成長をもたらすリアルな体験として表象されるようになったのである。この変化が起きたのは、兵士としての日本人がはじめて主役になり、しかも、彼を中心にした兵士の集団の力学が描かれているためだ。傭兵隊の場合、日本人がそこで主要な役割を果たすことはまれで、脇役としてしか登場しえなかった。しかし、自衛隊であれば、隊員それぞれに、読者になじみのある背景を与えることができ、彼らがともに戦い、組織内での役割を果たし、仲間のために命を懸けるというドラマを描くことが可能となる。たとえば、優柔不断だった二番手が、リーダーが戦死したために指導的な立場に立ち、決断できるようになる。実戦ではどうしても撃てなかった射撃の名手が、最後には名人芸でつぎつぎと敵を倒す。同僚をいびって自殺に追い込んだことのある元暴走族は、バイクで敵の部隊に突っ込んで自爆する、といった具合だ。

また、『土漠の花』では、日本人とアフリカの人々との人間的な交流が描かれるようになった。なぜなら、自衛隊を主人公とすることで、「日本は世界の紛争にいかに関わるべきか」というテーマが生まれ、それを鮮やかに表現するために、現地の人との人間的な関係を描くことが求められるからだ。自衛隊は通常の軍隊とは異なり、外国で武力行使をして紛争の当事者となることに抑制的である。しかし、『土漠の花』では、助けを求めてきた現地の女たちを、人道主義の見地から保護したために、敵対勢力に襲われて応戦し、紛争の当事者となってしまう。また、主人公たちに宿と食料を与えてくれた村が、それが理由で敵対勢力に襲われる。襲われる前、その村では、隊員の一人が竹とんぼを子どもに作ってやり、村人と交流していた。しかし、紛争下では、そういった人間らしい交流は許されない。誰かと心を通わせることは、他の誰かの敵になることを意味するからだ。中立なはずの自衛隊が紛争の当事者となり、一方の味方となり他方の敵となってしまうというジレンマは、自衛隊がアフリカの人と人間として関わるからこそ、鮮やかに表象される。

このように、自衛隊を主人公とすることで、人間ドラマが生まれ、アフリカは日本人やアフリカの人が生き、死ぬ現場となった。これは、傭兵を主人公とする紛争ゲームの舞台としてのアフリカから大きく変化した点だ。

しかし、注意が必要なのは、物語の見せ場は、やはり戦闘シーンのスリルにあることだ。『土漠の花』の戦闘シーンを読んでいる最中、読者にとって、主人公たちが生き残ることが重要な目標となり、敵を殺すのに抵抗がなくなってしまう。アフリカの複雑な社会状況には目が向かず、主人公たちがいかに協力して闘い、目の前の脅威となっている敵を倒すかが、物語の主軸となる。ここでの物語の楽しみは、傭兵を主人公とした作品と変わらないどころか、主人公たちに深く感情移入をし、彼らのチームワークを味わうため、戦闘はよりドラマチックに提示されることになる。

しかも、闘いの過酷さを増すため、アフリカの驚異的な自然が使われている。そのため読者は、闘いのスリルを楽しみながら、冒険の地としてのアフリカのイメージを強化することになる。この点は、コンゴの密林を舞台にした『ジェノサイド』と変わらない。たとえば、洞窟に逃げ込んだら敵に火を放たれ、必死に出口を探す。急の大雨で川ができ、ロープを張って急流を渡る。砂嵐のなか、ゴーストタウンに閉じ込められ、敵をなぎ倒して脱出する。『土漠の花』では、みずからの命を賭して仲間を助ける隊員たちの人間ドラマが、スリリングな闘いのドラマに加わる。読者は彼らの一員のような気になり、アフリカの自然の脅威をより鮮明に感じるのである。

それにもまして、自衛隊を主人公にしたことで生じる最大の問題は、アフリカの虚構化である。自衛隊が現地の人々と戦闘を交えることは許されない。小説の最後、主人公らが命からがら自衛隊の拠点に戻ると、厳しく事情聴取される。アメリカとの外交上の事情もあって、結局、隊員たちの「名誉の戦死」は、ヘリの救助の際の事故死として記録され、遺族にも知らされないことになる。人間ドラマも戦闘ゲームもすべて、彼らが生きた物語は意味を奪われ、彼らの心のなかだけに存在する虚構と化す。日本人が自衛隊員としてアフリカの人と関わってきた物語は、小説自身によって否定されねばならないのである。隊員たちは自分たちの経験を社会の現実にしそびれ、読者は、これまで手に汗を握りつつ味わってきた物語を、「なかったこと」として葬り去るよう求められる。アフリカと私たちの関わりは、いまだ虚構の物語としてしか存在しえないとでも言うように。

しかし、小説中、日本が自衛隊の関わりを「なかったこと」にしても、もう一方の当事者であるアフリカはそれを「なかったこと」にはできそうにない。日本人の死者は九名だが、ソマリア人の死者は数えきれないからだ。そのことに小説は気づいているが、ごく単純に処理してしまう。まるで、アフリカの立場を忘れていないことを示すための、アリバイ作りのように。小説の最後、自衛隊員を保護したために滅ぼされた村から、ある少年が、竹とんぼを持って主人公たちの見舞いに訪れる。そして、村と国を再建する決意を述べる。主人公は、村で戦死した同僚に心のなかでつぶやく。「おまえの命は、アフリカの未来につながったんだ」（月村了衛　三四六頁）と。一勢力に加担する形で、しかも武力を行使して「アフリカの未来」に関わってしまったことにたいする葛藤は、ここには見られない。

神家正成『深山の桜』

一方、『土漠の花』の半年後に出された『深山の桜』（二〇一五年）は、もっと「あり得る」戦闘を描く。作者が父の代から続く元自衛隊員なのが影響しているだろう。しかし、リアリティを求めるゆえに、他の三作品のようなドンパチの戦闘シーンは、クライマックスにあるだけで、物語の大半は宿営地内での隊員の人間関係に費やされる。その結果、アフリカの人々の関わりは限定的で、アフリカ表象の面では『土漠の花』から後退している。

物語の舞台は南スーダンで、自衛隊が国連の平和維持活動に参加している。主人公は定年前の自衛隊員で、かつてカンボジアで、現地人の少女を救助するさいに発砲した過去を持つ。発砲事件は隠蔽されたが、今度は、主人公の部下が南スーダンの子どもたちを保護しようと発砲し、主人公もその援護で発砲してしまう。しかも、この部下の父が朝鮮半島出身であることが日本のマスコミに漏れ、大問題となる。この件と並行して、治安が悪化する南スーダンからの即時撤退を要求するメールが、匿名の自衛隊員から施設隊長に届く。そのうえ、銃弾が盗まれる。主人公らの調べにより、メールを送り銃弾を盗んだのは、カンボジアで主人公と一緒に少女を救助した部下だったことが分かる。この部下の父も自衛隊員で、イラクでゲリラに襲われて負傷し、その隠蔽工作のために搬送が遅れて半身不随となり、自殺していた。物語の最後、反政府勢力によるクーデターが起き、カンボジア時代の部下は、日本人のシスターと現地の子どもたちを守るために、軽装甲機動車で敵の戦車に激突して死亡。主人公と南スーダンでの部下も、乗っていた４ＷＤを戦車に突っ込ませる。そこに駆けつけて敵を撃破したのは、カンボジア軍の女性兵士で、彼女は、かつて主人公らが救った少女だった。[*7]

本章のテーマであるアフリカの表象という点では、『深山の桜』は『土漠の花』に遠く及ばない。たしかに、自衛隊の武力行使の問題は、現場の視点から丁寧に描かれ、厚みがある。過去のアジアへの派遣に言及しつつ、現在派遣中の南スーダンを舞台にして、さもありそうな武力行使のケースを複数重ね、制度と現実のあいだの矛盾を訴える。しかし、武力行使の問題は、葛藤を抱える自衛隊員の苦悩として表象され、武力を行使される側にいる南スーダンの人々の視点は欠けている。なぜなら、自衛隊員の葛藤は、味方を守るために戦うのが許されないことから生じており、現地の一勢力を敵と見なして戦い、犠牲者を出してしまうことからではないからだ。

小説の内向きの視点は、舞台がほぼ自衛隊の宿営地に限定されていることにも表れる。他の三作品では、舞台となっているアフリカの地を主人公たちが駆け巡るのだが。『深山の桜』は、宿営地での盗難事件をめぐる推理小説の体裁をとる。物語の焦点は、自衛隊員の人間関係に置かれる。アフリカの地は、宿営地のフェンスのすぐ外に設けられた文民保護エリア、そして、日本人が働く町の教会という二つの点として、遠景に存在する。普段はそこに周縁化されている南スーダンの人々は、反政府勢力に襲撃されたときにのみ、保護の対象として前景化され、自衛隊の武力を発動させるコマとして機能させられる。

結論すると、『深山の桜』は、自衛隊員に視点を絞ることで、強みと同時に限界も抱えることとなった。作者の狙いは、法律と現実の齟齬により現場が苦しむケースを複数組み合わせて物語を作ることで、命を危険にさらす自衛隊員の立場から、法整備を訴えることにある。訴えは物語化によって説得力を与えられ、狙いは成功している。しかし、視点をアフリカの側に置いてみると、海外での武力行使の問題を日本国内の政治問題として捉えているという限界が、露呈する。日本が武力介入することで、「味方」であれ「敵」であれ、アフリカの人々がどうなるのかという問題意識は、抜け落ちている。自衛隊が活動する「現場」に、アフリカの人々はいない。

ひるがえって、自衛隊がカンボジアや東チモールなどのアジア諸国に派遣され、紛争の当事者になってしまう小説が書かれたとしたらどうだろうか。残念ながら、そのような小説は、私が調べたかぎり書かれていない。自衛隊がアジアの国々と戦闘を交える小説は、軍事ものファンに向けて、少なくない数が書かれている。しかし、日本国内で近隣国のテロリストが暗躍する、あるいは、近隣国に国境を侵犯されるという設定が大半で、自衛隊は個別的な自衛の戦いをする。[*8] したがって、『士漠の花』のように「他国に出向いて戦い、犠牲者を出してしまった」とか、『深山の桜』のように「他国では、味方を守るためであっても武力を行使できない」といった葛藤は生じない。海外派遣をテーマにする際、派遣先が「縁もゆかりもない」ほど、他国の戦闘にわざわざ赴く矛盾を先鋭的に問うことができ、そのためアジアよりもアフリカが小説の舞台として選ばれるのだろう。「遠いアフリカ」とは対照的に「近すぎるアジア」は、利益の対立が直接的な紛争につながりかねない相手であって、その付き合いには、アフリカとは別の困難があるようだ。

おわりに

第一期の一九九〇年代前半に比べ、第二期の二〇一〇年代前半に書かれた小説には、日本人の主人公がアフリカの人々とより深く、対等に関わる作品があることが明らかになった。日本にとってアフリカが、経済的、政治的に重要性を増したことの表れだろう。

しかし、『アフリカッ!』や『士漠の花』のように、アフリカの視点も入れて書かれた作品であっても、「ビジネスパーソンが自己実現する」あるいは「兵士が命がけで戦う」といった主筋は、第一期から引き続き維持されており、読書の楽しみは、その展開を追うことから来ているのは変わりない。これらの作品では、主筋が、現地の人々を巻き込んだうえでの人間ドラマとして提示されているため、いっそう強力に読者の感情移入を誘い、読者をプロットに巻き込む。プロット展開の勢いに乗ることで得られるドライブ感は、読書の快楽であって、そこから降りるのは難しい。立ち止まって、ビジネスが現地を搾取する可能性を問うことはないし、戦闘が現地にもたらす長期的な影響について問うこともない。

これは、主人公がビジネスパーソンあるいは兵士であって、アフリカとの関係が搾取的になりがちなために起きているのだろうか。あるいは、大衆小説として、読者をノンストップで楽しませることに主眼が置かれているために起きているのだろうか。日本人を主人公としながら、主人公と関わるアフリカの人々の気持ちも感じ取ることができ、両者の困難な関係に思いを馳せられ、しかもハラハラドキドキする小説は、ありえないのだろうか。

その問にたいする答として、ナイジェリアのチヌア・アチェベによる『神の矢』（一九六四年・一九七四年）という小説を紹介したい。アチェベは、アフリカ文学の父と称えられる大作家である。舞台となっているのは一九二〇年代、植民地支配下のナイジェリアの農村である。主人公は村の司祭で、隣村との抗争をめぐって、村の有力者と対立する。そこに植民地政府が介入する。主人公は政府と結託していると村人から批判され、孤立する。最終的に、村人は主人公が祭る神から離反し、キリスト教を信仰するようになる。

小説では、村を描く章と植民地政府を描く章が交互に配置され、村人だけでなく植民地行政官どうしの対立も十分に描く。そして二つの領域をときに重ねながら、両者がたがいに影響を与えつつ変容していく様をダイナミックに描く。支配者と被支配者の両方に視点を置き、しかも両者を複雑に関係させることで、植民地支配の政治を、それを経験する両方の人間の立場から描くことに成功しているのである。

日本にとってアフリカが重要性を増しているのは間違いない。しかし、アフリカの人々の生活を十分に知らない多くの日本人にとって、日本人と関わることで彼らの生活がいかに変化するかを想像するのは、いまだ難しいようだ。だからこそ、アフリカの人々の暮らしを追体験できるような、良質の小説が必要となる。今後、日本の作家がそのような小説を書くためにも、アフリカをよく知る者が、内側から見たアフリカを日本に紹介する必要がある。それは、アフリカ文学を研究する私に与えられた課題である。

注

＊1　日本の小説のアフリカ表象を扱った先行研究は、青木澄夫や藤田みどりによるものが知られるが、いずれも明治期から昭和初期を対象にしており、もっとも新しい作品で一九五五年出版の『少年ケニヤ』である。インターネットの検索では、六〇年代から八〇年代に出版された作品は、見つからなかった。この時期、作品があまり出版されていないのか、それとも、インターネットが普及していなかったため検索で上がってこないのかは、不明である。（辻本卓嗣　一九九四年）によれば、六〇年から九二年にかけての新聞報道では、六〇年の独立、七六年の南部アフリカ独立、八五年の飢餓についての記事が多い。

＊2　それぞれの特集のタイトルは以下のとおり。「アフリカの衝撃――徹底解明！　地球上最後の新興市場」「アフリカビジネス――灼熱の一〇億人市場を攻略せよ」「アフリカ新時代――進化する一〇億人市場」。

＊3　代表的な作品に、日露戦争後に出版された押川春浪の『英雄小説　新日本島』（一九〇六年）や小河内五橋の『立志小説殖民王』（一九〇七年）がある。（青木澄夫　一九九四年・二〇〇〇年）と（藤田みどり　二〇〇五年）によると、あらすじは以下の通り。『新日本島』では、貿易商の稲村がアフリカにわたり、奴隷をつぎつぎに解放して尊敬を勝ち取り、アフリカのビルラハ国の大統領になって「海光国」と改める。国から白人種を追い出し、「東洋団結」を唱えて、中国、インド、フィリピンから英雄を招く。『殖民王』では、二人の青年がアフリカにわたり、ボーア戦争で弱者であるボーア側につく。敗戦後、中央アフリカに逃れ、ボーア人を中心とした理想国家を建設する。

＊4　（藤田みどり　二〇〇五年）によると、一九三〇年代、キング・コング映画やターザン映画に影響を受けて、南洋一郎、橘外男、小栗虫太郎などが、アフリカの密林を舞台にして物語を書いた。藤田によると、猛獣と闘う白人の探検隊、アフリ

カ人と類人猿の子どもである半人半獣、ゴリラに襲われる白人女性、「土人」に惹かれる白人女性などが登場する。藤田は、明治期の冒険小説（注3参照）と比べ、これらの秘境小説は、大半が外国人の物語である点、アフリカの野蛮性を異常な性愛として表象する点に特徴があると論じている（二七五〜二七六頁）。

＊5　一方、（2）芸術家や（4）医師は、アフリカと現実的な関係を結びあぐねているようだ。梨木香歩の『ピスタチオ』（二〇一〇年）では、雑誌のライターが、説明できない第六感でアフリカと結びつく。高野和明の『ジェノサイド』（二〇一一年）の脇筋には薬学者が登場するが、彼はサイバー空間でアフリカと交信する。一方、さだまさしの『風に立つライオン』（二〇一三年）の医師の人道主義は、自己批判を欠いている。

＊6　講談社文庫版の解説によれば、主人公にはモデルがいて、ホテルも実在する。マガジンハウス社で雑誌『ブルータス』『クロワッサン』などを編集し、退社後はホテル「ムパタ・サファリクラブ」を設立した小黒一三である。

＊7　本章では、自衛隊は「駆けつけ警護」ができないものとして考察を進めたが、初校を校正している最中の二〇一六年一一月一五日、南スーダンで平和維持活動を行う自衛隊は「駆けつけ警護」ができるようになった。これは安倍内閣の閣議決定によるものだが、アフリカの人々にたいする理解が不十分なままに、武力をとおしてアフリカに関わる体制だけが整っていくことに、筆者は強い危機感を覚えている。

＊8　「自衛隊」「小説」で検索すると、質問サイトで、その手の小説を求める質問者にたいし多くの回答が寄せられているのが分かる。また、航空自衛隊のサイトの広報の頁には、航空自衛隊が制作に協力したテレビ番組や小説などが挙げられている。

参考文献

〈アフリカを舞台にした日本の小説〉
伊集院静『アフリカの王』（初版タイトル『アフリカの絵本』講談社、二〇〇〇年。講談社文庫、上下巻、二〇〇三年）
神家正成『深山の桜』（宝島社、二〇一五年。宝島社文庫、二〇一六年）
さだまさし『風に立つライオン』（幻冬舎、二〇一三年）
高野和明『ジェノサイド』（角川書店、二〇一一年）

月村了衛『土漠の花』（幻冬舎、二〇一四年）
中島らも『ガダラの豚』（実業之日本社、一九九三年）
梨木香歩『ピスタチオ』（筑摩書房、二〇一〇年）
帚木蓬生『アフリカの蹄』（講談社、一九九二年）
――『アフリカの瞳』（講談社、二〇〇四年）
船戸与一『蛮賊ども』（角川書店、一九八二年。改訂版、角川ノベルズ、一九九五年。角川文庫、一九九六年）
松村美香『アフリカッ！』（中央公論新社、二〇一三年）
村山由佳『野性の風』（集英社、一九九五年）
山川健一『ママ・アフリカ』（角川書店、一九九三年）
山崎豊子『沈まぬ太陽――アフリカ篇』（新潮社、一九九九年。新潮文庫、上下巻、二〇〇一年）

〈その他の参照文献〉

青木澄夫『日本人のアフリカ「発見」』（山川出版社、二〇〇〇年）
――「明治時代のアフリカ像――文学作品に現れたアフリカと日本人」（川端正久編『アフリカと日本』龍谷大学社会科学研究叢書二五、勁草書房、一九九四年）
航空自衛隊　ホーム→広報→協力活動　http://www.mod.go.jp/asdf/　二〇一六年四月一七日アクセス
白戸圭一「『テロ対策』に象徴される新たなアフリカとの関係」（『アフリカレポート』五一号、二〇一三年）
辻本卓嗣「日本の新聞に見るアフリカ報道」（川端正久編『アフリカと日本』龍谷大学社会科学研究叢書二五、勁草書房、一九九四年）
平野克己「援助から投資へ――ＴＩＣＡＤ　Ｖをふりかえる」（『アフリカレポート』五一号、二〇一三年）
藤田みどり『アフリカ「発見」――日本におけるアフリカ像の変遷』（岩波書店、二〇〇五年）
Achebe, Chinua. *Arrow of God*. 1964. Rev. ed. London: Heinemann Educational Books. 1974.
Matsutani, Minoru. "The Evolution of TICAD since its Inception in 1993." *Japan Times* 1 June 2013, TICAD V Special.

第２章

ラテンアメリカの植民地支配と独立の経験

――植民地近代を考える

青木利夫

はじめに

「アジア」という語をタイトルにもつ本書に、ラテンアメリカにかんする章があることに違和感を抱く読者もおられるかも知れない。筆者は、ラテンアメリカ、とくにメキシコの近現代史を専門とするものであり、アジア諸国を研究対象としているほかの執筆者のように直接「アジア」を語ることはできない。しかしながら、「アジア」との比較を意識して本章を書くことで、「アジア」をもう一度考えるための手がかりを読者に示したいという編者の意図にそうことができるのではないかと願っている。

ラテンアメリカは、アジア、アフリカとならんで（ＡＡＬＡといわれることもあった）、かつては第三世界、そして「発展途上」地域といわれてきたが、今でもそのようにいわれることがある。そもそも「発展途上」という認識が正しいかどうかはここでは問わないとしても、一部の国を除き、アジア、アフリカ、ラテンアメリカの広範な地域がヨーロッパ諸国による植民地支配を受けたという共通の歴史をもつ。さらに、その植民地支配がその後の独立や国家建設においても多大な影響を与え、現在にいたってもなお、非ヨーロッパ諸国は同じような構造をもった多くの問題を抱えている。これらの地域を「発展途上」地域たらしめている理由は、まさにその植民地支配の歴史にあるといえるだろう。

しかしながら、それぞれの地域の歴史をさかのぼると、植民地支配の期間や独立の時期をはじめ、植民地支配の形態や植民地時代につくりあげられてきた社会構造には多くの違いがあり、それが非ヨーロッパ諸地域間の相違にもつながっているのではないか。ハイチ以外のカリブ海地域を除くラテンアメリカの植民地支配は、一六世紀はじめから一九世紀はじめにかけての三〇〇年間という長期におよんでおり、その間に多くのヨーロッパ人やアフリカ人が流入し、先住民や独立後に増加したアジア移民も含めて多様な人種や文化の融合が現在にいたるまで進んできた。人の移動やそれにともなう文化変容は、歴史上どの地域にもみられる現象ではあるが、長期間にわたって大規模かつ広範囲にこうした現象がみられた地域はアメリカ大陸のほかにはない。それゆえに、同じ「発展途上」地域としてくくられたとしても、アジアとは異なるラテンアメリカの「特殊性」あるいは「独自性」が存在するであろう。

本章は、こうした問題意識のもとに、ラテンアメリカの「発見」「征服」から植民地時代、さらには独立から現在にいたる歴史を概観しながら、ラテンアメリカの「特殊性」あるいは「独自性」を考察し、ラテンアメリカが投げかけている問題を問い直したい。それをつうじて、「アジア」を考え直すための新たな視座を提供する一助となるのではないだろうか。ただし、ラテンアメリカは自然環境、植民地支配の形態、独立後の政治経済状況、人口分布、人種や文化の形態などさまざまな点において多様であり、それをひとくくりにして論じることは不可能である。したがって、本章の対象はおもに、筆者の専門であるメキシコが中心となることをあらかじめお断りしておきたい。

1　植民地社会の構築と独立

人種にもとづく社会とアイデンティティ

コロンブスが現在のフロリダ半島近くの島に到達した一四九二年以降、ヨーロッパから多くの征服者たちが黄金などの富を求めてカリブ海地域、アメリカ大陸へと渡り、植民都市が築かれた。そして、それらの都市を拠点として遠征する征服者たちによって、当時栄えていたアステカ帝国やインカ帝国などの強大な文明が一五世紀前半には滅ぼされた。征服事業の後ろ盾となっていたスペイン王室は、アメリカ大陸から莫大な富を吸い上げるための体制を強化し、やがて「太陽の沈まぬ帝国」を築きあげていった。

スペインの征服事業とその後の植民地支配によってアメリカ大陸にもたらされた最大の悲劇は、なによりも先住民人口の減少であった。正確な数字を確定することはできないが、清水（二〇一五年）の推計によると、一六世紀はじめのアメリカ大陸全体の人口推定値は六〇〇〇万人で、半世紀後には一割程度に減少し、カリブ海地域においてはほぼ全滅に近い状況であったという。人口減少のおもな原因は、鉄器や大型動物の有無による武力の違いやヨーロッパから持ち込まれた伝染病、先住民社会内部の対立などに求められるが、こうした人口の減少は、先住民たちだけではなく征服者たちにとっても重大な問題となっていた。なぜならば、先住民人口の減少は、都市建設や食料の供給など植民活動をするうえで不可欠な労働力の減少を意味していたからである。

　こうした問題に直面したスペイン王室は、コロンブスの「発見」からわずか一〇年あまりののち、エンコミエンダ制という制度を導入する。この制度は、征服事業に功績のあったものたちに一定地域の先住民を割り当てて労働力として使用することを認めるかわりに、先住民を保護し、スペイン語やキリスト教などいわゆるスペインの「文明」を先住民に伝えることを義務づけるものであった。この制度の導入以降も、先住民の保護が盛り込まれた法律が制定されるなど、先住民人口の減少にたいする対策がスペイン王室によってとられてきた。しかしながら、こうした法律は、先住民を保護するかわりに労働力として使用することを認めるものであり、結果的には、先住民がスペイン人植民者によって強制労働に従事させられる根拠にもなってしまったのである。

　アメリカ大陸において先住民人口が激減したといっても、アステカ帝国やインカ帝国が栄えていた地域ではもともと人口が多く、ファーヴル（二〇〇二年）によると、一七世紀には人口が安定し、その後は増加に転じたという。また、スペインをはじめとしてヨーロッパから入植してくる白人と先住民との混血が進み、混血人口の割合も増加した。一方、先住民がほぼ絶滅するカリブ海地域や先住民人口が比較的少なかった地域においては、アフリカからの奴隷が大量に導入された。その結果、アメリカ大陸には先住民のほか、アフリカやヨーロッパ出身の人びとが生息するようになり、三〇〇年という長い植民地時代をつうじて人種の混淆が進んでいった。こうした多様な人種とその複雑な混血人種の存在が、ラテンアメリカの特徴のひとつなっている。

　こうして増加していく人種の混血は、人種の違いにもとづく政治的、経済的、社会的構造とも密接に結びついていた。植民地社会では、スペインから来る本国人ペニンスラール（半島人）を頂点とし、その下にアメリカ大陸生まれの白人であるクリオーリョ、さらにその下には、白人と先住民との混血メスティーソ、白人と黒人との混血ムラート、先住民と黒人との混血サンボなど、混血の度合いによるさまざまな分類がなされた。そして、人種による階層化が進むなかで、先住民や黒人は、社会の最底辺に位置づけられることになった。植民地時代に拡大する混血にともなって、人種を基盤とするピラミッド型の社会構造が構築され、独立以降、現在にいたってもなお、その構造がラテンアメリカ社会に大きな影響を与えているのである。

人種によるこのような社会構造は、アメリカ大陸に住む人びとのアイデンティティの構築にも深くかかわってくる。スペインによる植民地体制は、現在のメキシコを中心とするヌエバ・エスパーニャ副王領と現在のペルーを中心とするペルー副王領を基盤として築かれた。その後、いくつかの副王領や総督領がおかれることになるが、副王などの重要なポストはスペインから派遣されてくるペニンスラールがほぼ独占した。そのため、クリオーリョは、ペニンスラールと同じスペイン系白人でありながらも下位に位置づけられていた。そのことが、クリオーリョたちのあいだにアメリカ大陸生まれの「アメリカ人」というアイデンティティを誕生させることにつながった。

一方、増加する混血の人びとは、非常に微妙な位置に置かれることになる。スペインからアメリカ大陸に渡ってくる征服者たちのほとんどは男性であり、そのため、メキシコやペルーなど先住民人口の多い地域においては、征服者であるスペイン人の男性と被征服者である先住民の女性とのあいだに多くの子どもが誕生した。すなわち、白人と先住民との混血であるメスティーソとは、スペイン人からすれば非嫡出子であり、白人の純血を汚す劣った血を引く子どもであった。一方、先住民からすれば、「犯された」女性から生まれた子どもであり、あるいはスペイン人におもねった裏切り者の子どもとなる。こうしてメスティーソは、白人社会からも先住民社会からも疎外された存在として、両者とは異なる独自の社会を構築していくこととなった。また、混血の問題は、アフリカからの奴隷が多く流入したブラジルやコロンビア、ベネズエラなどでも同様に、白人と黒人との混血ムラートの問題としてあらわれてくる。

こうした複雑な人種構成は、ラテンアメリカ諸国の独立運動、その後の国家建設に多大な影響を与えるとともに、現在にいたってもなお、この人種によるさまざまなあつれきや差別が続いているのである。

独立と国内植民地主義

ラテンアメリカのなかでもっとも早く独立を達成したのがフランスの植民地であったカリブ海の国ハイチであったことが示唆するように、一七八九年に起こったフランス革命とその後のナポレオン戦争が、ラテンアメリカ各地の独立をもたらす要因のひとつとなった。とりわけ、ナポレオンによるスペインの侵略と傀儡政権の誕生が宗主国スペインの弱体化を招き、ラテンアメリカ各地で独立戦争が勃発したのである。

ラテンアメリカの独立は、一般的にはアメリカ大陸生まれの白人クリオーリョが、ペニンスラールすなわちスペイン人を追放して達成されたといわれる。しかしながら、その経緯はそれほど単純ではなかった。メキシコでは、一八一〇年にミゲル・イダルゴ司祭が独立戦争を開始し、その後一八二一年に独立を達成することになるが、イダルゴ司祭の呼びかけに応じて武器を取って蜂起した人びとの多くは、メスティーソや先住民であった。そして、独立運動が進み反乱が拡大するにつれて、それまでペニンスラールに向けられていたメスティーソや先住民のもつ武器が、同じ白人であるクリオーリョにも向けられるようになった。その結果、独立派であったクリオーリョたちは、同じく独立派として戦っていたメスティーソや先住民の反乱を鎮圧する側にまわることもあったのである。

ラテンアメリカ諸国の独立は、植民地支配を打破し民族の解放を勝ち取るという構図とは異なる複雑な様相を呈していた。それは、独立がラテンアメリカのすべての人にとって恩恵をもたらすものではなかったことを意味している。独立後のラテンアメリカでは、ペニスラールにかわってクリオーリョが政治や経済の中枢を担うことになる一方で、独立戦争において戦力となったメスティーソや先住民は、植民地時代とかわらぬ経済的、社会的地位に置かれた。すなわち独立は、植民地時代の社会経済構造の変革をもたらすものではなく、それまでの構造をそのまま温存する結果をもたらしたのである。

さらに、社会の底辺層に位置づけられていた先住民や貧しいメスティーソは、独立後も同じ経済的、社会的位置にとどまったばかりではなく、場合によっては、以前よりも一層厳しい状況に追い込まれることもあった。なぜならば、植民地時代には、形式的であったとはいえ、先住民を保護する法律がスペイン王室によって制定されていたが、先住民は独立によってそうした法律を失うこととなり、自由主義的な理念にもとづく新たな社会へと投げ込まれたからである。すなわち、独立は一部の支配層にとっては解放を意味したのかも知れないが、先住民など多くの貧困層にとっては、解放どころか国内植民地主義ともいえるより過酷な抑圧のはじまりを意味していた。

一方、独立後のラテンアメリカの支配層のなかには、スペインとの関係をかならずしも敵対したものとはとらえていないものも多かった。メキシコでは、とりわけカトリック教会とのつながりの深い保守派がスペインとの関係を重視していた。また、一九世紀なかごろには、保守派と対立してきた自由派の勢力が権力を掌握してカトリック教会の影響力を弱体化し、国家の支配を強化しようとするものの、自由派からもスペインの植民地支配そのものを否定し、その影響を完全に排除しようとする積極的な動きはみられなかった。保守派と同じく自由派も、スペインによってアメリカ大陸にヨーロッパの「文明」がもたらされたことをラテンアメリカにとって意義のあることとし、その問題性を問うことはほとんどなかったのである。こうした支配層の歴史認識は、独立から二〇〇年になろうとする今日いたるまで続いているといえるだろう。

一九九二年、スペインやラテンアメリカ諸国において、コロンブスの「発見」五〇〇年を記念する行事が、「ふたつの世界の出会い」というスローガンのもとでおこなわれた。しかしながら、先住民系、アフリカ系住民にとってコロンブスの「発見」は「出会い」などではなく、「侵略」であり「征服」のはじまりであった。先住民系、アフリカ系の団体などは、あたかも欧米両大陸の平等な出会いを祝うかのごとくに実施される五〇〇周年記念行事の歴史観に強く反発し、コロンブスに有罪判決を下す模擬裁判をおこなうなどさまざまな抗議活動をアメリカ大陸各地で展開した。にもかかわらず、植民地支配を受けたラテンアメリカ諸国の支配層は、コロンブス以降の植民地支配の歴史を「侵略」としてではなく、公式のスローガンにあるように「出会い」とした。ここに、ヨーロッパによるアメリカ大陸の植民地支配にたいする歴史認識の問題を垣間見ることができる。

2　メキシコのナショナル・アイデンティティ

「インディオ」の発見

独立後のラテンアメリカ諸国にとって、人種は「国民国家」形成、ナショナル・アイデンティティ構築に向けた重要な要素であった。ここでは、先住民人口が多かったメキシコを例にこの問題を検討したい。

メキシコの独立は一八二一年に達成されるが、国内外にさまざまな問題を抱え、安定した国家体制を築くまでは約半世紀を要した。たとえば、スペインとのつながりを重視し、カトリック教会を後ろ盾にもつ保守派と、個人の自由な活動を重視する自由派との対立が独立直後から続き、一九世紀前半は政権が数十回にわたって交代するなど、政治的な安定にはほど遠い状況であった。また、テキサスの独立をめぐってアメリカ合州国とのあいだに紛争が起こり、一八四六年に戦争状態となった。そして、一八四八年、メキシコは戦争に敗北し、領土の半分をアメリカ合州国に割譲することとなった。さらに、メキシコの財政破綻による対外債務の不履行を理由としてイギリス、フランス、スペインが介入し、その後はフランスによってメキシコ・シティが占領されるなど、独立が脅やかされる深刻な危機にメキシコは直面したのである。

こうした国内外のさまざまな問題を克服し、国家体制の構築に向けて動き出したのは、ポルフィリオ・ディアスが政権の座についた一八七〇年代であった。ディアス政権下では、外資の積極的な導入による経済政策のもとで国家財政が黒字に転換し、三〇年にもおよぶ独裁政権を維持することによって、政治的な「安定」と経済的な「発展」がもたらされた。そしてこの時代は、西欧をモデルとした近代国家づくりが目指される一方で、西欧にはないメキシコの独自性が模索された時代でもあった。スペインの植民地支配を打破し、メキシコとして独立したものの、メキシコの基盤をどこに見いだすのか、メキシコ人とはどのような国民なのか、いわゆるナショナル・アイデンティティの構築はメキシコのエリート層にとって重要な課題となったのである。

ところで、ラテンアメリカのアイデンティティのひとつとして「ラテン性」という点が考えられるだろう。「ラテンアメリカ」という呼称が使われるようになった歴史的な背景には、独立後の不安定なラテンアメリカ地域に触手を伸ばそうとするフランスの思惑があった。「アングロサクソン」の血を受け継ぐアメリカ合州国にたいして、スペイン、ポルトガルの血を受け継ぐラテンアメリカには、フランスと同じ「ラテン」の血が流れているというのである。前述のように、一九世紀なかば、ナポレオン三世の対外政策のもとフランスによってメキシコ・シティが占領され、その後、ハプスブルグ家のマキシミリアーノを皇帝とするフランスの傀儡政権がメキシコに誕生する。「ラテン」という呼称は、フランスがアメリカ大陸に進出する際の口実として使われたという側面がある。

一方、メキシコやそのほかラテンアメリカ諸国のエリート、とりわけ保守層の一部も、この「ラテン」を利用しヨーロッパとのつながりを強調しようとした。すなわち、フランス側が一方的にラテンアメリカ支配のために「ラテン」を利用したというだけではなかったのである。しかしながら、メキシコやペルーなどに多く居住する先住民は、いうまでもなく「ラテン」とは無関係である。また、ヨーロッパに追従するだけの国づくりに不満を抱くエリート層にとっては、アメリカ合州国、ヨーロッパいずれにもないラテンアメリカあるいは自国の独自の価値を構築したいと考えたであろう。[*1]

メキシコでは、独自の価値を追究するなかで注目されたのが、皮肉にも、発見・征服期、植民地期をつうじて「野蛮」な存在として差別されてきた「インディオ」であった。とはいえ、「インディオ」をメキシコの基盤とすることは、ヨーロッパの文明を受け継ぐと自任するメキシコの支配層にとっては簡単に受けいれられることではなかっただろう。そこで登場するのが、アステカ帝国をはじめ偉大な文明を築いた「過去のインディオたち」だったのである。

ディアス政権下では、メキシコに点在するさまざまな先スペイン期の遺跡の発掘が進み、この時代に整備された博物館に出土品が展示されるようになった。また、一九世紀後半から欧米諸国で開催されるようになった万国博覧会では、メキシコ政府はアステカ時代のピラミッドを模したパビリオンを建設した。すなわち、メキシコの基盤には「インディオ」の文化があることを国の内外に広く訴えようとしたのである。また、絵画や文学などの芸術の分野においてもアステカ時代の様子が描かれるなど、「インディオ」が題材として多く登場するようになる。

それまで先住民は、スペイン統治下においても「文明化」されることのなかった「野蛮な」存在として、そして国家の発展を阻害する「重荷」としてとらえられてきた。しかしながら、ナショナル・アイデンティティを模索するディアス政権下においては、メキシコの独自性として「インディオ」が「発見」され「創造」されたのである。そこで問題となるのは、落合（一九九六年）が「新アステカ主義」と呼んだように、メキシコの支配層に「発見」されたのは、コロンブス以前の時代に高度な文明を築いていた「インディオ」たちであり、その時代に生きている先住民ではなかったということである。それゆえ、ディアス政権にとって「よいインディオ」とは「死んだインディオ」であったと揶揄されることさえあった。

インディヘニスモと「混血」

一九世紀後半のナショナリズムの高揚期にあらわれてきた「死んだインディオ」を賞賛する動きにたいし、二〇世紀に入ると現実に生きる先住民の悲惨な生活を改善すべきであるという論調が高まってくる。こうした論調は、「インディオ」という差別的な呼び名にかわって、「先住民」を意味する「インディヘナ」を使用すべきとしたことから「インディヘニスモ」と称される。これは、先住民の権利や価値を復権あるいは擁護しようとする政治的、社会的、文化的な活動や主張全般を指す用語であり、とりわけ二〇世紀前半のメキシコやペルーにおいて盛んとなった潮流である。[*2] 政府の取り組みとしては、識字率の向上や初等教育の普及、農業や小規模工業の振興、衛生環境の改善など、先住民の生活向上にかかわる政策が実施された。

このインディヘニスモの潮流は、一九世紀の「死せるインディオ」の利用を批判し、生きる先住民に注目してその人権の擁護や価値の復権を訴えるとともに、教育をはじめとする生活向上のためのさまざまな政策を実施しようとした点において一定の評価をすることができる。しかしながら、ここで問題となるのは、インディヘニスモの潮流にあるエリート層が先住民の人権や諸価値を白人層のそれと同等であると主張したとしても、先住民独自の社会の復活あるいは再生を主張していたわけではなかったということである。たとえば、学校教育の場において、先住民言語の使用を禁じてスペイン語化政策が推進されたことにそれは端的にあらわれている。先住民は人種としては白人と比べて劣ることはないものの、その先住民社会の経済的、文化的状況は、白人社会と比べてはるかに「遅れて」いると認識されていた。そして、それゆえに先住民みずからが主体的に問題解決に立ち向かうことはできないと措定された。すなわち、インディヘニスモを推進しようとする行為主体は、つねに白人系の支配層の側であり、先住民は救済の手をまつだけの客体として位置づけられていたのである。

この時代、「遅れた」先住民が、自分たち独自の習慣や価値体系にもとづく社会を構築するということはまったく想定されていなかった。ヨーロッパの「文明」を受け継ぐと自任する白人支配層は、先住民社会に「文明」をもたらし、その「遅れ」を解消することこそが先住民社会にとっても、またメキシコ社会全体にとっても利益にかなうことであると信じていたのである。そして、先住民社会の発展を促進させるためのひとつの重要な方策が、白人と先住民との「混血」を進めることであった。二〇世紀に入ると、ラテンアメリカ諸国における「混血」の存在が肯定的に論じられるようになり、インディヘニスモの潮流と親和性をもつことになる。

前節で述べたように、植民地時代をつうじて世界各地域からさまざまな人種が流入してきたアメリカ大陸では人種の混血が広い範囲で進行し、先住民人口やアフリカからの奴隷人口の多かった地域においては、混血人種が人口の多数を占めることとなった。そのため、ラテンアメリカのエリート層は、この人種の混血をめぐって苦悩することになる。なぜならば、一九世紀から二〇世紀にかけて発展してきたヨーロッパの「科学」のなかで、白人こそがもっとも優秀な人種であり、混血はその優秀な白人の退化をまねくと論じられていたからである。[*3] ヨーロッパからみたアメリカ大陸は、堕落した人種による「遅れた」社会が多数存在する「野蛮」な大陸であった。

ラテンアメリカのエリートの多くは、自分たちの祖先が生まれたヨーロッパにあこがれ、そして、自分の国をヨーロッパのような国にしたいと望んでいた。当然のことながら、ヨーロッパの思想や学問がラテンアメリカにももちこまれ、それをとおして自分たちの国を眺めることになった。しかしそれは、自分たちの国の「後進性」を認めることになる。ラテンアメリカのエリートの苦悩は、まさにそこにあったのである。遅れた人種、すなわちインディオや黒人と堕落した混血人種を多く抱えるラテンアメリカ諸国が、その「後進性」を克服してヨーロッパと比肩しうる国になるためにはどうすればよいか、当時のエリート層はそれを模索せざるをえなかった。そこであらわれてきたのが「混血」論だったのである。

ラテンアメリカの代表的な混血論者のひとりホセ・バスコンセロスは、一九二五年に『宇宙的人種』という短いエッセイを上梓し、ラテンアメリカの知識人や若者に大きな影響を与えた。その思想の骨子は、世界に存在するすべての人種、すなわち白人、赤色人種、黄色人種、黒人はますます混血して、やがて第五の人種がラテンアメリカで誕生するというものである。第五の人種、それが「宇宙的人種」であり、それは究極の人種、世界で誕生する最後の人種となるという「予言」である。

バスコンセロスによると、近い人種間による混血はさほど問題なく混血が進むが、異なる人種どうしの混血は、一時、異なる要素が反発しあってカオスの状態を生み出すという。アメリカ合州国では、白人が黒人を差別し、また先住民を保護区へ囲い、有色人種と積極的に混血することなく白人どうしで交わってきた。それゆえに混血による軋轢は少なく、アメリカ大陸のなかでいち早く発展を遂げることができた。しかし、白人どうしで交わり続けた国の衰退は明らかであるという。一方、ラテンアメリカは、多くの異なる要素が混じり合ったがゆえに軋轢が生まれ、そのために発展が遅れてしまった。しかし、混血がさらに進むことによって第五の人種が誕生すると、アメリカ合州国やヨーロッパをしのぐ歴史上もっとも優秀な社会が誕生するだろうとバスコンセロスは論じたのである。誇大妄想とでもいえる壮大な文明史観ではあるが、こうした主張は、ラテンアメリカが欧米諸国と比べて遅れていることを説明するとともに、将来に期待をかけることによってラテンアメリカの優位性を示そうとしたものであり、それは苦悩するラテンアメリカの知識人の思想的営みといえるのではないか。こうした混血の称揚は、メキシコだけではなくペルーやブラジルなど混血人種を多く抱える国ぐにでみられた[*4]。

バスコンセロスはラテンアメリカにおけるスペインの影響を高く評価するスペイン主義者であり、先住民文化の価値を認めようとするインディヘニスモとは一線を画している。しかし、インディヘニスモの立場にある当時のメキシコの支配層の多くも、先住民社会がヨーロッパ文明に統合されることを望み、混血がそれを促進すると唱えていた。将来の可能性としての混血の推進こそが、メキシコの発展の原動力であり、混血そのものがメキシコのアイデンティティとなったのである。それは、征服者であるスペイン人でもなく、また、遅れた先住民でもない次世代のメキシコ人が担う新たなメキシコ国家の誕生に期待をかける支配層の願望でもあった。

3　グローバリゼーションと先住民運動

二〇世紀前半のメキシコは、輸入代替工業化や石油の国有化などの経済政策をつうじて「メキシコの奇跡」と称される比較的安定した経済成長を遂げ、一九六八年、東京に続いてオリンピックの開催地となった。その一方で、一九六〇年代末ごろには順調な経済成長にも陰りがみえはじめ、人口の増加、貧富の格差の拡大などの社会問題が表面化し、学生や労働者による反政府運動や先住民によるストライキなどが起こった。そして、オリンピック開催直前、政府にたいする抗議活動をおこなっていた学生や労働者を、政府が武力によって弾圧するという事件[*5]がメキシコ・シティで起こり、政府にたいする批判が強まった。

このころから、国家主導の先住民政策にたいしても、温情主義的あるいは家父長主義的な性格をもつ官製インディヘニスモとして、人類学者や社会学者などから批判が出されるようになる。一九七〇年代になると、政府は、反政府運動の武力弾圧によって失った国民の信頼を回復するための方策のひとつとして、教育をはじめとする先住民政策に力を入れた。一方、先住民自身も、みずからの問題解決や利益を追求するための独自の組織を各地でつくり、一九七五年には、全国の先住民団体が一堂に会する第一回の全国先住民会議が開催された。そして、翌年には、その主導的立場にあった二言語教師たち[*6]が専門職同盟を組織するなど、先住民も積極的に声をあげて政治に参加するようになった。

こうした先住民の全国規模での組織化にたいしては、当時の与党の傘下にあった農民団体の関与があったことから結局は政府主導であったと批判される一方で、先住民自身が政治に積極的に参加するようになったことを評価する見方もある。確かに、先住民が声をあげるようになったことには大きな意義があるといえるが、しかし、そこにはまたべつの問題がはらまれていた。それは、一九八〇年代ごろから強まっていくグローバル化の波がメキシコにもおよぶようになり、それが先住民参加型の政策に多大な影響を与えたからである。

メキシコは、それまで石油などの資源を背景に外資の積極的な導入による経済政策を進めてきたが、一九八二年、対外債務の返済に滞り未曾有の金融危機に陥った。そして、その危機を克服するためＩＭＦをはじめとする国際機関の支援を受けることになるが、そのかわりに国際機関が提示する「構造調整プログラム」を受けいれることになった。具体的には、国営・公営企業の民営化、規制緩和、市場開放、財政支出の抑制など、いわゆる新自由主義的な政策であった。そうした政策は、それまでさまざまな経済分野に政府が関与してきたメキシコの政治経済体制の大きな転換をもたらした。その結果、教育や福祉、そのほか農業関連などの補助にたいする財政支出は大幅に削減されることになったのである。

こうした政策の転換は先住民政策への政府の関与を弱めることを意味するが、政府にとって、先住民参加型の政策理念はそのための絶好の口実となった。この点についてファーヴル（二〇〇二年）は、先住民集団による自治管理政策が一般化するのは、経済危機が深刻化した一九八〇年代初頭からであり、この時代に国家が教育や社会福祉の分野から手を引いて、権限を民間や地方に移管しはじめたと指摘する。先住民参加型の政策は、一見すると、それまで救済の手をまつ「客体」とみなされてきた先住民の主体性を認め、先住民自身が望む政策をみずからが関与して決定していくという肯定的な側面をもつ。しかしながらそれは、先住民社会を破壊しかねない世界的な競争をもたらす新自由主義と密接に結びつく危険性をもはらんでいたのである。そのため、新自由主義政策のもとで政府の関与が弱まり先住民の自治政策が推進されることによって、結果的には、先住民の人権侵害や貧困の拡大、あるいは環境破壊などが広がるのではないかという懸念が強まった。

こうしたグローバル化と新自由主義の拡大という世界的な流れのなかで、コロンブスの「発見」五〇〇周年にあたる一九九二年、グアテマラの人権擁護活動家であったリゴベルタ・メンチュウがノーベル平和賞を受賞した。国連は、翌年を「世界の先住民の国際年」、一九九五年から一〇年間を「世界の先住民の国際の一〇年」とするなど、この時代に先住民の権利にたいする世界的な関心がより一層高まっていく。そうした国際的な状況のもと、同質的な文化にもとづく統一国家づくりを目指してきたメキシコ政府は、一九九二年に憲法改正をおこない、メキシコが複数の文化からなる国家であることを規定した。一見すると、先住民文化に寛容な複文化社会を目指すというメキシコ政府の国家理念の転換として評価することも可能であろうが、先に指摘したように、こうした理念の転換がグローバル化および新自由主義と密接に結びついていたことに留意する必要がある。

一九九四年一月一日、グアテマラとの国境近くにある村で、サパティスタ民族解放軍（以下、サパティスタ）を名のる先住民集団が武装蜂起をして世界を驚かせた。その年は、二年前にメキシコ、アメリカ合州国、カナダが調印した北米自由貿易協定が発効する年であり、また、メキシコがＯＥＣＤに加盟する年でもあった。すなわち、メキシコが「先進国」の仲間入りをはたす記念すべき年だったのである。しかしながら、世界を見つめていたメキシコの支配層の思惑は、貧困に苦しむ多くの先住民系住民によって足下から揺さぶられたのである。

サパティスタの主張は、長年にわたって先住民が差別され抑圧されてきた歴史に異議を申し立てると同時に、先住民社会を崩壊させ貧富の格差を拡大させるグローバル化に反対するものであった。そして、メキシコ憲法が全国民に保障しているはずの権利が、いまだに多くの先住民には保障されていないことを批判するとともに、その解決を強く訴えたのである。この運動の特徴は、メキシコの一地方ではじめられたマイノリティの権利保障の要求であったものが世界的に注目されたことにある。なぜならば、サパティスタはインターネットやファックスなどを駆使して、みずからの主張を世界のマスコミなどに公開し、この問題がたんなる地域的な問題に限定されたものではなく、世界に普遍的なものであることを示したからである。

サパティスタが批判の矛先を向けたのは、コロンブス以降に生み出されてきた格差や差別であり、それを構築してきた世界システムそのものであり、五〇〇年におよぶ歴史そのものであった。そして、その構造を変革するどころかそれを強化して利益を得ようとするメキシコをはじめとする世界の支配層を非難し、この問題を世界共通の課題として受け止めるよう訴えた。それは、世界各地で問題意識を共有する人びとの共感を生み、またたくまにサパティスタにたいする世界的な支援体制がつくられていったのである。

西川（二〇〇〇年　二八頁）は、「独立によって植民地から解放された国民国家が、自らの内部に植民地を導き入れるというのは歴史のブラック・ユーモアとしか言いようがない」とし、それが世界各地でみられる現実だと指摘する。そのうえで「周辺は周辺自らの手で、再び解放されなければならない」という。サパティスタの武装蜂起から二〇年以上がたち、紆余曲折を経ながら現在でもこの運動は続いているといえるが、一方で多くの問題をかかえ、「周辺自らの手」で解放されることの難しさを示している。しかしながら、植民地支配が終わったあとも引き続きその構造が維持され、また強化されようとしている今日の状況下において、そのもとで差別や抑圧に苦しむ人びとが再生産されていく現状をいかに変革しうるか、サパティスタが提起した問題をわれわれは改めて考えなければならないだろう。

おわりに

現在のラテンアメリカをみると、たとえばボリビアでは、二〇〇五年に先住民出身の大統領が誕生し、二〇〇九年には国名を「ボリビア多民族国」と変更してスペイン語に加えて複数の先住民言語を公用語とした。また、南米各地では、環境や土地を守ろうとする市民運動や、貧富の格差が拡大する現在の社会経済状況のなか、比較的貧しい市民のあいだで「連帯経済」*7と呼ばれるさまざまな活動が展開されている。こうした活動は、みずからの生活は自分たちの手で守るほかに術をもたない人びとによって現実に根ざしたところからはじめられ、徐々に注目されるようになってきた。

こうしたラテンアメリカの草の根といっていい活動すべてが成功しているわけではないだろう。また、国民国家の枠組みを超えてグローバルに展開する多国籍企業が圧倒的な力をもつ現在の資本主義社会において、ラテンアメリカの試みが世界のほかの地域にどれほどの影響を与えるかは今の段階では未知数である。しかしながら、今日のグローバル化は、資本主義経済の野放図な拡大を促進するだけではない。それは、サパティスタの事例からもわかるように、植民地支配から現在の新自由主義の時代にかけてのラテンアメリカのさまざまな経験が、世界に共有されることもまた可能にしたのである。いうまでもなく、このことによって楽観的な見通しをもつことはできないが、「先進国」「発展途上国」とを問わず、同じ問題を抱えている世界各地の人びとの経験を共有することは、新たな地平を切り拓く第一歩となるのではないだろうか。

注

＊1　詩人でもあり外交官でもあったメキシコのオクタビオ・パスは、ヨーロッパにあこがれながらもヨーロッパにはなれない一九世紀メキシコの閉塞的な思想状況を「孤独と窒息」とあらわした（オクタビオ・パス／高山智博・熊谷明子訳『孤独の迷宮――メキシコの文化と歴史』法政大学出版会、一九八二年）。

＊2　植民地時代に先住民擁護の論陣を張ったラス・カサスなどの運動も広義のインディヘニスモに含めることもあるが、一般的には二〇世紀前半の先住民の価値の見直しや人権擁護を求める潮流全般を指すのがインディヘニスモである。「先住民擁護運動」などと訳されることもあるが、カタカナで表記されることも多い。

＊3　たとえば、フランスの外交官アルチュール・ド・ゴビノーの『人種不平等論』などがラテンアメリカにおいて大きな影響を与えていた。

＊4　たとえば、ブラジルのジルベルト・フレイレも、バスコンセロスと同じ時期にブラジルの混血を称揚した。

＊5　この事件は、トラテロルコと称される広場で起こったことからトラテロルコ事件と呼ばれ、政府が武力によって国民を弾圧した事件として、現在においても多くの人びとにメキシコの負の歴史として記憶されている。

＊6　スペイン語と先住民言語の両方の言語を話す二言語教師は、二〇世紀前半に公教育が拡大するなかで誕生してきた。都市とは異なる課題を抱えた農村地域における公教育を担ってきたこれらの教師たちの多くは先住民系の住民であり、先住民運動において中心的役割を担うことが多かった。

＊7　連帯経済とは、労働、生産、消費などにかかわる協同組合、地域通貨、マイクロクレジット、フェアトレードなど、さまざまな形態でおこなわれる経済活動で、ＮＰＯや地域内の賛同者などがそれを担っている。これらの活動は、各構成員間の信頼と協力関係のもとで展開され、利潤を追求する資本主義とは異なる「もうひとつの世界」のあり方を模索する運動でもある。南米諸国のほか、フランス、スペイン、イタリアなどでもこうした活動が進められている。

参考文献

上谷直克編『「ポスト新自由主義期」ラテンアメリカにおける政治参加』（アジア経済研究所、二〇一四年）

内橋克人・佐野誠編『ラテン・アメリカは警告する――「構造改革」日本の未来』（新評論、二〇〇五年）
落合一泰「文化間性差、先住民文明、ディスタンクシオン――近代メキシコにおける文化的自画像の生産と消費」（日本民族学会『民族學研究』六一―一、一九九六年）
サパティスタ民族解放軍（太田昌国・小林致広編訳）『もう、たくさんだ！――メキシコ先住民蜂起の記録1』（現代企画室、一九九五年）
篠田武司・宇佐見耕一編『安心社会を創る――ラテン・アメリカ市民社会の挑戦に学ぶ』（新評論、二〇〇九年）
清水　透『ラテンアメリカ――歴史のトルソー』（立教大学ラテンアメリカ研究所、二〇一五年）
清水透編『〈南〉から見た世界05　ラテンアメリカ――統合圧力と拡散のエネルギー』（大月書店、一九九九年）
永野善子編『植民地近代性の国際比較――アジア・アフリカ・ラテンアメリカの歴史経験』（御茶の水書房、二〇一三年）
西川長夫・原毅彦編『ラテンアメリカからの問いかけ――ラス・カサス、植民地支配からグローバリゼーションまで』（人文書院、二〇〇〇年）
西島章次・堀坂浩太郎・スミス、ピーター編『アジアとラテンアメリカ――新たなパートナーシップの構築』（彩流社、二〇〇二年）
ハーシュマン、アルバート・O（矢野修一・宮田剛志・武井泉訳）『連帯経済の可能性――ラテンアメリカにおける草の根の経験』（法政大学出版局、二〇〇八年）
ファーヴル、アンリ（染田秀藤訳）『インディヘニスモ――ラテンアメリカ先住民擁護運動の歴史』（白水社、二〇〇二年）
村上勇介編『二一世紀ラテンアメリカの挑戦――ネオリベラリズムによる亀裂を超えて』（京都大学学術出版会、二〇一五年）

第3章

雑誌『島嶼邊緣』と一九九〇年代前半期台湾の文化論

三木直大

はじめに

日本では、植民地統治期以前から台湾に居住ないし移住していた台湾人という意味での「本省人」と新しい統治者とともに大陸からやってきた新移民としての「外省人」という、二・二八事件を起点とする二元対立を前提とした、戒厳令解除期以前の中華民国国民政府専制統治（実態としての中国国民党独裁政権）下の台湾像がいまもつよくあり、[*1]一九九〇年代を考えるときにも七〇年代からの党外運動（国民党外の人々による民主化運動）の枠組みそのままに、反国民党であることが民主と自由の含意であるかのように台湾独特の族群政治のなかに図式化されてしまう傾向がある。そのために、一九八七年の戒厳令解除前後期から一九九〇年代にかけての台湾社会にあった多様な方向性が、今日では見えにくくなってしまっているところがある。しかも、その図式は台湾と中国という地政図だけにとどまらず、さらに東アジア全体の地政図とも重ねられていき、ときにそれは狭隘な民族主義と結びついた恣意的な言説をうみだしもする。そして、戒厳令解除後の台湾文化の多元性にひきかえ、日本での台湾文化理解にはときに多面的なアプローチが欠けてしまうことがある。何故そうした二元対立的で恣意的な構図が、日本で再生産されていくのか。そのことを問い直す必要のある時代にきているのではないか。こうした問題設定のもとに、一九九〇年代前半期の文化状況を雑誌『島嶼邊緣』[*2]を材料に考えてみるのが本章の目的である。

1　雑誌『島嶼邊緣』のアウトライン

『島嶼邊緣』は、一九九一年一〇月に王浩威を発行人として創刊。発行は唐山出版社で、一九九一年から一九九五年にかけて全一四冊を出版。第一期は一九九一年一〇月一五日付け、第一四期は一九九五年九月三〇日付け、第一〇期まではほぼ三ヵ月毎に、一一期からは不定期刊になっている。雑誌の発行人となっている王浩威は一九六〇年南投県生まれ、高雄医学院（現在の高雄医学大学）出身の精神科医であり、雑誌発刊時は台湾大学医院に籍をおいている。『島嶼邊緣』の発刊は、その王浩威が組織した読書会が母体になったようである。[*3]

戒厳令解除を受け、九〇年代前半期には枚挙にいとまがないほどの数多くの文化雑誌が出版されている。補足的に述べるなら『島嶼邊緣』のメンバーの名前は『中外文學』『幼獅文藝』『聯合文學』『文訊』など「主流雑誌」的な位置にあるものにも見られるし、その他『當代』『台灣社會研究季刊』『中國論壇』『電影欣賞』『表演藝術』など多くの雑誌に名前を見つけることができる。なかでも一九八〇年代から二〇〇〇年代にかけて（一九九六年から九七年にかけては休刊）出版された雑誌『當代』は、同時代的にテーマが『島嶼邊縁』と重なっているところがあり、創刊者・編集者の金恆煒も『島嶼邊縁』のメンバーだったことがある。『島嶼邊縁』の執筆者たちは、こうした多方面のメディアで論説を展開しており、当誌は同人誌的に内部で閉じられたものではない。

編集体制としては、総編集者的な位置に姚立群がいる。姚立群は一九六五年高雄生まれで、当時は『電影欣賞』（一九八三年創刊）の編集者である。そしてその下に、各号の編集責任者が位置する編集体制になっている。同その編集責任者には蔡其達、卡維波（甯應斌）、但唐謨、傅大爲、吳永毅といった人たちが顔を並べている。同人的に編集委員、編集顧問として名前を連ねている知識人は、上に述べた人たちの他に王墨林、李元貞、李永熾、呂正惠、何春蕤、金恆煒、南方朔、孫大川、ワリス・ノカン、リカラッ・アウー、廖炳惠、黃毓秀、楊澤、劉克襄、洪淩、紀大偉、張小虹、張錯、趙剛など、実に多様である。また毎号の特集名には、主だったものだけでも「科学、意識形態と女性」「広告・閱聴人・商品」（「閱聴人」は読者・聴衆・観衆の総体）「原住民」「フロイドの誘惑」「偽台湾人」「女人国・家（偽）アイデンティティ」「酷兒QUEER」「民衆音楽研究初探」「色情国族」（「国族」はnation stateの国民、ないし民族の意味）等々がある。そこには台湾文化の再編成運動ともいうべきダイナミクスが働いていて、民主化の進展とともに台湾文化の意味体系（コード）の問い直しと再構築が志向されている。

この雑誌を考えるに際してのアウトラインは、およそ以下のようになる。ひとつは、台湾社会のポストコロニアル状況とポストモダン状況の交錯をどうとらえるかに向けての文化理論の探求。市民社会論との関わりに重点を置くかたちでグラムシ（第一期）やデリダ（第三期）、アルチュセール（第一二期）などの特集が組まれているのは、そのあらわれでもある。もうひとつは、九〇年代前半期政治状況への対応である。その前提には当時の台湾ナショナリズムの高揚があり、それへの思想的対峙が課題となっていて、本省人か外省人かではなく当時二〇歳代から三〇歳代の、主に大学に籍をおく若い知識人たちの人的なつながりが出発となっている。台湾ナショナリズムの高揚が「族群」意識の再構築、再発見というかたちのポピュリズムを台湾社会に引き起こす危機感が、若い知識人たちにネットワークを形成させ、この雑誌を動かしていると言える。その象徴的な特集が、第八期の「偽台湾人専輯」である。[*4]

第八期巻頭の「編輯報告」では、「台湾／族群政治／外省人／国家アイデンティティ」（／はママ。ここでは並列ではなく差異性を強調した用法と思われる）の転換点にこの特集がなるのだと宣言されていて、民進党が『島嶼邊縁』を台湾文化の最前線と認めたとして、一九九三年七月開催の「超党派」の民主進歩党文化会議に、王浩威をはじめ九名のメンバーが出席したことが紹介され、会場の写真が掲載されている。そこからは、『島嶼邊縁』の問題提起への同時代的な反響もそれなりにあったことが推測される。また、第九期には写真入りの紹介記事があるが、一九九四年一月に外省人台湾独立協進会、台湾教授協会、フォルモサ基金会（陳水扁の主持）共催の「『外省人』在台湾論文研討会」というシンポジウムがあり、メンバーの傅大爲が出席している。「外省（人）台独」は、一九八九年の鄭南榕事件[*5]が大きな象徴性をもっている。日本では九〇年代以降、台湾文化の紹介が「族群」問題に焦点をあてるかたちで盛んにおこなわれるなかで、ステファン・コルキュフの『台湾外省人研究の現在』（上水流久彦・西村一之訳、風響社、二〇〇八年。台湾での初版『風和日暖』は允晨、二〇〇四年）を除くと、外省人台湾独立協進会などの「外省台独」の動きはほとんど紹介されることがない。「族群」を考える基本的な書物に、王甫昌『族群――現代台湾のエスニック・イマジネーション』（松葉隼・洪郁如訳、東方書店、二〇一四年。台湾での初版『當代台灣社會族群想像』は群学出版、二〇〇三年）がある。第九期の吳永毅「張茂桂教授特別推薦〈偽台湾人〉専輯」によると、著者の王甫昌もこのシンポジウムに出席しているのだが、同書では「外省台独」については扱われていない。

第八期の「編輯報告」では、この「偽台湾人専輯」が最初は「外省人専輯」として企画されたことが説明され、特集のねらいは「国族〔nation state の国民〕の固定的な構成分子〔分子はママ〕としての外省人」ではなく「邊縁角度〔ママ〕から出発する外省人の位置の構築」のためとある。「族群」という枠組みのなかでは、「外省人」もまた再発見されたのである。一九八七年の戒厳令解除によって「外省人」は政治文化的マジョリティの位置から脱落するが、それは台湾の政治体制民主化の帰結であり、外省人知識人たちは若い世代を中心にそれを受け入れることになる。だが、次に問題になったのは、李登輝の新台湾人言説や民進党を中心にした台湾ナショナリズムの高まりである。それに対するものとして、彼らは台湾社会のマイノリティの存在に着目する。問題はジェンダー差別、同性愛者差別、原住民差別、障害者差別、労働者差別、新移民差別など多様であり、そうした差別の構造は台湾社会の抱える諸課題を表面化させることになる。時にはそうしたマイノリティに、社会の底辺化した外省人も含まれる。それについては、一九九〇年代前半期の李登輝総統時期国民党内部の権力闘争と反李登輝派による「新党」結成など、外省人政治家やその選挙基盤となる都市部の外省人たちの、自分たちが周縁化されることによるマイノリティ意識の形成や危機感と無関係とまでは言えないが、広い意味での「老兵」問題など社会の底辺化した外省人たちについても、『島嶼邊縁』は「分類：差異と区別」〔呉其諺、第八期〕などの論説でとりあげている。

雑誌『島嶼邊縁』は、一九九〇年代前半期の「族群政治」〔アイデンティティ・ポリティクス〕の先鋭化のなかで、それへのアンチテーゼとして刊行されている。「新台湾人」論述が生み出す「国家民族主義」の抱える問題など、台湾社会の諸問題は「民族主義」では解決できず、それではアイデンティティの政治のもとに社会の抱える問題を隠ぺいしてしまうことになるという視点である。それは王浩威のほか、廖咸浩、李永熾、孫大川、ワリス・ノカンたち、民主進歩党の文化会議に参加したメンバーにも共通する課題になっている。

「偽台湾人専輯」には、「邊縁角度」からの本省人と外省人の共同戦線という大きな方向性と、しかしそうではあっても執筆者間の現実政治的なスタンスの差異とが同時にあらわれている。ここでの「邊縁」とは、『島嶼邊縁』という雑誌の立場と「中心と周縁」理論における「周縁」という意味を重ねた用法だが、もちろん『島嶼邊縁』の内部にも複数のスタンスがある。陳筱茵「『島嶼邊縁』:一九八〇、九〇年代之交台湾左翼の新実践論述」(注＊3を参照)は、この雑誌を二元対立的思考への批判が言説に一貫するものとしたうえで、六期までの社会・文化分析の方法としての西欧思潮紹介、七期以降の社会文化運動的言論展開の、前後期に分けている。たしかに六期までは、社会文化運動的言説というより学術的な言説の展開や同時代的な文化理論の翻訳が多い。この雑誌が欧米留学組の研究者たちが主要メンバーとなっていることの反映も、そこには見てとれる。

また、一九九〇年代後半以降に明確になってくるメンバーたちの方向性の違いも、雑誌『島嶼邊縁』のなかにすでに存在している。そうしたことを考えるに際して、注目しておきたい記事に林威「岐路を徘徊する『島嶼邊縁』」(第六期)がある。林威は雑誌メンバーを「ポストモダン派」「新左派」「新マルクス主義」の三グループに分け、内部での対立をとりあげる。「ポストモダン派」が依拠するのはポスト構造主義、ポストマルクス主義、ポストモダニズムなど、「新左派」は同じくフェミニズム、ニューレフト運動、カルチュラルスタディーズなど、「新マルクス主義」はフランクフルト学派、マルクス主義経済社会学派などと説明が続く。その説明自体はきわめて概略的なもので、執筆者たちそれぞれの台湾像構築のための研究スタンスの反映といったものがうかがわれるにすぎない。だが、そのことから推量されるのは、この雑誌に厳密に統一された方向性が必ずしもあるわけではなく、先端的な言論の場としてのゆるやかな連帯が基軸になっていることである。

むしろこの雑誌の特色は、トピカルな問題提起的編集方針にある。上述した総論的なものとは別に、ジェンダーや同性愛に関わる問題、障害者問題、原住民問題、ポピュラー音楽等々といった各論にこそ、今日でも見るべきものが多い。そうでなければ第一四期まで継続しなかったろうし、逆に言えば一四期で終わったのも、総論的なもののなかで共闘するための壁にいきあたったということかもしれない。

また文学史的なテーマとしては、『島嶼邊縁』には他誌が掲載を拒否したという陳克華の詩篇「アナルセックスの必要」（第三期）のほか、鴻鴻の詩篇「開閉する橋：九〇年代のアナーキスト青年たちへ」（第七期）や陳雪の小説「天使が失くした翼をさがして」（第一〇期）など、実験的かつメッセージ性にあふれた作品が掲載されている。[*6] こうした作品は、誌上で展開される社会批判や文化批評の作品による展開と位置づけることができる。

2　「偽台湾人」論説をめぐって

本章ではこの雑誌で取り上げられている多くの特集からテーマを二つに絞り、その論議の射程を考えるというアプローチをとる。一つは「偽台湾人」、もう一つは「クィア（酷兒）」である。第二節では前者を中心にすすめる。まず「偽台湾人」についてだが、主な議論はそれを大きな特集にした第八期（一六本の記事）と、その反響を特集にした第一三期（五本）に見られる。この特集の編集担当は葉富国と記載されている。葉富国がどういう人物であるのかは未詳だが、おそらくは実際の編集担当者の筆名であろう。「偽台湾人」論説の基本的な枠組みを浮かびあがらせるために、以下にいくつかの論説を紹介していくことにする。[*7]

「分類：差異と区別」（呉其諺、第八期）はどのように「族群」を分類するかという、その分類に用いられる言葉を決定するのは、歴史・政治・文化からくるものであって、「分類」は差異を生み出す権力であり、それは知識が権力であるのと同様だ（三四頁）と論じる。「偽台湾人：台湾の第五大族群」（台湾人、第八期）は、「四大族群（原住民、福佬、外省、客家）が共同体を構築する」ということが、四大族群を積極的に再構築してしまう。しかしそれでは「人間の均質化」という問題を解決できず、逆に四大族群の構築が目的化してしまい、そのことによって階級やジェンダーやセクシュアル・マイノリティや障害者といった主体が見えなくなってしまう。そこで第五の族群として「偽台湾人」という「族群」を提示したい。それは、「人間の均質化」への批判としてである（四四頁）。そして「偽台湾人」という「族群」の提示は台湾の「ポストモダン現象」の一つであり、「ポストモダンの台湾人」は「台湾のポストモダン族群」である（三五頁）とまとめている。ここで考えられているのは「本質主義」批判であって、「偽台湾人」は、戦略的な概念提示でもある。「偽台湾人：台湾の第五大族群」は、「真の台湾人」言説は「真でない台湾人」をそこに対照させているものであり、李登輝の「新台湾人」言説もそれを免れないとしている。李登輝の「新台湾人」、民進党の「族群民族主義」、そして国民党の「国家民族主義」言説のいずれも、台湾という国民国家再想像の論理であって、それでは人間は（国民は）均質化されてしまい、個々の主体が見えなくなるとするのが、その議論の大きな枠組みである。

「『偽台湾人』専輯の説明及び書目」（葉富国、第八期）は、「偽台湾人」という用語のなかの「台湾人」が「台湾ネーション（国族）」を指しているのに対して、「偽台湾人」とはポストコロニアル論述のもとにあるものであり、「台湾国家機構〔state apparatus、原文は国家機器〕の内部殖民」の角度から「「台湾国民形成」（nation-making、原文は国族営造）を見るときの産物である」（一〇二頁）とする。さらに葉は「国族」というものが「虚幻」（illusory）であり「想像」（imagined）されるものであり「模倣」（mimic）であり「摻假」（hybrid）であることを顕在化させる仕掛けが、「偽台湾人」「偽国族」だとする（一〇二頁）。これは、想像される「国民」の創出とそのイデオロギーが「国民」の「均質化」を導き出すことへの批判である。葉は続けて、「均質化」は資本主義の経済活動と根底において結びついており、「台湾国族論述」は国民の同質化を生じさせ、国民を均一な商品と化すがゆえに、グローバル資本主義そのものが背景となっているものにほかならない（一〇六頁）と結論付ける。

ここで葉は「ひとつの台湾国民〔原文は一個台湾国族〕というナショナリズム」が、台湾に「内なる植民地」をつくりだすことへの批判を展開しているのである。たしかに「族群」の議論そのものは、どうしても政治的なものとして再生産されていく構造をもっている。「族群」の乗り越えを言えば言うほど「族群」を確認することになり、このレベルでの再構築が生じてしまう。それは今日にいたる族群スタディーズの限界でもある。いわば「脱構築」のない、再構築のための構築がおこりつづけることを、「偽台湾人」論説はついているのである。

この枠組みは、第一三期の「偽台湾人のカミングアウト」（葉富国）でさらに理論化されるが、そこからは『島嶼邊緣』の刊行が運動として、より自己意識的かつ戦略的なものになっていることがうかがわれる。葉は、以下のように議論を展開する。「偽台湾人」論述は主流の「新台湾人」に対する抵抗であり（そして「新台湾人」論述は「真台湾人」論述への反動であり）、その目的は「国家機構」が推し進める「国民形成」（「国家構築（Nation-Building）」とほぼ同義）に抵抗するためであり、「国族主義」（Nationalism）への反対運動である。もちろん、こうした偽台湾人論説は文化界の論壇のなかでの限定的な効果しか生みださない。その他の場所で「国族主義」による「国民形成」への反対をさらに推進しようと考えるのなら、偽台湾人論説はさらに連携をすすめないといけない。また、「国族主義」の土台を崩そうとするのなら、人々の「性格構造」（Character Structure）を変える必要もある。「国族主義」が「人民（人々、国民）」に呼びかけることができるのは、人々の心になお小さなファシストがいるからである。この人の心のなかのファシストを消滅させようとするとき、「人民」が「人渣（人のかす）」に変わるとき、「国族主義」も自然に人をうごかすその魔力を失う。「人民」の「人渣化」は、「偽台湾人」論説によるだけではもちろんだめだし、ましてこの論説が根本的に「主流国族論述」に寄生しているようでは、ファシズムを消滅させる力は疑わしい。その意味で、国族主義的な国民形成への抵抗としての「妖言」のような「カミングアウト文学（出匭文学）」は、「偽台湾人」の政治宣言以上に有効である。何故ならカミングアウト文学とその関連する論説と実践こそが人々の性格構造を改変し、「人民」を人渣化し、「台湾国族」を雑種化（「摻假」）し、「台湾人」を「偽台湾人」化するのである（一〇七頁）。おおよそこのように、葉は議論する。

「人民」の「人渣」化というのはわかりにくい議論だが、「人渣」を「妖言」を発するような人々と置き換えてみると、その意図が明確になってくる。『島嶼邊縁』誌上では、いわゆる「公序良俗」に反するかのような多数の図像や写真が掲載されている。また、陳克華の詩篇「アナルセックスの必要」（第三期）にはじまり、第一〇期の「クィア」特集そのものが、こうした戦略下において編集されているということにもなる。「本質主義」的言説が「渣」（かす）とするもの、それが「妖言」であり、ここでの「妖言」とは国民形成という「大きな物語」の前の「小さな物語」や「ノイズ」と言い換えてもよい。つまりそれが『島嶼邊縁』が自ら任じる「邊縁分子（マージナル）」の含意なのである。「偽」には「真」や「新」から排除されるもの、差別されるもの、異端であるものが設定されている。

しかしそれだけでは、原住民もジェンダー問題も同性愛者も障害者も、いわば「真」への対立軸として利用される存在として特権化されることになり、いきつくところは本質主義と変わらないものとなってしまう。「偽台湾人」もまた問題提起としてはよいとしても、同じように「相対主義」の陥穽におちてしまうのではないかという問題が生じてくる。そこで、現実的な政治行動としてはどのようにすすめるのかが、次に問題になるだろう。当時の『島嶼邊縁』の執筆者たちが、基本線として共同戦線を組めるのは「国族主義」への反対の立場においてである。そしてメンバー相互に差異はあるにせよ、この時点では、大筋で彼らは「台湾独立」に反対なのではない。それが『島嶼邊縁』の議論の前提となっている。たとえば「偽邊縁人のカミングアウト」（葉富国、第一三期）は、第八期の論説を発展させ、ここでも「偽台湾人」を「第五族群」として提起する。それが有効な戦略かどうかは別にして、それは「真台湾人」に「偽台湾人」を二元的に対立させるのではなく、第五族群とすることで「族群」の構造を重層化しようとしているのだと考えることができる。

また「邊縁分子最初の統独大アピール――邊縁の統独立場」（假台灣人、第一三期）は、次のように論を展開する。「邊縁分子の統一と独立の立場（統独立場）は簡単に言うと台湾統一を目標とする台湾独立に反対或いは統一派の独立に反対ということである。そこから、邊縁分子は急進的独立を主張する」（一〇一頁）、「邊縁分子の統独立場はわかりやすく言うとこうである。邊縁分子はどんな形式の愛国主義にも反対する。中国統一は愛国であり、台湾統一も愛国であり、邊縁分子は両方に反対である。さらに言えば、邊縁分子は国族主義（nationalism）下の国民形成に反対なのである。国民形成は国家機構統治下の各種の階級、族群、性別などのグループを均質化して同一国民としてしまう」（一〇一頁）からである。そのうえで、論はこう続く。「台湾統一或いは統一台湾国族を目標とする台湾独立は、中共の利益に合致してしまう。中共の統一議程（統一戦線工作のこと）のなかで、中共は必ず台湾全民を代表できる政府と協議しようとする。もし台湾が不統一なら、あるいはある政府によって代表されなければ、中共が望む協議による統一は遅々としてすすまないし、その他の統一の道にも大きな代価をはらうことになるからだ」（一〇一頁）。そして、筆者は反中央集権的な「地方の独立」をこそ進めるべきだという論を立て、連邦制的な制度下で人民民主を推進する（一〇二頁）べきだと述べている。つまりこの論説は「台独」に反対なのではなく、そのあり方を問うている（一〇一頁）のである。

何に重点を置くかによるメンバー間の方向性の違いということでは、「いまだ姿を見せない〈新興民族〉」（趙剛、第一四期）がわかりやすい例証になっている。趙剛は許信良『新興民族』（遠流、一九九五年）の書評のスタイルを借りて、当時の民進党の直面する政治課題をその選挙基盤から分析することからはじめる。そして趙剛は「台湾（汎）民族主義」は台湾資本の利益という現実主義政治と結びついた言説であって、そのために「台湾人」「民族」「国家」という概念を武器としているのだと断じて、労働運動への傾斜を主張する。台湾の民族主義論述は背景にある台湾経済をめぐる「ブルジョア現実主義政治」からのものだという趙剛の論点（二九頁）は、本省人と外省人、台湾人と中国人という二軸化や、族群構造と省籍矛盾からの新しい台湾創出のための新台湾人といった論述からは見えないものに注意を向けさせる。また「国族主義と〈脱植民地化〉」（陳光興、第一四期）は「政権の移転を急いで、形式主義的に台湾ポストコロニアル社会の到来を宣言するようなことをしてはならない。原住民、女性、同性愛者、そして労働者の四大族群が植民されることがなくなってはじめて、私たちはポストコロニアリズムの曙光をかいまみることができるのだ」と議論する。

この両者の論説は、第1節で紹介した民進党文化会議に出席した王浩威や孫大川たちとは対比的でもあるが、グローバル資本主義下の台湾資本家が次にはうってかわってどちらを向くかは、国民党か民進党かといった既成のアイデンティティ・ポリティクスだけでは議論できないものがあり、一九九〇年の三月学運（野百合学生運動）と二〇一四年の太陽花学生運動との差異を生み出すことになる台湾社会の背景にあるものも、やがて時代の推移とともに浮かびあがっていくことになるのである。民主化運動期においては、経済成長を続けていた台湾資本と発展途上にあった中国資本の資本的影響力の差異には歴然たるものがあり、本省人資本家も自らの資本的影響力の拡大のために国民党官僚資本主義との対峙を必要としていた。また、開放改革路線下の中国でおこった六四天安門事件は、台湾社会に大きな衝撃を与えた。

しかし二〇〇〇年代以降、台湾資本の中国進出や両岸資本の緊密な提携がすすみ、台湾資本主義は中国抜きではなりたたなくなっている。[*8] 太陽花学生運動の起因となった馬英九政権下での中国との貿易協定問題も、こうした台湾資本主義の問題が背景にある。太陽花学生運動は市民運動的なひろがりをもち、二〇一六年五月の総統直接選挙により蔡英文総統による民進党政権への交代がおこった。しかし香港の雨傘運動は、太陽花学生運動のようなひろがりをもちえなかった。そこには、基盤道路占拠による観光産業など香港経済への悪影響を強調する政治的言説や、何より現在の香港の資本主義経済が中国資本抜きでは成立しえない現況がある。

3 「クィア」論説をめぐって

「同志」という言葉が、従来の意味とは違う語彙として台湾で流通し始めるのは、一九九〇年代になってからである。それに付与された新しい意味とは、同性愛者、ひいては広義のセクシュアル・マイノリティのことである。台湾において「同志」は、戒厳令解除後の社会運動のうねりのなかで認知されるが、それは若い世代の知識人たちによる自己アイデンティティの再構築／台湾文化再編成への志向と密接に結びついている。さらに台湾では二〇〇〇年代以降、LGBTをめぐる議論が活発になり、LGBTを描いた多数の文学作品や映画が文化シーンに登場する。またLGBTの議論を「クィア」の議論に置き換える論述が多く発表されるようになる。

「クィア」は「queer」、漢訳は「酷兒」。同性愛者、なかでもゲイの蔑称で、奇妙なとかいかがわしいとかの意味がある。アメリカ英語では無価値なという意味も与えられている。日本でも、J・バトラーやE・K・セジウィックの理論の紹介が進むにともない、このカタカナ表記のクィアという言葉も、横断的に使用されるようになってきた。文化研究の領域では、ゲイ研究とレズビアン研究を統合するかたちで出てきたのがクィア研究である。ゲイやレズビアン、同性愛者、セクシュアル・マイノリティといった用語のもつ被差別的側面を、カタカナ表記のクィアという言葉は相対化してしまいかねない一面ももっているが、人間はすべて遺棄された奇妙な存在だという拡がりのなかへ問題をとらえなおそうとするときには、たいへん有効な用語といえる。そして、クィア研究とは、ジェンダーとセクシュアリティとそれにまつわる性規範の価値や意味のコードを批判的・批評的に考え直すこととまとめることができる。その点で、ポスト・フェミニズム研究と非常に密接なものでもある。

台湾におけるクィア研究の原点とでも言うべきものが、『島嶼邊緣』第一〇期の「クィア専輯」である。[*9] この特集はそれまでの『島嶼邊緣』誌上のジェンダー論を受け継ぎながら、異性愛主義への批判を理論化することによって、従来のフェミニズム論説とは位層を違えた文脈のうえに展開されていく。ここでの主な論者は紀大偉と洪凌である。二人が登場以前の誌上ではLGBTをめぐる議論は、クィア理論の横断的な立場からではなく、ゲイ研究やレズビアン研究を中心とした理論やフェミニズム研究の立場からのものであった。『島嶼邊緣』の出発期からのメンバーにはフェミニズム理論に拠点を置いて女性解放の社会活動を展開していた『婦女新知』メンバーの成令方や、詩人で婦女運動活動家の李元貞などがいた。「婦女新知」グループは、一九八二年に婦女新知雑誌社を設立（一九八七年に財団法人婦女新知基金会となる）、戒厳令解除後は女性参政権をはじめとする様々な女性解放運動の拠点となり、「優生保健法」や「性別工作平等法」、「民法」の改正や「性別平等教育法」など、女性の権利を認める制度の法制化を実現していった。また、ジェンダー研究の視点から同性愛の問題を扱うなど、理論研究をすすめていた何春蕤と卡維波が参加していた。

第一〇期の「クィア特集」に先行して、第九期には「女人国／家（偽）アイデンティティ」特集が組まれ、モニック・ウィティッグの「性／別」と「異性愛主義（法的正統）」の二編の論文が翻訳掲載されている。モニック・ウィティッグはフランスの作家でフェミニズム理論家。『子供の領分』（一九六四年）、『女ゲリラたち』（一九六九年）、『レズビアンの躰』（一九七三年）などの作品があるが、なかでも『女ゲリラたち』はレズビアン・フェミニズムの代表作とされ、ジェンダー克服のための理論化を推進した。雑誌巻頭の「編輯報告」は、この二編を「どのように父権資本主義の国／家が性／別分類と異性愛思惟のうえに構築され、どのように女を牽制することが父権国家体制を強固にする手段と目的になっているかを見出せる」論述と解説している。

モニック・ウィティッグ論文の掲載からもわかるように、第九期のもうひとつのテーマにLGBTがある。ジェンダーとセクシュアリティのもつ問題性全体のなかでLGBTをとらえようとする姿勢が、この第九期にはつよくあらわれている。それは「編輯報告」の次に巻頭論文として「クローゼット（規範）から出る必要」（原題は「出櫃〈軌〉之必要」）。署名は平非で、王蘋と丁乃非二人の筆名）が配置されていることでわかる。この論文の題名は、クローゼット（「櫃」）から出ることとジェンダーという制度（「軌」）から出ることの両方を一体化させている。スラッシュで分断された「国／家」とは、「国家」を「国」と「家」の相互乗り入れによって抑圧が組織化された欺瞞の体系ととらえる方法である。そして「『喜宴』・妖怪・アイデンティティ論述」（黃毓秀）と「妖言：

情欲対話」(陰娣姉妹)が対置的に並べられる。黄毓秀論文は、李安監督の映画『ウエディング・ヴァンケット(喜宴)』(一九九三年製作・公開)が男性同性愛者をテーマとしているようでいて、退役将軍の父親と実業家のゲイの息子、その「彼女」であるアメリカ人白人男性、そして上海人の女性を地政学的に配置した、実はきわめて政治的なフィルムであることを解き明かす。そして「妖言:情欲対話」は、一〇編の「妖言」を配置し、ともすれば国家と政治のシステムに回収されていく女性のセクシュアリティや同性愛を、女性が自ら「妖言」を発することで、そこに政治のシステムに回収されない人間存在としての意味を浮かびあがらせようと試みる。署名にある「陰娣」はクリトリス(陰蒂)の意味だが、そのとき「妖言」はクィアな言葉そのものとなるのである。

さらに「編輯報告」は、第九期を「女とは何か、国/家とは何か、国/家とは誰のものか、国/家のなかの女の位置はどこにあるか、女には国/家アイデンティティはあるのか」を議論するものとする。続いて「女と国家アイデンティティ」(顧燕翎)、「婦女も国民か?——婦女の「国民所得」中の位置について」(瞿宛文)、「人権性別化の検討——女は人であるのか」(成露茜)などの論文が配置され、台湾における女性差別が論じられていく。ここでの議論は、第八期の「偽台湾人」論説と密接にむすびついている。こうして内容を概括していくと、この第九期の特集は第八期と連動しながら、LGBTのテーマが第一〇期の「クィア」のテーマに続いていく構造になっていることがわかる。それはセックスとしての女性と男性の間の非対称性をそのままにしてLGBTがクローズアップされ、そのことによってジェンダー差別の構造がしばしば固定化されたままになることへ、はっきりと異議をつきつける構成にもなっている。第九期の予告では、第一〇期はポピュラー音楽特集だったが、それは第一一期に回されているので、第九期の反響を受けて第一〇期を連続させたのだろう。

第一〇期の「クィア特集」は、先鋭的な論文を掲載するとともに、クィアという方法の啓蒙を行っていて、

「小小クィア百科」という関連用語の解説を掲載している。執筆者は紅水鮮、紀小尾、蛋糕饃となっていて、それぞれ洪凌、紀大偉、但唐謨の筆名である。また、第九期を引き継ぎ、女性同性愛者を取り巻く問題に重点を置くかたちで「妖言特集」が組まれ、序文の位置づけの何春蕤「女性公共論壇の建立——本期「妖言」及びその意義紹介」をはじめ六本の論説が掲載されている。

紀大偉と洪凌は、ともに作家でありクィア理論や台湾同志文学の研究者であって、現在の台湾のLGBT文学の牽引者だが、彼らは『島嶼邊緣』に最初から参加していたわけではなく、洪凌は第八期から、紀大偉はこの第一〇期からである。二人は論文を含め、かなりの記事を書いているが、この特集は具体的な作品を取りあげながら議論を展開する方法をとっているところに特色がある。ひとつはジャン・ジュネで、ちょうど同時期に洪凌はジュネの『泥棒日記』の翻訳を出版している（『竊賊日記』時報出版、一九九四年）。論説「聖ジュネ——コソ泥と囚人の真夜中の艶めくピック」（洪凌、方致、盧東魔）は、フランス社会の保守性と男性同性愛者の実存を描き出したサルトルの『聖ジュネ——殉教者と反抗』（一九五二年）の影響がかなり色濃いが、それにクィア論を重ねるかたちで執筆されている。もうひとつはマヌエル・プイグの「蜘蛛女のキス」で、やはり同時期に紀大偉が『蜘蛛女之吻』（時報出版、一九九四年）を出版している。「蜘蛛女のキス」はバレンティンとモリーナというブエノスアイレスの刑務所にいる二人の男のホモセクシャルな関係を描いた作品で、同名の論説を但唐謨と紀大偉が分担で執筆している。洪凌と紀大偉はともに台湾大学外文系出身だが、九〇年代はLGBTの社会運動と文化シーンの展開が重なりあう時期でもあった。そして台湾ではその後、様々な社会学的アプローチだけでなく、文学作品や映画をテクストとして、そこに表現されたクィアな表象を読み解く試みがおこなわれてきた。こうした研究は、台湾は日本よりも先行していると言えるだろう。それは常に周縁の位置に置かれて続けてきた台湾の政治的、文化的地勢図と不可分でもある。台湾においてクィア文学は、社会性・批評性を本質的に内在化せざるをえないテクストとなるのである。

4　一九九〇年代前半期台湾文化を考える

『島嶼邊縁』誌上の「偽台湾人」と「クィア」論説のアウトラインを以上のように描いてみたが、その論述は台湾だけでなく今日の東アジアを考える際にも有効なものとして評価できるだろう。だが、同時にこうした論説が、一九九〇年代前半期台湾という場所と密接な関係を持っていることは言うまでもない。まず『島嶼邊縁』が向かい合ったのは、一九八七年の戒厳令解除後の台湾文化再編成の時代であり、民主化に向けての幅広い共同戦線としての党外運動結実後の、台湾像の再構築という政治課題と切り離すことができない。さらに一九八九年には中国では六四天安門事件があり、ドイツでは一一月にベルリンの壁の崩壊がある。

そうしたなかで一九九〇年の三月学運が起こるが、李登輝はその要求を受け入れるかたちで、台湾の法制を民主化と直接選挙に向けて改正をすすめていく（憲政改革）。九〇年一〇月に「国家統一委員会」が設置され、九一年二月には「中華民国国家統一綱領」案が採択される。そこから民進党の新憲法制定の主張（「制憲」路線）と国民党総統としての李登輝の中華民国憲法維持のなかでの改憲路線が二つの大きな方向となり、さらにそれぞれの内部でも急進派と穏健派といった政治的スタンスの差異が議論の舞台となっていく。そのなかでどのように台湾像を構築するか、どのように「国民統合」を行うかが、あらたな台湾の国民国家構築の政治課題と密接にむすびついていく時代である。[*10]

『島嶼邊縁』の刊行時期は、国民党専制政権最後の李登輝の第八次総統時期である。その時代に登場するのが「新台湾人」論述である。それは一九九六年第一次総統直接選挙を視野に入れた李登輝の政策課題でもあって、「新台湾人」論述は国民党における李登輝の権力闘争とも密接に結びついている。また国民党内部においては、蔣経国が「私も台湾人」と述べたことを出発点とし、それを基本においてどのような国家と国民の像を構築するのかの路線対立が生じている。何よりそれは中国（中華人民共和国）という「他者」の存在と不可分である。李登輝の「新台湾人」にせよ、国民党反李登輝派の「国家民族主義」にせよ、民進党の「族群民族主義」にせよ、他者としての中国抜きには成立しない言説になる。他者としての中国がそこにあるから台湾の「国民統合」が問題化される。その点でどこまでも、「族群」の再構築も「族群」の融和も、台湾という「想像の共同体」構築のための政治的戦略とならざるをえない。

そして台湾像の構築と国民統合の推進はいずれにせよナショナリズムと不可分のものであり、ポピュリズムを生み出す危険性を持つことになる。そこから台湾市民社会における個の人権と民主の推進といういちばん根底にあるべきものとの対立も生み出されていくことになる。台湾像の構築が民主化と結びつくのが、中国という他者の存在があるがゆえの政治課題としてであっては、人権と立憲民主の基盤は危ういものと言わざるをえない。そうした政治のありかたに対して、個としての市民の主権を目指そうとするなら、政治課題となった「民族主義」への批判運動が登場するのは必然的な動きである。

政治文化的運動としての『島嶼邊縁』の直接的な目標としては、制憲であれ改憲であれ、憲法条文に市民主権をどう反映させるかの運動になる。一九九〇年代には「中華民国憲法」の四度の憲法改定がおこなわれる。総統直接選挙制の導入は一九九四年の第三次である。第2節で紹介した「地方の独立」という考えは、民選による台湾省長選出という第二次改憲（一九九二年）と密接なものである。九〇年代は「多文化の時代」としばしば論述されるが、「多文化主義」の文言は「台湾省」が実質廃止され行政院に移転した第四次改憲（一九九七年）においてはじめて書き込まれる。それについては、「族群」としての原住民による政府の同化主義政策への批判と一九九一年と一九九二年の「正名」運動（原住民が漢族風にではなく、自民族の氏名を名のる運動）が大きな前進を見せたこととの結果でもあり、「正名」運動と『島嶼邊縁』誌上の「偽台湾人」言説はかなりのところまでリンクしている。

しかし、それだけでは『島嶼邊縁』が危惧する「国民の均質化」を逃れることはできない。ここでの多文化性は、あくまで「多族群性」だからである。多元文化のなかに入ってくるのは原住民であり客家であり、次に新移民でありというようになる。その多元性はけっきょく「族群」のアイデンティティの政治に還元されてしまう。若林正丈の『台湾の政治』が第七章「多文化主義の浮上」において論じるように、その「多文化主義」もまた中国という他者と向かい合う政治的言説から免れえないことが裏付けられる。それでは結局、ジェンダーの問題や障害者や同性愛者やはますます邊縁化され、個と人権の問題がそこでは抜け落ちてしまうというのが『島嶼邊縁』の立ち位置になっている。

おわりに

戒厳令解除以降の台湾社会の民主化は、一九七〇年代後半期からの蔣経国時代の「中華民国台湾化」を契機とした上からの台湾再編成の過程で、本省人・外省人を問わず下からの民主化運動がともに目指した方向でもあった。だが、その結実としての戒厳令解除は、国民党専制政権による公定中国ナショナリズムの崩壊と本省人による台湾ナショナリズムの高揚をもたらし、「族群」の再想像のなかで「本省人」と「外省人」という対抗軸を増幅させ、文化の現場をいっそう政治化させてしまうことになる。そうした族群構造は一九九〇年代の政治の時代のなかで構築されていくのだが、同時代的にそうしたポリティカル・アイデンティティ構築を解体しようとするものとして、『島嶼邊緣』の論説はきわめて有効である。多文化主義が族群スタディーズと密接であるなら、その多文化主義は個を族群のなかに閉じ込めるものであって、台湾アイデンティティであれ台湾人意識であれ、アイデンティティ・ポリティクス下の民族主義言説とかかわるところがなくなってしまうであろう。一九九〇年代は新しく見えるものが実は古いものを内包していたり、古く見えるものが実は新しいものを内包していたりといった非常にわかりにくい構造をもっている。雑誌『島嶼邊緣』が提起した問題群は、そのわかりにくさを現前化させるものとして今日もなお有効であり、未解決な課題を多く提示している。

注

＊1　ここでの「本省人」と「外省人」というカテゴリーは、一九四七年の「二・二八事件」前後期に成立した「われわれ」と「それ以外（やつら）」という他者意識に基づくものを指していて、本章で取りあげる一九八〇年代以降に成立したいわゆる「族群」意識とは異なるものだが（「族群」は文化人類学でのエスニック・グループという概念の漢訳）、日本ではしばしばそれが混同されて受け止められている。この点については、（王甫昌　二〇一四年）の第四章「台湾「族群の想像」の起源――「本省人」／「外省人」族群意識の形成過程」及び「訳者あとがき」と若林正丈による「解説」を参照のこと。

＊2　『島嶼邊緣』については、台北の国家図書館と台湾大学図書館所蔵の当該雑誌、及び下記のサイトを利用した（http://intermargins.net/intermargins/IsleMargin/index.htm）。なお本章は、科学研究費補助金基盤研究（C）25370399「戒厳令解除と1990年代台湾文化の再編制――『島嶼邊緣』とその時代」（研究代表者：三木直大）の研究成果の一部である。

＊3　この雑誌の成り立ちや活動、休刊にいたる経緯については、（陳筱茵　二〇〇六年）から、かなりのことをうかがい知ることができる。この著作は、陳筱茵が交通大学大学院在学時の論文で、指導教員は本雑誌の執筆者の一人である陳光興である。現在のところ、『島嶼邊縁』という雑誌それ自体を対象とした研究論文は、日本はもちろん台湾でもこれしかなく、『島嶼邊縁』の持つ多様な方向性を扱うまでには至っていないが、当事者たちへの多くのインタビューを行うなど評価できる内容をもっている。

＊4　ここでの「族群」とは、台湾を構成する民族や歴史的経緯と出自を異にする集団といった意味。王甫昌は、それをベネディクト・アンダーソンの「想像の共同体」理論に多くを依拠しながら、文化人類学のエスニック・グループとも異なり、想像されたものであって、帰属意識を必要とさせる「族群運動」が生み出した結果としての、「国民国家」の形成と結びついたきわめて政治的で近代的な概念ととらえている（注＊1参照）。

＊5　鄭南榕事件は、福建省出身の外省人第二世代で党外運動活動家の鄭南榕が、編集長を務める雑誌『自由時代』に海外にあった台湾独立建国連盟の主席許世楷による『台湾共和国憲法草案』を掲載するなど、台湾独立運動を支持したとして起訴され、裁判所への出頭を拒否して、一九八九年四月七日に台湾総督府前で自死した事件を指す。外省人台湾独立運動については、外省人たちの台湾における居場所保持のためという批判もときに見られるが、それよりも台湾民主化運動の広範なひろがりとそのための共同戦線の一環として位置づけるべきであろう。

＊6　（陳克華　二〇一一年）、（鴻鴻　二〇一一年）、また陳雪作品や第三節で扱う洪淩、紀大偉作品については、（黃英哲・白水紀子・垂水千恵編　二〇〇八～二〇〇九年）のほか、（洪淩　二〇一二年）などがある。

＊7　「偽台湾人」をめぐる同時代的な言説空間については、（蕭阿勤　二〇一二年）の第七章第二節「「假」認同」など。

＊8　中国の経済発展と台湾資本の問題から、台湾における中国イメージについて論じたものに、（呉介民　二〇一四年）がある。台湾経済の概略に関しては、（渡辺利夫・朝元照雄編　二〇〇七年）などを参照。

＊9　（台湾女性史入門編集委員会編　二〇〇八年）の項目「クィア文学」（劉孟哲著、一五四～一五五頁）に、後述する『島嶼邊縁』の「妖言」や「クィア専輯」について、少しまとまった紹介がある。また（何春蕤　二〇一三年）という翻訳出版がある。その他、（垂水千恵　二〇一六年）が、現在の台湾のLGBTとQ（クィア）をめぐる諸問題について幅広く論じている。

＊10　主に（若林正丈　二〇〇八年）第四章「民主体制の設置」を参照。

参考文献

王甫昌、松葉隼・洪郁如訳『族群――現代台湾のエスニック・イマジネーション』（東方書店、二〇一四年）
何春蕤、舘かおる・平野恵子編『「性／別」攪乱――台湾における性政治』（お茶の水書房、二〇一三年）
洪凌、櫻庭ゆみ子訳『フーガ 黒い太陽』（あるむ、二〇一二年）
黄英哲・白水紀子・垂水千恵編『台湾セクシュアル・マイノリティ文学』全四冊（作品社、二〇〇八～二〇〇九年）
鴻鴻、三木直大編訳『新しい世界――鴻鴻詩集』（思潮社、二〇一一年）
台湾女性史入門編集委員会編『台湾女性史入門』（人文書院、二〇〇八年）
垂水千恵「もはや周縁ではない？台湾のLGBTQ文学」（『すばる』二〇一六年八月号）
陳克華、三木直大編訳『無明の涙――陳克華詩集』（思潮社、二〇一一年）
若林正丈『台湾の政治―中華民国台湾化の戦後史』（東京大学出版会、二〇〇八年）
渡辺利夫・朝元照雄編『台湾経済入門』（勁草書房、二〇〇七年）
陳筱茵「《島嶼邊緣》：一九八、九〇年代之交台湾左翼的新実践論述」（国立交通大学社会與文化研究所、二〇〇六年）
呉介民「第三種中国想像」（王金壽等『秩序繽紛的年代――一九九〇―二〇一〇（二〇一四年新版）』左岸文化、二〇一四年）
蕭阿勤『重構台灣：當代民族主義的文化政治』（聯経出版、二〇一二年）

第4章

日本における「台湾」／台湾における「日本」

川口隆行

はじめに

現在、ジャーナリズムや観光産業、大衆文化あるいはインターネットなど、ありとあらゆる日本のメディアにおいて、台湾の「親日」イメージが溢れかえっている。同じように帝国日本の植民地であった大韓民国や朝鮮民主主義人民共和国が、「反日」という言葉で語られるのとは、極めて対照的な現象である。

筆者自身について言えば、二〇〇一年から二〇〇八年の間、日本語・日本文化を教える大学教員として台湾で生活していたことがある。その際、「日本人」であることを理由に嫌な思いをしたことは、皆無とは言わないがあまりなかった。むしろ、「日本人」と見なされることで、背筋が痒くなるぐらい親切にされたことのほうが多いかもしれない。とはいえ、こうした私個人の経験をもって、台湾は「親日」なのだと一般化することは、ほとんど無意味であろう。ましてや、そもそもある国や地域を「親日」／「反日」と単純に色分けしたり、線引きしたりすることは、それらの国や地域が抱える複雑な歴史や社会や政治の問題を見えにくくさせるだけである。

だが、「親日」／「反日」といったイメージが、多くの人が日常的に接するメディアにおいて流通しているとすれば、その社会的機能についてはあなどれるものではない。なぜ、いかなる経緯でそうしたイメージや言説が生れたのか。現在それはどのような「力」を私たちの現実に及ぼしているのか。

こうした大きな問題意識を背景に、本章ではそのケーススタディとして、二〇一〇年代の同時期に公開された二つの映像作品を取り上げて、そこに登場する「台湾」や「日本」のイメージについて考えてみたい。ひとつは日本人監督によるドキュメンタリー映画『台湾アイデンティティー』（酒井充子監督、二〇一三年）、もうひとつは台湾人監督による劇映画『セデック・バレ』（原題「賽徳克・巴萊」、魏徳聖監督、二〇一一年、日本劇場公開二〇一三年）である。前者は、かつて日本人だった複数の日本語世代の台湾人に、「戦後」七〇年近い人生の道のりをインタビューした作品である。後者は、帝国日本による台湾統治のうえで、先住民族による最大の叛乱とされる霧社《むしゃ》事件（一九三〇年）について物語化した作品である。制作者の国籍やジャンルの違いはあるが、両者に共通するのは、日本の植民地統治期やその時代を生きた人々の経験について、現在それをどのように語り、描くのかという課題である。特に、本章では、それを東アジア冷戦以後の文化や社会、そこに生きる人々の問題として考えてみたい。

1 冷戦／ポスト冷戦と現代日本

作品についての具体的な議論の前に、東アジア冷戦とその後の現在について、概括的にはなるが歴史的見取図を述べておきたい。そもそも日本映画における「台湾」、台湾映画における「日本」の問題を考えるといった場合でも、それは「二国」間の関係性にだけ規定されるものではない。台湾の「親日」イメージは、韓国や北朝鮮の「反日」イメージと対になって語られるわけで、こうした問題は少し広い視野から考える必要があるだろう。

第二次世界大戦終結後、アメリカ合衆国を中心とする資本主義陣営とソビエト社会主義共和国連邦を中心とする共産主義陣営とのイデオロギー対立が激化、冷戦の時代が幕を切って落とされた。日本の植民地であった韓国や台湾には、アメリカの強い後押しによって開発主義を基盤とした軍事独裁による長期政権が成立した。韓国や台湾のそうした体制は「反共」の砦たることで存在を保障されたのだが、それはやはり反共陣営に属した日本の植民地支配や戦争責任を免責する構造を生んでしまった。日本は、韓国や台湾に軍事的負担を肩代わりさせ、あるいは沖縄に基地を押し付けることによって、「平和」の恩恵を享受してきたのだ。

冷戦は、東欧諸国の民主化やソ連の解体によって、一九九〇年頃には一応の終結を迎える。東アジアにおいても、一九八七年には台湾では戒厳令解除、韓国では民主化宣言が行われた。それぞれの民主化は、一九四七年におきた台湾の二・二八事件、一九四八年におきた韓国・済州島の四・三事件をはじめとする冷戦期の白色テロの犠牲者の名誉回復の動きにつながったが、かつて「日本人」軍人・軍属として戦った人々や日本軍によって慰安婦にさせられた人びとの謝罪と補償を求める声を、日本につきつけもした。

こうした動きは、日本においてもそれまでの歴史認識の変容を迫るものであった。一九九五年の「戦後五〇年」から二〇〇五年の「戦後六〇年」にかけて、人文社会の諸領域で問題となったのは、日本における「戦後」という歴史認識が冷戦期においてこそ保証されたのではないかという反省であり、「戦争」とは無縁の「平和国家日本」という自画像への問い直しであった。東アジアの地政学の広がりの中に位置づけなおすことで、日本の「戦後史」を相対化しようとする動きであったと言ってもよい。

しかしながら、広く社会的に見るならば、冷戦体制の崩壊あるいは揺らぎは、それへの反動的な揺り戻しとでも言うべき、新たな冷戦秩序の再編を東アジアにおいて進行させもした。日本社会について言えば、一国主義的な歴史観を東アジアの広がりで再考しようとするような「戦後日本」の再審の試みとは別に、たとえば「戦後レジームの脱却」を唱える保守政権とその支持層によって排他的なナショナリズムが力を持ちつつある。

少し遡ってみれば、二〇〇〇年代になってすぐ北朝鮮の核開発や日本人拉致問題による「北朝鮮バッシング」が過熱した。一方、多くの若者や女性が韓国ドラマやK-POPを熱狂的に支持する「韓流ブーム」が起ったのも同じ頃である。これらの現象にはさまざまな要因があるだろうが、「北」と「南」という形での冷戦の線引きと合致する。さらに、二〇〇〇年代から次第に声高に唱えられるようになった言説に「中国脅威論」がある。経済的かつ軍事的に台頭する中国への脅威を語る言説は、やはり対照的に台湾を「親日」として語る言説とセットになって定着していった。「親日」台湾というイメージや言説は、早くには司馬遼太郎『街道をゆく40　台湾紀行』（朝日新聞社、一九九四年）にルーツが見られるが、大々的に展開したのは小林よしのり『新ゴーマニズム宣言スペシャル・台湾論』（扶桑社、二〇〇一年）である。さらにいえば、韓国が中国との経済的繋がりや歴史問題での共闘を深めるにつれて、日本における「韓流ブーム」は下火となり、それとともに、中国同様「反日」

的な国家としての韓国イメージが強く表に出るようになった。

考えるべきは日本社会における「親日」台湾、「反日」韓国・中国（あるいは「ならずもの」北朝鮮）といったイメージや言説は、日本における自画像の形成と結びついている点にある。もちろんそれは、台湾における「日本」の場合も同様で、それは台湾の社会的アイデンティティーの形成と無縁ではない。

2　酒井充子『台湾アイデンティティー』の問題

『台湾アイデンティティー』は、文字通りタイトルに示すように、台湾の日本語世代を描くことによって台湾社会の複雑なアイデンティティーの様態を描こうとした作品である。監督でインタビュアーを務める酒井は一九六九年生まれ。北海道新聞の記者であった一九九八年に初めて台湾を訪問し、それから台湾への興味・関心が生れたという。二〇〇二年から本格的に台湾に通い、台湾の日本語世代についての取材を開始、継続的な取材の最初の成果は『台湾人生』（二〇〇九年）にまとまった。二〇〇三年に公開された『台湾アイデンティティー』はその続編である。酒井が台湾に関心を持ち、取材を続けた時期は、初めて総統選挙によって政権交代がなされ、国民党の長期政権から陳水扁率いる民主進歩党が政権を担った時期にほぼ相当する（二〇〇〇年～二〇〇八年）。この時期の台湾では「本土化」が加速したのだが、「本土化」とは、台湾と中国大陸とは別の存在であって自分たちの故郷は台湾にほかならないという意識を意味する。

『台湾人生』同様に『台湾アイデンティティー』もまた、戦後生まれの日本人女性監督兼インタビュアーが台湾の日本語世代から聞いた話で構成されており、作品内には三層からなる時間が折り重なっている。日本による植民地統治の時間、国民党支配におかれた「戦後」の時間、民主化を遂げて現在に至った「いま」という時間である。基本的には同様の手法と主題を扱った連作に見えるが、『台湾人生』と『台湾アイデンティティー』とでは、実はこの三層の時間の扱い方が大きく異なっている。

『台湾人生』がどちらかといえば、日本語世代の人たちの日本統治の痕跡を追跡することで、日本に対する現在の思いや考えを聞き届けようとした作品であるのに対して、『台湾アイデンティティー』は日本統治時代を踏まえつつも、彼らの「戦後」の生き方に迫ろうとしている。六人の主要登場人物（インタビューイ）が自らの人生の軌跡を語るのであるが、それは日本時代のことよりも「戦後」の苦難の歴史に重きが置かれている。前作ではどちらかといえば後景であった「戦後」の問題を前景化しようというのは監督の意図であった（酒井充子二〇一四年）。

「戦後」の多様性と台湾の共産主義者

『台湾アイデンティティー』は、インタビューイに前作には見られなかった存在を登場させている。日本やインドネシア在住の台湾出身の日本語世代がそうだ。ひとりは「シベリア抑留者」、もうひとりは「インドネシア残留日本兵」である。

日本在住の呉正男（日本名：大山正男）は、航空通信士として朝鮮半島で敗戦を迎え、ソ連の捕虜収容所で強制労働に従事した。一九四七年に日本に「帰国」するが、二・二八事件後の台湾に戻ることを思いとどまった。インドネシア在住の李柏青（日本名：宮原永治、インドネシア名：ウマル・ハルトノ）は、日本兵として従軍、戦後はインドネシアの青年とともに、オランダからのインドネシア独立戦争を戦う。のちにインドネシア国籍を取得し、日系企業のジャカルタ支社に勤めた。

「シベリア抑留者」の話は、「戦後」日本の国民的物語のひとつであった。ソ連の洗脳教育を受けた「アカ」として疑われつつも、ソ連の横暴による被害者として語られてきた。実際として抑留は国際法を無視した行為ではあるが、そうした経験が語られ受容される文脈は戦争被害者としての日本・日本人というイメージ形成に深く関わってきた。「シベリア抑留者」ほどは知られていないかもしれないが、「インドネシア残留日本兵」についても語られなかったわけではない。戦犯になるのを恐れた「逃亡者」、あるいは日本から見捨てられた可哀そうな「棄民」といった語りであり、二〇〇〇年代以降目立つようになるのは「アジア解放の英雄」という語られ方である。[*1]

いずれの語り方にせよ、日本という枠組みの内か外かに彼らの経験を振り分けて物語化することに変わりはなく、「シベリア抑留者」や「インドネシア残留日本兵」は、「平和国家日本」を主体化するために「排除」あるいは「包摂」されるように語られてきたのだ。しかし、呉正男や李柏青の存在は、そうした「排除」や「包摂」といった国民の物語には容易には回収できない生の領域を想像させる。そうした彼らの存在に向き合うことは、台湾の日本語世代の問題にとどまらず「シベリア抑留者」や「インドネシア残留日本兵」の経験を、帝国日本崩壊後の「離散者」(ディアスポラ)あるいは「難民」の問題として捉え返す契機となりえよう。

こうした点において『台湾アイデンティティー』は、「戦後」の多様性について考える貴重な契機を提示している。一方、酒井がその存在を知り、しかもインタビューをしていながら、作品には登場させなかった存在がある。台湾における共産主義者の存在だ(酒井充子 二〇一四年)。

『台湾アイデンティティー』には、台湾独立派の日本語冊子を翻訳しようとして逮捕され、緑島(火焼島)の政治犯収容所に収容された張幹男（日本名：高木幹夫）が登場する。酒井は、張から監獄生活や釈放後の生活に至るまで多くの話を聞く。取材の過程で張は政治犯収容所に多くの共産主義者が存在したと語ったらしいが、やはりそのエピーソドも作品には収められていない（酒井充子　二〇一四年）。このような選択をした理由について酒井は明確には語っていない。

この映画を見る限り、共産主義に積極的にidentifyした人たち、それほどではなくともシンパシーぐらいは感じていた人たちの存在など、想像することは難しい。戒厳令下の政治犯収容所に入れられた人たちとは、台湾独立派やそれに親しいとみなされた人たち程度にしか理解できないのだ。「戦後」台湾ではイデオロギーにはっきりと共鳴し、あるいは国民党に対抗するための現実的な力として「赤」の大陸に頼ろうとした人々が存在した。冷戦期の戒厳令下においてはそうした人々のことを公に語ることは厳しく封印され、今なお台湾現代史の空白のひとつである。映像作品にはある程度の時間の制限、「尺」というものがある。だからその中に何かを収めるために、何かを切るという取捨選択が働くのは当然のことに過ぎないのだが、台湾の共産主義者の問題を画面から消すことは、冷戦を背景とした戒厳令下の抑圧を繰り返すことにはならないのだろうか。

映画の中で共産主義という言葉が登場するのは、インタビューイのひとりである高菊花（日本名：矢田喜久子、ツオウ名：パイツ・ヤタウヨガナ）が、「自分は独立派でもないよ。共産党でもなかったよ」と語る箇所だけである。高菊花は先住民族ツオウ族の出身。父親の高一生（日本名：矢田一生、ツオウ名：ウオン・ヤタウヨガナ）は日本統治期のエリートであり、国民党統治下で先駆的な先住民族運動のリーダーとして活躍したのだが、白色テロによって殺害された。娘の菊花も長い間、スパイ容疑で国民党の尋問を受けたそうだ。

そうした彼女が、戒厳令期の苦しい生活を語る場面で、酒井に向かって「海の中に飛び込んで大陸まで行こうと思った」と、かなり唐突に語るシーンがある。続けて高は「鮫がうようよしていると思ったからやめた」と語るのだが、さすがに発言の意図が理解できなかったのか酒井は、「大陸まで行こうと思ったのは？（なぜ）」と問い返す。すると、高は少し考え込んで「とにかく死にたかったんです」と話を打ち切ってしまう。

台湾海峡を泳いで渡るなど至難の業である。「死にたかった」という言葉は額面通りに受け取るのが自然だろう。だが、「とにかく」と強引にまとめられるこのシーンの「不自然さ」は、そうした常識的な理解を越えた別の経験を想像させなくもない。「海の中に飛び込んで大陸まで行こうと思った」という言葉には、「死にたかった」という絶望感だけではなく、実態はともかくとして大陸を理想の土地と見なした人々、共産党や共産主義に可能性を見出していった政治犯の経験と通じる部分があるようにも思われる。もちろん、現在の高は先に触れたように自分の政治的中立を主張するのであるが、独立派とか共産主義に対して素朴なシンパシーを抱くことは全くなかったのだろうか。

日本語のコミュニケーションによる可能性と不可能性

高の発言に関するこうした解釈は、深読みに過ぎるかもしれない。だが、この箇所の「不自然さ」を酒井がさらに掘り下げていたらどうであったか。そしてそれを、日本語とは別の言語、北京語やツオウ語で尋ねていたら同様のやりとりになっていたのか、などと想像することは、この映画を考えるうえで案外無駄なことではない。

先に述べたように、この映画には六人の主要登場人物（インタビューイ）が登場する。高と同じツオウ族の鄭茂李（日本名：手島義矩、ツオウ名：アウイ・テアキアナ）が一緒に登場する一ヵ所をのぞけば、インタビューは一対一の形式で行われる。インタビュアーの酒井は日本語で聞き、インタビューイは日本語で自らの経験を語る。

戒厳令下の台湾では公共の場では日本語が禁止されたのはもちろんのこと、台湾語や客家語や先住民族諸語も制限された。社会的な経験として日本時代を語ろうとしても、日本語に取って代わって新たな国語となった北京語のディスコースがもたらす知識や価値に合わせる形でしか、それは許されなかった。つまり、自分たちの経験を自分のうまく使える言葉で語ること自体が許されなかったのだ。酒井は『台湾人生』や『台湾アイデンティティー』において、日本語というツールで日本語世代の経験に迫ろうとしている。確かに、日本語世代の彼らが「戦後」長らく封印してきた日本語でしか語れない思いを聞き出すことに成功している側面は大きいだろう。

だが、登場する六人の人物は中国名、先住民族名（ツオウ名）、日本名、インドネシア名、といった複数の名前を持ち、日本語を語りながらも北京語や台湾語、あるいは原住民語（ツオウ語）など複数の言語を語る主体でもある。そうした彼らの身体性は、インタビュアーとの直接的なやりとりにはさほど見られず、なにげない映像の細部にそっと映しこまれている。

例えば、国民党支配下で小学校教員をしていた黄茂己（日本名：春田茂正）は、『広辞苑』を机に置いて、亡き日本人の妻の写真を壁に掲げて思い出を短歌に詠む。彼は流ちょうな日本語を用いて、白色テロの時代に「本当の民主主義はこんなもんじゃない」と子供たちにひそかに教えたと語り、蔣介石を強く批判する。そうした話を黄が公園で話している最中に、たまたま昔の教え子が通りかかるシーンがある。すると黄はパッと日本語から北京語そして台湾語に巧みに切り替えて教え子と会話を行うのだ。

また、猫好きの高菊花が猫に向かって、猫の鳴き声を真似るほほえましいシーンがある。だが彼女はあきらかにそこで「ニヤー」と発するのだ。流ちょうな日本語を語る高のオノマトペはいわゆる標準的な日本語ではない。

だがそれは北京語でもなく、ツオウ語でもなさそうだ。物事の感じ方や世界の分節の仕方が日本語によって編成されたかのようにみえる高であるが、それに収まらない彼女の身体性が開示される瞬間であろう。

疑問に思うのは、酒井が日本語でインタビューすることで、日本語でしか語れない日本語世代の思いを聞き取ったとすれば、日本語では語れない日本語世代の経験もあるのではないか、ということである。長く小学校の教師をしていた黄は流ちょうな北京語を話すし、人気歌手として活躍した高もかなりの程度北京語を習得している可能性が高い。彼らに北京語でインタビューしたら、あるいは台湾語やツオウ語でインタビューしたら違う話を語ったかもしれない。たとえ同じような話をしたとしても、ニュアンスは微妙に違っていたかもしれない。違ったとして、どれが真実かというよりも、どの言語でも彼らは何らかの真実を語っているのであって、それが彼らの生きられた経験のありようなのだ。この映画ではそのうちの「日本語の部分」というものが強く引き出されたとすれば、やはりそこには語られなかった経験を想像する必要もあるだろう。

前作『台湾人生』においても、日本に強い愛着をもつ日本語世代の老人が登場する。台北二二八記念館で二・二八事件や白色テロの歴史について日本語で日本人観光客に語るボランティアの簫錦文もその一人である。だが、簫は自分たちの存在を忘れ、補償を怠ってきた日本人や日本政府に激しい憤りの言葉を発する人物でもある。ほかにも、日本への親しみを語りながらも日本を厳しく糾弾する陳清香という女性も登場する。『台湾人生』では、日本統治期のことを日本語で日本人のインタビュアーに語ることで、彼らは胸に抱える複雑な思いを吐露することができたのかもしれない。その彼らの語りの複雑さこそが、日本統治期の経験に焦点を置きつつも、彼らの存在を忘却してきた「戦後」日本、ひいてはいまの日本を考える契機となるだろう。

ところが、日本語世代の「戦後」に焦点化しようと試みたはずの『台湾アイデンティティー』では、少なくともインタビュアーとインタビューイの会話からはそうした個所は見出しにくい。あるいは、日本人のインタビュアーが台湾の日本語世代に対して日本語で「戒厳令の時代をどう生きましたか」と尋ねたとして、少なくとも彼らにとってすぐに思い浮かぶ弾圧の対象は国民党政府でしかなく、日本についての感情を日本人のインタビュアーに直にぶつけるということは難しかったのかもしれない。

この映画の大きな特徴として日本語の「透明性」とでも言うべきことが指摘できる。インタビュアーとインタビューイの日本語のやり取りは、一見するとスムーズな相互理解に見えるのだが、表面的に語られている事象の背後にも別の経験の質が存在するのではなかろうか。そもそも、日本語だけでインタビューを受けて、日本語だけでそれに答える映像を見ていてどうしても気になるのは、インタビューイたちは単にインタビューをしている酒井に向けてではなく、日本語を話すということで何か彼らにとっての「日本」という存在が、話す内容や話し方に制限をかけてはいないかということだ。長らく自分たちの声を聞き届けてもらえなかったと思えば思うほど、逆にこういうディスコースを使用したら声を聞き届けてもらえるだろうといったことを、彼らに準備させはしなかったのだろうか。声を聞き届ける側にとっても問題は同じで、ある特定のディスコースしか耳に入れないということはないのだろうか。言及した例で言えば、台湾人が日本語で語る共産主義者の問題もそのひとつであろう。

作品の中で高菊花は、ツオウ語や北京語、日本語、英語といった多様な言語でさまざまな歌を歌うが、ラストは彼女の歌う「知床慕情」の「おもいだしておくれ　おれたちのことを」というフレーズで締めくくられる。つまり、日本人のインタビュアーを通してこの映画を見る多くの日本人の観客に、日本語で自分たちの存在を忘れないでと訴える形なのだ。ここにおいて、やはり多言語を生きる高の身体性は、日本語を媒介にして、思い出す日本／思い出される台湾という構図にきれいに収められてしまう。だが、多言語と多文化の狭間を揺れ動く日本語世代を記憶することとは、彼らの存在を忘却してきた「戦後」日本という主体を反省的に問い直すことでもある。それは失われた自分の片割れのように彼らを懐かしむようになされるものではなく、いまだ言語化できない彼らの経験の領域が私たち自身の問題として存在するのではないかと想像することから始めねばなるまい。

3 魏徳聖『セデック・バレ』の問題

『台湾アイデンティティー』には、漢民族と先住民族のツオウ族が登場する。だが、戒厳令下の弾圧という文脈では、互いの経験の差異は見えにくい。マイノリティである先住民族が、マジョリティである漢民族に寄せる複雑な感情は見えない。

これから論じる『セデック・バレ』は、漢民族出身の監督が、先住民族のセデック族が主導した霧社事件を扱った劇映画である。台湾には漢民族のほかに多くの先住民族が住んでいるが、セデック族は、二〇〇八年にタイヤル族から分かれ一四番目の先住民族として正式に政府から認められた（これを「正名」という）。

霧社事件については、「戦後」日本や台湾において研究書のみならず記録や文学、あるいは映像を通して繰り返し語られてきた。台湾の場合に限ってその問題をまず簡単に言えば、多くの場合、霧社事件の語られ方は、国民党政権の正統性を保証する「抗日」物語であり、事件のリーダーであったモーナ・ルダオは英雄化された。先住民族は抗日という正義を共有する仲間として位置づけられたのだが、霧社事件では、武装蜂起に参加したグループ（敵蕃）のほかに日本側についたグループ（味方蕃）や中立を保ったグループ（中立蕃）も存在した。「抗日」物語の霧社事件では、味方蕃や中立蕃の出身者は裏切り者か臆病者といった消極的位置しか与えられない。そのことによって、日本の植民地統治が作り出した先住民族内部の分断線は、国民党政権下における霧社事件の政治利用によって再生産され、先住民族自身がそれを反復するという構造が生み出されたのである。だから霧社事件の問題は、セデック族にとって過ぎ去った昔の出来事ではないのである。

魏徳聖は、映画制作にあって、非先住民族である自分が先住民族を描くことに気を遣っている。なるべくセデック族らしさを演出し、先住民族役には先住民族を起用し、先住民族の言葉をそのまま映画で用いようとした。壮年期のモーナ・ルダオを演じたリン・チンタイは、セデック族に近いタイヤル族の牧師であり、青年期のモーナ・ルダオを演じたダー・チンはやはりタイヤル族のトラック運転手であった。また、歴史や文化の考証役として事件のサヴァイヴァーの子孫であり、民間史家のダキス・パワン（中国語名：郭明正）を招きもした。ダキス・パワンは、制作に参加した狙いについてセデック族の歴史をセデック族自身で語ることにあると説明し、マジョリティに一方的に表象され、消費されてきた自分たちマイノリティの歴史と文化を自らの手で描き出す試みと捉えていた（郭明正　二〇一一年）。

『セデック・バレ』の文法

では、『セデック・バレ』は実際どのような映画なのだろうか。

まず注目すべきは、霧社事件に関わったセデック族の多様な立場が描きこまれている点である。物語の主軸は、やはり武装蜂起の中心となった敵蕃とそのリーダーであるモーナ・ルダオであるが、味方蕃の存在も卑怯な裏切り者といった扱いではなくそれなりの事情があって日本に味方したことが語られる。さらには蜂起しなかったグループのリーダー、ワリス・ブニの存在もわずかではあるが描かれており、彼は事件の被害を最小限に食い止めるために中立を保ったと説明されている。

日本人や日本軍の高圧的態度は確かに描かれるのだが、それはこれまで生産されてきた「抗日」物語ともやや趣を異にしている。『セデック・バレ』では、日本人や日本軍の非道徳性や残虐性は描かれるのだが、これまでの霧社事件を扱った作品と比べると相対的に薄らいでいる。陸軍少将で台湾守備隊司令官の鎌田弥彦は、はじめのうち〝「野蛮人」に我々日本人が「文明」を教え与えてやったのだ〟という趣旨の発言や態度を示す。その姿は、徹底した「同化政策」によって、首狩りをはじめとする先住民族の風習を「野蛮」な行為として禁止し、未開の先住民族を進歩させることに喜びを見出す「善意」の日本人である。ところが物語の展開とともに、鎌田らが依拠していた「文明人」と「野蛮人」の関係は反転する。台湾中部の山岳地帯でゲリラ戦を繰り広げる敵蕃に翻弄される日本軍は毒ガス散布や空爆を開始する。それは「文明人」による「野蛮な」行為といってよく、味方蕃では日本によって禁止されたはずの首狩りが復活する。描き方の力点は、日本人や日本軍の残虐性そのものというよりは、彼らが依拠する「文明」と「野蛮」という構図を反転させ、その虚妄性を露呈させることにあるかのようだ。

しかし、映画のラストにおいて、武装蜂起の鎮圧に成功した鎌田は、モーナ・ルダオをはじめとする敗れ去った敵蕃を称賛して次のように言う。「大和民族が一〇〇年も前に失った武士道を台湾でみるとは」と。ここで示されているのは、精神的土壌を共有するものへの賞賛にほかならない。つまるところ、「文明」と「野蛮」の構図の反転、さらにはその問い直しを行うように見えて、『セデック・バレ』は、結局のところ欧米のさまざまなメディアや芸術作品が延々と描いてきた「高貴な野蛮人」、鏡像としての他者として先住民族を位置づけようとしているのだ。

日本人とセデック族の類似性を強調する仕掛けはほかにも散見される。先に述べたように、台湾の森を自由自在に動き回るセデック族に対して、台湾の森で翻弄される日本人の姿が繰り返し描かれる。それをさきほどは「文明」と「野蛮」の構図の反転と説明したが、その殺し合いの惨劇の背後には極めて美しい台湾の自然が存在しており、それがもたらす対比的映像の効果を併せ考えると、また違った見方ができる。すなわち、美しい台湾の自然美が強調されればされるほど、そこを舞台に繰り広げられるセデック族と日本人の戦いが、「同じ人間」たちの愚かな争いに見えてくるのだ。

映画公開にあたって作成された公式パンフレットを見ると、台湾の山奥で虹を信仰する民族＝セデック族と北の海から渡ってきた太陽を信仰する民族＝日本人が出会い、互いの信じるもののために戦ったという内容説明がある。そしてそれは、虹も太陽も「同じ空」にあることを気づいていなかったと結ばれるのだ（日本語版パンフレット 二〇一四年）[*2]。つまりここでは「文明」と「野蛮」の構図を生み出した近代植民地主義あるいは帝国主義の問題が、異なった文化（「虹」）と文化（「太陽」）の対立として位置づけられ、しかも、異なりのある文化ではあるが通底する基盤（「同じ空」）は有しているという論理に変換されている。多文化主義を保障する枠組みが前景化し、それは後で述べる「多文化・多民族国家」台湾という、二〇〇〇年代以降のまさに台湾社会のアイデンティティーに関わる問題へと接続するのだ。

また、「虹を渡って約束された狩り場に行こう」と語って死地に向かう敵蕃の男たちの姿が描かれるシーンがある。本来、この言葉は、狩り場を争うなどの理由からセデック族同士で殺し合ったとしても、死後の世界では争うことなく幸せに共存できるといったセデック族の伝承がもとになっている。だが、映画の中ではそのことがわかる説明はない。だからこの言葉は、敵蕃／味方蕃といったセデック族同士の「和解」を示すとともに、セデック族と日本人との「和解」を示すものとしても解釈できてしまう。

現代台湾における「神話」とセデック族

魏は、『セデック・バレ』を制作する前に、前作『海角七号』（二〇〇八年、日本劇場公開二〇〇九年）のヒットで有名になった。日本人と台湾人の恋愛を、日台の歴史を絡めながら本省人、客家人、外省人といった多様な漢民族系の人々、先住民族のパイワン族、日本人が登場する映画である。『セデック・バレ』のあと魏がプロデュースした『ＫＡＮＯ』（二〇一四年、日本劇場公開二〇一五年）は、霧社事件の翌年でもある一九三一年の嘉義農林中学野球部の甲子園準優勝の実話をもとにした物語であり、活躍するのは日本人、本省人、先住民族のヤミ族の混成チームである。このように魏が関わった映画には多様なエスニシティが意識的に配置されている。人々は互いに競い、時には争いながらもそうした行為を通して理解を深めていく。『セデック・バレ』もその例外ではなく、セデック族と日本人の殺し合いは、後から振り返れば、些細な文化の違いによるものと錯覚するほど、殺し／殺された者たちは文化の違いを超えた共通性、普遍性の平面に並置されるのだ。

魏はこうした物語の制作を通して、新たな現代台湾の「神話」を創出しようと試みているのかもしれない。混乱や衝突の末に、多文化が融合する土地としての台湾という神話である。『セデック・バレ』は先住民族の物語を新たな解釈の元に台湾人全体の物語として拡大し重ね合せるような作品だと言ってもよいだろう（宮田さつき二〇一一年）。

二〇〇〇年代の民進党政権は、民主的価値のもと民族的多様性が保証される社会を目指した。それが意識されたのは台湾本土化の前提としての対中国戦略でもあった。だが、二〇〇八年から二〇一六年まで続いた国民党政権では、相対的独自性を確保しつつも中国との経済関係を深める。特に二〇一〇年に中台間で締結された自由貿易協定（中台経済協力枠組み協定＝ＥＣＦＡ）以降、大陸との直行便が台湾に続々と乗り入れるなどして、経済の一体化が急激に進んだ。一方、そのことによって資本の流出や国内産業の空洞化も進み、若者の雇用は減少、経済格差は拡大、いつか香港のように政治的にも呑みこまれてしまうのではないかという不安が社会に浸透した。こうした文脈から『セデック・バレ』を考えてみたとき、「不安」を民族としての尊厳という形で代理表象した作品（中村平　二〇一四年）と理解し、だからこそ台湾社会で受け入れられたのだという議論も十分成り立つだろう。台湾の多くの観客は、「セデックVS日本」という構図を、「台湾VS中国」という構図に読み替えて受容したのかもしれない。

では、その場合、霧社事件のそもそもの当事者とも言ってよいセデック族はどうなるのだろうか。二〇〇〇年代の陳水扁率いる民進党政権が民族的多様性を擁護しようとしたということは述べた。だか、実際のところは、陳が公約した「原住民自治法案」が二〇〇三年に行政院（日本の内閣にあたる）を通過したときには、先住民族自治は地方自治へと意味を変質していた。しかもそれすら、『セデック・バレ』公開時において立法院（日本の国会にあたる）を通過していない。そうした現状において、大陸資本の台湾進出という顔をしたグローバリゼーションの大きなうねりは、先住民族にとっては新たな漢民族による経済的支配の強化を意味する。先住民族の自立や文化の尊重は実質を伴わない空手形のままで、進出した大陸資本と一体化したマジョリティの経済力は、先住民族の生活をより脅かすこととなった。

『セデック・バレ』の「セデック歴史文化顧問」となったダキス・パワンによると、映画公開後、霧社周辺のセデック族の人たちの間で次のような話が囁かれたらしい。『セデック・バレ』は「犬の物語」であると。『セデック・バレ』には、モーナ・ルダオに従う健気な犬が登場する。セデック族の人たちはこの犬に自分たちをなぞらえたのだ。犬は家族の一員だが、人間とみなされない。この場合、人間である家族とは漢民族のことであり、家族（＝漢民族）は犬（＝セデック族）が外敵（＝日本や中国）から家（＝台湾）を守る勇敢さを褒め称えるが、人間ではない犬の言葉は理解しようとしない、といったことのようだ（古川ちかし 二〇一一年）。ダキス・パワン自身が、『セデック・バレ』を「犬の物語」とまで考えたのかどうかはあきらかではないが、彼が漢民族に対抗して自らの手で歴史と文化を描き直そうと参画した映画製作の結果について、おおよそどのように考えているかは見当がつくだろう。

『セデック・バレ』は、「セデック族VS日本人」という構図で語られるが、わずかに漢民族が登場する箇所がある。だがそれは物語の小さな点描にすぎない。漢民族の問題を描くことは、日本の台湾統治期以前から現在まで続く漢民族による先住民族の差別の歴史に関わる。だが、そうしたことを考慮せずに『セデック・バレ』を台湾人全体の経験として敷衍し、ましてや称揚することにどれほどの意味があろう。あるいはこの問題とも絡むが『セデック・バレ』が、霧社事件そのものだけなく、事件の「その後」やそれを語る現在の「私たち」について考えさせる仕掛けを備えていたらどうであったか。もちろんここで言う、「私たち」には「戦後」や「現在」を生きる日本の観客も含まれている。

おわりに

長年、霧社周辺で牧師として伝道を続けながら、セデック族の文化と記憶の保存や発掘に尽くしてきたシヤツ・ナブ（中国名：高徳明、日本名：原田信二）という人物がいる。シヤツ・ナブについては彼の口述記録（シヤツ・ナブ　二〇一五年）と、それに付された解説（ダキス・パワン、古川ちかし）が参考になる。筆者は霧社事件八〇周年式典（二〇一〇年）の席上、セデック語によるシヤツ・ナブのスピーチを聞いたことがある。彼のスピーチの狙いは「和解」の道筋を示すこと。セデック族同士で殺し合って、現在までいがみあってきた歴史、さらにはセデック族と対立してきた周辺のブヌン族やタイヤル族との歴史、そうした分断を利用して植民地統治を行った日本の問題、霧社事件の物語を政治的に利用してきた中華民国の責任……彼はそうした対立の歴史の一つ一つを限られた時間の中で細やかに解き解そうと試みた。彼の「和解」のためのスピーチにはっきりと表れていたのは、加害と被害が複雑な関係を切り結ぶ歴史を直視し、様々な対立の構造を公然のものとすることこそが、事件に関わる様々な立場の違いを架橋するのだという姿勢であった。

「和解」とは何かということを深く問わずにはいられない、心打たれるスピーチであった。しかしながら、「和解」の困難さはシヤツ・ナブのスピーチの直後に行われた馬英九総統によるスピーチによってすぐさま明らかとなった。馬のスピーチは簡単に言えば「先住民族はよく戦った、でも中華民国の下で先住民族は苦難から解放された、だからそろそろ日本も赦してやろう！」といった内容だった。おなじ「和解」を語りながら、それは天と地ほどの開きがある粗雑な物語であった。[*3] 多くのメディア関係者も取材をしていたが、筆者が確認できた限りではテレビも新聞もとりあげたのは馬のスピーチの方である。

しかしながら、この一連の出来事を目の前にして考えさせられたのは、セデック族の声の排除ということも重要な問題ではあるが、セデック族の声が発話行為として有効に機能しないとすれば、その理由はなぜなのかということであった。それはセデック族の問題である以上に、他者からの呼びかけに対して台湾人や日本人を含めた

「私たち」が応答責任の構造を歴史的にも社会的にも作れなかったからではなかろうか。

こうした問題は『セデック・バレ』についても、『台湾アイデンティティー』を考えるうえでも重要なことであろう。植民地支配や過去の暴力的出来事を忘却しないように努める営為は重要である。だが、過去を記憶しようとするそれなりに誠実とも言える営みの中で、死角となるものはなかったのだろうか。そうした「善意」からなる行為こそが潰してきた可能性の芽はないのだろうか。それぞれの映画における「日本」と「台湾」のイメージは、そうしたことを考えるうえでも重要な素材には違いない。

注

＊1　二〇〇一年に扶桑社が刊行した『新しい歴史教科書』は、戦後の主流の歴史観は日本の過去を悪と見なす「自虐史観」にすぎず、日本の歴史を誇らしげに語ろうと主張するものであるが、そこにはインドネシア独立戦争に参加した残留日本兵について「アジア解放の英雄」と位置づける記述がある。マンガ『台湾論』を発表した小林よしのりも、同時期に連載していた『戦争論』中で残留日本兵のことを「英雄」として登場させている。

＊2　引用は日本語パンフレットによるものだが、中国語版（二〇一三年）のそれにおいても同様の記述が存在する。

＊3　正確に言えば、セデック語ができない筆者は、あとでシヤツ・ナブ本人からその内容を日本語で教えてもらった。馬総統のスピーチは私の中国語理解力でもおおよそ理解できたので、シヤツ・ナブから彼のスピーチの内容を確認したのはその後のことになる。自分のスピーチを日本語で語り直してくれた際の落胆した彼の表情がいまだに忘れられない。彼の落胆はやはり馬のスピーチによるし彼もそのようなことを私に語ったのだが、一方、セデック語を介さない私などに向けられたものでもないのかと思ったりもする。

参考文献

赤松美和子「現代台湾映画における「日本時代」の語り――『セデック・バレ』・『大稲埕』・『ＫＡＮＯ』を中心に」（所澤潤、林

初梅編『台湾のなかの日本記憶　戦後の「再会」による新たなイメージの構築』三元社、二〇一六年）
郭　明　正『真相・巴萊』（遠流出版、台北、二〇一一年）
酒井充子「『台湾アイデンティティー』酒井充子監督インタビュー」（『シネマジャーナル』第八八号、二〇一三年）
シヤツ・ナブ『セエデク民族』（台湾東亜歴史資源交流協会、台中、二〇一五年　※同書には同時に刊行された中国語版もあり）
中村　平「映画「セデック・バレ」から考える台湾先住民と日本における脱植民化と「和解」」（『Global-Local Studies』第七号、二〇一四年）
林　英一『残留日本兵の真実――インドネシア独立戦争を戦った男たちの記』（作品社、二〇〇七年）
――『東部ジャワの日本人部隊――インドネシア残留日本兵を率いた三人の男』（作品社、二〇〇九年）
古川ちかし「賽徳克・巴萊 Seediq Bale と台湾原住民の現在」（『東アジア歴史資源交流協会ニューズレター』第八号、二〇一一年）
丸川哲史『冷戦文化論――忘れられた戦争の曖昧な現在性』（双風舎、二〇〇五年）
宮田さつき「愛憎を繋ぐ虹の架け橋――台湾映像作品にみる日本と台湾人」（弓削俊洋編『中国・台湾における日本像――映画・教科書・翻訳が伝える日本』東方書店、二〇一一年）
森　宣雄『台湾／日本―連鎖するコロニアリズム』（インパクト出版会、二〇〇一年）
李　文　茹『「霧社事件」と戦後の台湾／日本　ジェンダー・エスニシティ・記憶』（瑞蘭國際有限公司、台北、二〇一六年）
日本語版『セデック・バレ』公開パンフレット（二〇一三年）

第５章

ライシャワーのアジア認識と日本

布川　弘

はじめに

一九七〇年代に日本史研究を始め、マルクス主義の洗礼を受けた人間にとって、一九六〇年代のいわゆる「ケネディ―ライシャワー路線」とは忌むべき戦う対象であった。とりわけ、日本史学の世界では、「近代化論」とどのように対抗するかが大きな課題となっており、ライシャワーは、ロストウらとともに「近代化論」の旗手とみなされており、彼が駐日大使に就任したことが、そうした政治路線の具体化であるととらえられて、「ケネディ―ライシャワー路線」というレッテルが貼られたのである。

ところが、それから五〇年あまりを経た今日、ライシャワーがその基礎を作り上げたハーヴァード大学のアジア研究・日本史研究は日本の学会にも大きな影響を与えるようになり、直接的間接的にライシャワーたちの薫陶を受けた研究者が、日本研究をリードするようになっている。日本の学会で活躍する日本人研究者が極めて抑制的な研究姿勢をとっているということも影響していると思われるが、歴史像の構築という点において、アメリカの研究者の影響は極めて大きなものとなっている。それは主要な日本史のシリーズ物概説書の執筆者の顔ぶれを見ればわかるし、ライシャワーには批判的な立場に立っているが、あきらかに彼らが築いた土台の上に登場しているジョン・ダワーの研究は、現代史研究の白眉とも言うべきものであり、そのことには疑問の余地がないであろう（ダワー、ジョン　二〇〇一年）。

ライシャワーは、アジア人よりも精神的に優位にあるというアメリカの歴史的意識のしぶとさが目立っていた時期に、西欧の人びとと共通の人間性をもつリアルな人間として日本人像を明らかにすることをライフワークとした。そして、彼の日本のナショナリズムに対する共感は、いつのまにかアジア全体のナショナリズムの理解へと拡がり、西欧列強による大帝国の不当を感じ、アジアの至るところで〝現地人〟を見下しながら暮らす西洋人に対して怒りを向けるようになっていた。彼はそうした観点から、いち早く中華人民共和国の承認を提唱し、ヴェトナムへの不介入を主張し、時としてアメリカの世論から孤立することもあったが、アジア情勢に関するその見通しは極めて的確であった。

彼のこうした的確なアジア認識はその歴史研究と不可分の関係にあったと考えられる。現在、冷戦が集結して相当な時間を経過し、グローバリズムの席巻によって世界が大きく様変わりするなかで、狭い政治的なレッテルから解き放たれて、今日の隆盛を築いたアメリカのアジア研究の源流を辿り、今後の世界認識・歴史認識にどのように生かすべきか、その課題をようやくじっくり考えることができる段階にたどり着いたのではなかろうか。本章はその課題にこたえるための試論である。

ライシャワーは大部の自伝を残している（ライシャワー、エドウィン・O　一九八七年）。しかし、実はその自伝は相当部分を割愛したもので、割愛されていない完成原稿（complete unabridged manuscript）が残されていた。ライシャワーの駐日大使時代に特別補佐官を勤め、極めて親密な関係にあったジョージ・R・パッカードは、その完成原稿に基づき、豊富な一次資料と文献を活用しつつ、見事な伝記を刊行した（パッカード、ジョージ・R　二〇〇九年）。本章はライシャワーの自伝およびパッカードの伝記などを主な資料として、不遜ながら上記の課題に応えてみようというものである。本来、大学での一コマ限りの講義のために調べ始めたもので、残念ながら、自ら一次資料を駆使して学術的な作品とするまでには到底至っていない。いわば少ない参考文献を読んで、その感想をまとめたものにすぎない。その点、読者諸兄姉の寛恕を乞う次第である。

1　ライシャワーの生い立ち

日本生まれ

エドウィン・O・ライシャワー、一九一〇年に東京で、オーガスト・ライシャワーの次男として生まれた。父オーガストはノーザン長老派教会の宣教師として布教のために来日しており、明治学院で教鞭をとっていた。一家は明治学院キャンパス内の宣教師用住宅に居住しており、ライシャワーはBorn in Japan（BIJ）として括られる特別な生い立ちをもつことになった。

父オーガストはアジア研究者としての顔ももっており、とりわけ当時の西欧人としては傑出した仏教学者の一人であり、一九一七年には『日本仏教研究』という著書を発表している。この著書はその後長く仏教に関する古典とされ、その業績が認められて、ニューヨーク大学から神学博士号を授けられた。オーガストは日本の思想を低位の文化として排斥するのではなく、その特徴に強い関心を抱いていた。そうした関心を基礎に、日本での社会的な活動にも積極的に関与し、日本アジア協会の指導的な地位に就任した。さらに、一九一八年の東京女子大学の創立に重要な役割を果たした。具体的には、大学の敷地と建物を取得するために二〇万ドルの資金を調達するのに尽力し、一九四一年まで理事会書記をつとめたのである。東京女子大学の初代に学長に就任したのは新渡戸稲造であったが、オーガストは新渡戸、前田多門、姉崎正治らと親しく交際していた。彼らは後に対中国関係が緊張し、日本の中国侵略が進められる中で、中国との友好関係を重視した稀有な知識人であった（布川弘　二〇一一年）。また、そのグループの中心にいた賀川豊彦は明治学院の出身で、これまで発表されたライシャワー関係の著書では触れられていないが、賀川の在学中にオーガストの薫陶を受けた可能性は十分にあり、日本の軍国主義・侵略主義に抵抗するグループと、ライシャワー家のつながりについては、今後詳しい検討が必要であろうと考えられる。

ライシャワーとアジア研究の最初の接点

オーガストは、当時の西欧人の中では、東アジア、日本に対して敬意の念に支えられた特有の認識をもち、そうした認識に基づいて日本の文化と宗教をアメリカ国民に教えることに打ちこんだ。息子であるエドウィンも、こうした父の姿勢に大きな影響を受けたはずである。ライシャワーのアジア研究の特徴を考える場合、この父の存在抜きには不可能であろう。アジアを低位なものとして捉えないという点との関わりで、資本主義経済や工業化という物差しで進歩を捉えなかったということも注目すべきであろう。とりわけ、「近代化論」と括られたアメリカ人研究者は江戸時代の経済発展を強調する傾向があるが、ライシャワーはむしろ江戸幕府が築き上げた「平和と秩序」に目を向けた。彼は単純な「近代化論」者ではなく、封建制の文化的な意義を強調している。その後進性に目を向けたハーバート・ノーマンとは（ノーマン、ハーバート　一九七七年）、対照的な立場に立っている。

宣教師の家庭生活は、良心と義務と人格をもっとも重視したが、ライシャワーは日本人の女中さんが自身の人格形成に与えた影響を強調している。彼は、駐日大使時代に、大使館の日本人職員に対して、前任者とは全く異なって、個々人の人格を尊重した接し方で通したことが知られているが、それは女中さんと彼の日常生活における交流からすでに見られたことであり、人種や社会的地位に関係なく、率直に周囲の人々から学ぶ姿勢につながっている。一方、東京ではアメリカン・スクールに通い、軽井沢での避暑においても、外国人の児童・生徒とのみ交流していた。前述のハーバート・ノーマンも日本に派遣された宣教師の息子で、ライシャワーはノーマンと軽井沢で知り合い、テニスのパートナーであった。彼は立場こそ異なれ、ノーマンの学問と人柄を終生敬愛したのである。

2　歴史研究へ

歴史研究への着手

ライシャワーは日本のアメリカン・スクールでの勉学を終え、一九二七年九月に、アメリカ合衆国オハイオ州のオーバリン大学に入学した。アフリカ系アメリカ人や女性に最も早く門戸を開いた大学として知られている。

さらに四年でオーバリンを卒業した後、二年間ハーヴァード大学の大学院に進んだ。この六年間は、彼のアイデンティティの確立に非常に重要な時間になった。

ライシャワーがオーバリン大学で最も影響を受けたのは政治学のオスカー・ヤッシ教授であった。ハンガリー系のユダヤ人で、第一次大戦後は社会主義内閣の閣僚になったが独裁者ホルティに追放された人である。世界平和の追求に情熱を燃やし、ライシャワーもその熱にほだされた。そして、四年生になったときに率先してオーバリン平和協会を設立し、教会の仲間たちと戦争に加わらないという決議をしたのである。ライシャワーの後の政治外交論を考察するうえで、この経歴は見逃せない。

一九三一年の夏、ライシャワーは東アジア研究を目的としてハーヴァード大学の大学院へ進学した。当時はそもそも東アジア学という学問分野がまだ確立していず、学者か何かになろうとしてもまともな就職口はまずなかったのである。さらに日本を専門に勉強しようという者は、兄のロバートと彼しかいなかった。そうした中で、当時西欧で最高の日本研究者だったカリスマ的人物セルゲイ・エリセーエフと出会った。彼は、パリ大学で教えていたが、その人をハーヴァード燕京《イエンチン》研究所長にと望んだ研究所の理事会が、いわば試用の意味で一年間の客員教授に招いたのだった。ライシャワーは燕京研究所の特別研究員（フェロー）になり、エリセーエフと若い日本学者・岸本英夫の指導で日本語の講読を始めた。岸本は高名な宗教学者・姉崎正治（日本アジア協会副会長としてライシャワーの父の同僚）の娘婿に当たる。ハーヴァードでサンスクリット研究の博士号を取るべく渡米していた岸本と、彼はそのときから生涯の交友を結ぶことになった。ほかに彼は、ハーヴァードの中国研究セミナーに受講登録し、日本および中国の美術史の偉大な先駆者ラングドン・ウォーナーとかつて中国で活動していた宣教師、アーサー・W・ハメルの指導を仰いだ。

一九三三年、エリセーエフから、パリで二年、日本と中国で三年勉強したあと、ハーヴァードに設立を予定している極東言語学科で教えないか、という話があり、ライシャワーは二つ返事で引き受けた。彼はパリ生活の二年目に、フランス文学研究のためパリにきた前田陽一との交際の機会を得た。元東京市助役で長年ジュネーヴのＩＬＯ日本代表だった前田の父・前田多門（のちの文相）は、前述したように父オーガストの友人だった。ライシャワーは前田の協力を得て、American Council of Learned Society（ＡＣＬＳ）が企画した日本の学術雑誌に載る論文の梗概を英訳する仕事を引き受け、『史学雑誌』と『史林』を紹介した。

円仁『入唐求法巡礼行記』との出会い

ライシャワーは、一九三五年五月、研究のため東京に移り住んだ。彼はエリセーエフから紹介状をもらい、東京帝国大学の辻善助教授の下で特別研究生として受け入れられた。そして、同年七月にエイドリアンと東京で結婚した。

その頃の東京は、大正デモクラシーはすでに色褪せ、軍国主義と勃興するファシズムに取って代わられたのがわかった。そうした中で、ライシャワーは日本と北ヨーロッパ諸国の発展に共通する要素をみいだしており、そこに「近代化論（modernization theory）」の源を見ることができる。また、彼は世界史において、古代中国と日本の文明を、少なくともギリシャとローマの文明と同じほど、意義ぶかく重要なものとみた。一九三〇年代、日本で生活していた時期は不吉な政治的事件が目立ったにもかかわらず、ライシャワーは、日本国民には民主主義に適応する能力があると信じて疑わなかった。

そうした中で、彼は中国上代史の研究に目を向け、平安時代に書かれた円仁『入唐《にっとう》求法《ぐほう》巡礼行記』に出会った。

円仁は入唐して天台宗の開祖となった最澄（伝教大師）の高弟であり、唐で学んだ後、比叡山延暦寺を中心とする山門派を築き上げ、地方にも多数の寺院を建立して、仏教界に大きな足跡を残し、慈覚大師として現在に至るまで著名な僧侶である。『入唐求法巡礼行記』という円仁の日記は歴史学的にも非常に重要な文献なのに、当時日本の学者によっては断片的にしか研究されていず、中国や欧米では全く無視されていた。ライシャワーは円仁の人物像について次のように述べている。「精力と知性と人格のあいだに類いまれなバランスをもつ大人物で、卓越した能力をもち、行動が決然としているのと同じほど、品行は聖人そのものであり、一貫して、強く揺るぎない信仰心に駆り立てられていて、自分自身の強い決意と、人を鼓舞してやまない人格を自ら示して、他の者が発見した新しい地域を明らかにするという、華々しさでは劣るが、より困難な任務を、同胞の先頭に立って行った人であった」。『入唐求法巡礼行記』は日中の仏教史を考察する上で偉大なテキストであると同時に、唐代の中国の生活誌を具に物語る文献であり、さらに当時新羅という王朝が支配していた朝鮮半島の社会をも描写していた。

エドウィン、エイドリアン夫妻は一九三六年夏から翌年の夏までの一年間、京都に滞在し、エドウィンは京都帝国大学文学部国史学科の特別研究生となり、文化史の西田直二郎教授の指導を受けた。一九三七年八月に兄ロバートが上海で中国軍の爆弾に被弾して亡くなるという悲劇に見舞われ、その後京城で二ヵ月すごし、日本の植民地支配の実態に触れ、さらに北京に七ヵ月滞在した。

3　戦争と占領

戦争の渦中にあって

ハーヴァードに戻ったライシャワーは一九三九年六月に『入唐求法巡礼行記』の研究で博士号を取得し、極東言語学部のインストラクターに就任した。この時にハーヴァードで「極東」に代わって「東アジア」という名称が採用され、ライシャワーが「古代から一五〇〇年までの東アジア史」を受け持ち、フェアバンクが「一五〇〇年から現代までの東アジア史」を分担することになった。「極東」という言葉にはヨーロッパ中心主義の臭味があり、ライシャワーとフェアバンクが教壇に立つ時にそれが払拭された意義は、ハーヴァードのみならずアメリカのアジア認識を考える上で、極めて大きい。

このようにライシャワーの学究生活の滑り出しは順調であったが、日本との開戦が迫っており、政府は若いアジア研究者をそっとしておいてくれなかった。一九四一年夏、ライシャワーは国務省極東課に招聘され、対日政策に関与することになった。弱冠三一歳である。当時の国務省ではコーデル・ハル国務長官の特別顧問であったスタンレー・K・ホーンベックが対東アジア政策の実権を握っていたが、彼は親中・反日論者であった。日本の南部仏印進駐に対する対日禁輸政策は日米戦争の分岐点になる大きな意味をもったが、ライシャワーは対日禁輸が東京に激烈な反発を引き起こすだろうし、アメリカはまだ戦争準備ができていないのに戦争になるとして、大胆にも禁輸に反対した。ライシャワーは、ワシントンポスト紙に寄稿した文章で次のように述べている。「「大西洋憲章」を太平洋に適用し、東南アジアとアメリカ大陸の資産を日本の貿易のために開放するのである。……このように圧力と前向きのオファーを組み合わせて提示すれば日本は応じてくる、と私は確信する。支配層の中枢部分は、考えられているよりも、もっと抜け目なく、もっと現実的である。天皇の周りのグループ、海軍のトップは妥協することに反対していないし、陸軍大将のなかにもそういう者はけっこう多い。支配しているのは血気にはやる少数なのではない。わが国が軍事力を増大しつづけるならば、日本政府がわれわれの提案を受け入れる日がたぶんやってくるだろう」(Far Eastern Policy: Ideal Answer Is Not War, The Washington Post, October 28, 1941)。日本の支配層の穏健派の役割に期待して戦争を回避しようとする提言は、駐日大使であったグルーらいわゆる知日派・親日派を代表する見方であった。しかし、アメリカの公式プロパガンダが狂信的な軍国主義者からなる国という日本像をつくっていたときに、一部の日本の指導者の理性と常識を信じるというのは、時勢に逆らう見方だった。

また、同様の立場から、天皇については次のように述べている。「日本自体がわれわれの目的にかなう、考えられるかぎり最上の傀儡を作り出している。われわれの味方に引き入れることができるだけでなく、巨大な権威を伴う、傀儡である。……私がいいたいのは、もちろん日本の天皇のことである。……彼が生涯の多くの期間に得た教育および交友関係から、日本での評価基準に照らして、彼はリベラルで心から平和を愛する人であると判断できる十分な理由がある」(Reischauer, Edwin O., "Memorandum on Policy Towards Japan," September 14, 1942. pp. 1-2)。

陸軍通信隊は日本語の暗号通信文解読者・翻訳者の養成所をワシントンのアーリントン・ホールに設け、ライシャワーはそこで教官として勤務し、多くの人材を輩出した。また、傍受した膨大な通信文の解読に活躍し、一九四三年八月には陸軍本部諜報部の少佐として、最高機密の部署である「スペシャル・ブランチ」に配属され、大統領とその最高レベルの助言者に直接伝達される緊急諜報である「マジック」を提供したのである。そして、翌年一二月には中佐に昇格し、高級陸軍将校たちと緊密に協働しながら、日本陸軍やその配置に関する情報を把握し、外交電報もほとんどを見たことにより、日本の立場から戦争全般を眺めることができた。マンハッタン計画に関する極秘情報にも触れており、「もし戦争で原爆が使われなかったならば、人びとは核兵器の恐ろしい破壊力を知ることができただろうか、とも思うのである」といった立場をとりながらも、プルトニウムの話が出ると、「その話はもうひと言も聞きたくない」と言った。とりわけ、広島への投下（八月六日）と長崎への投下をはっきり区別し、後者は意味がないと断じたのである。

日本占領

ルーズベルト大統領は、一九四三年一月、カサブランカでイギリスのチャーチル首相と会談し、枢軸国に対する無条件降伏政策を発表していた。そして、一九四五年七月、戦争が徐々に終息に向かうと、日本は必死に終結の道を模索し、グルーと日本専門家たちはルーズベルト大統領に、無条件降伏要求を修正し、降伏後、東京の和平派を強化する手段として天皇は保持されると公に宣言するように説得した。ライシャワーは前述のような発言からわかるように、こうしたグルーらの見解を強く支持していた。

また、ライシャワーは日本の降伏直後に、『日本――過去と現在』という啓蒙書を発刊した。この本の中で彼は、一九三〇年代の軍国主義と侵略への日本の転落を、好戦的なサムライや封建的伝統の必然的継続ではなく、悲劇的な一時的逸脱としてとらえ、日本文化の美と独創性を高唱しつつ、徳川の日本に近代化の良質の起源をみいだした。そして、明治時代に植民地化を避け、西欧に追いつこうとした日本の努力を、西欧以外の国民としては異例のみごとな勝利とみた。さらに、日本が早くから行った議会制民主主義の実験を高く評価し、日本国民は一九四七年制定の新憲法のもとで、民主的政治をやっていく能力を十分に持っていると考えたのである。ここにライシャワーの日本観と「近代化論」は凝縮されており、日本の占領と民主化を進める重要な潮流の中に確固として彼が存在していたことがわかる。

しかし、一九四五年一一月の段階で、アメリカ政府の国務・陸軍・海軍三省調整委員会（ＳＷＹＮＣＣ）の小委員会に在籍した日本専門家は、ライシャワーとヒュー・ボートンの二人しかおらず、圧倒的に中国派が多数であった。しかも驚くべきことに、アメリカは敵国日本の将来を準備するために多大の精力をついやしたにもかかわらず、三五年におよぶ日本の支配から解放せんとする、友邦韓国の将来のためにはいっさい準備せずとは、なんとも皮肉なことであった。今日、日本の占領は、征服された国家に立憲民主制を軍事的におしつけたケースの驚くべき成功例であると理解する人々は多い。四年以上の周到な計画にもとづき、地域の最上の文民専門家の知識を活かし、ターゲット国家の歴史と文化を理解して利用し、リベラルな分子を説得する寛容な政策を採用し、既存の政府機関を利用して改革を実行し、日本国民の象徴的な活力回復点として天皇と皇位を保持した。ライシャワーをふくむアメリカの日本専門家はこれらの計画を作りだすために重要な役割を演じたことは事実である。しかし、一方で朝鮮の歴史や地域に対しては周到な計画も専門家もなんら用意されていなかった。この用意されていなかったということについてのライシャワーの指摘は従来全く注目されていないが、その後のアメリカのヴェトナム、中東政策の悲惨な実態を見るにつけ、極めて重要である。

4　冷戦下のライシャワー

ハーヴァード大学教授として

一九四二年にハーヴァードをあとにし軍務に就いたとき、ライシャワーは第二ランクの講師だったが、終戦後ハーヴァード側から助教授のポストをとび越え、終身在職権つき準教授の職を提示してきた。ただし、大学に戻る気があるなら一九四六年秋の新学期までに戻れという条件付きであり、学究か官職かの岐路に立った彼は、躊躇することなく前者を選んだ。ハーヴァードに復帰したライシャワーは、ジョン・K・フェアバンクとともにハーヴァードに東アジア研究という新分野を創設して、アジアについてのアメリカの無知という問題の根本的解決にのりだした。ここにライシャワーにとっても、アメリカのアジア研究にとっても黄金時代が始まる。

その際、ライシャワーは、「私にとって学界の最も有難い点は、学者として教師としての個々の能力によって人間が判断され、学界内部の〝帝国〟の大きさが問題にされない点だった。個人の価値が個々に判断され、部下の肩に乗っかった高さが問題にされないのがよかった」と回想している。おそらくライシャワーのこの指摘こそが、現在まで英米を中心とするアジア研究・日本研究のアカデミズムの大きな美点であり、ライシャワーその人がこうした世界を築き上げていったのである。その世界は日本人を含むアジア人にも門戸を開いていた。

しかし、冷戦の開始はライシャワーをマッカーシズムの嵐に巻き込んでいく。彼自身はアメリカ政府内の中国派とは距離を置き、社会主義的な勢力とは距離を置いていたために、直接の危害を被ることはなかったが、友人のハーバート・ノーマンは、そのマルクス主義的な信条のために、自死に追い込まれることになった。ライシャワーは立場こそ異なっていたが、ノーマンの業績を高く買い、一時は日本近代史についての彼の解釈に強く影響されたこともあった。カナダ外務省はノーマンを採用するに当たって十分に彼の前歴をチェックしたはずだが、アメリカの上院の赤狩り屋たちはそんな男をさえ見逃さなかったのである。ノーマンの死は彼にとっての悲劇であるばかりでなく、日本研究にも大きな打撃だった。なぜなら彼は欧米の学者と戦後日本のマルクス主義的な色合いの濃い日本の学界をつなぐ輪であったからである。ライシャワーはマルクス主義には一貫して批判的な立場に立っており、敗戦後に隆盛となった日本における歴史研究が、戦前の講座派を中心としたマルクス主義の影響を強く受けていたため、彼にとってはいわば取りつく島がなかった。一方、当時講座派と共通の認識をもつノーマンは日本の知識人との強いつながりをもっており、そのことがライシャワーにとっては貴重な縁として受け止められていたのである。こうした見方もライシャワーの許容度の広さを物語る。

一方、当時のアメリカ人の心に植えつけられていたのは、日本の戯画だった。アメリカ人は戦時中のプロパガンダの影響をもろに受け、日本文化の十分な理解を伴う、バランスのとれた日本観を受け入れる用意がほとんどできていなかった。そうしたなかで、日本史研究は全くの白紙の状態だったのである。ハーヴァードでは、学生たちの研究テーマは、全員が好き放題だった。東アジアと言ってもアメリカが注目したのは日本と中国だが、中国のほうは近代的な学問的方法論ではほとんど研究されておらず、日本の社会科学はマルクス主義の影響を強く受けて歪んだ結論を引き出した研究が多かった。だから博士論文に適当な新テーマは無数にあり、面白い新発見や新解釈に事欠かなかったのである。ライシャワーは、日本の近代化の成功と議会制民主主義の自発的展開の要因としての徳川末期に注目しているうちに、民主主義が確立した西欧（とその延長としてのアメリカ）と日本とが世界において封建主義が完全に発展した唯一の地域であることを思い、面白いと考えた。ジョン・カーティス・ペリー（John Curtis Perry）は、「ライシャワーはゼネラリストになる勇気をもっていた――そこが彼の天才たるゆえんだ」と述べているが、ライシャワーの視野の広さと、詳細な個別研究から全体的な歴史像を組み立てていく総合力は、誰もが評価していた。カール・マルクス、マックス・ウェーバー、エミール・デュルケームの理論的著書がハーヴァードの歴史家のあいだで盛んに論じられていたときに、ライシャワーとフェアバンクは、歴史は抽象的理論とは無関係であるとの信念を堅持した。

ライシャワーが、中国の崇高な過去について学生たちに教えながら、彼の言葉に従えば、一九四九年の権力統合後の共産主義政権の承認を、早くから一貫して擁護していたことは興味深い。一九五〇年代のはじめから、彼は講演などで何度も、誇り高い中国人が自立を達成し、ソ連が主張する共産主義教義の決定権に挑戦するときが中ソ分裂の始まりになるだろうと予言してきた。同時に、台湾人口の八五％を占め、ライシャワーの言葉に従えば、共産党にも国民党にも関係なく独自の独立を求める土着の台湾人の動きにも深く共鳴した。さらに、共産主義の脅威に対抗するために武力をもってした朝鮮での方式を、ヴェトナムや広くフランス領インドシナで繰り返すべきでないとも書いた。彼がちょうどこれを書いていたとき、アメリカがヴェトナムから撤退するフランスの肩代わりをし、やがて破局につながる愚かな介入を始めたのは皮肉だった。

一九五〇年、ライシャワーは四〇歳にしてハーヴァードの終身在職権のある極東言語学部教授の肩書を手にした。そして、一九五五年には極東協会（Far Eastern Association）の会長に就任し、一九五七年にはエリセーエフの後継者として、ハーヴァードの燕京研究所の所長に選任された。当時、韓国とヴェトナムの両方がアメリカの政策立案者にとっていかに重要かを理解するアメリカ人はほとんどいなかった。ライシャワーはその重要性にかんがみ、一九五八年、ハーヴァードにアメリカで最初の韓国研究の講座を設けるために、ロックフェラー財団からの二〇万ドルの補助金獲得に奔走し、博士課程の教え子であるエドワード・ワグナーを招いた。

ライシャワーは最初の夫人エイドリアンに病気で先立たれたが、一九五五年六月に元老松方正義の孫にあたる松方ハルと出会い、翌年一月に結婚した。不思議な縁で、ハーヴァート・ノーマンの兄である神戸の宣教師ハワードが式を執り行った。ライシャワーはハルの従兄にあたる松本重治と、新設された財団国際文化会館（ＩＨＪ）を発展させる仕事をした。新渡戸稲造や前田多門、松本重治といった人々は、戦前太平洋問題調査会のメンバーであり、やはり国際的な平和運動を担ってきた人々との交流が、戦後も息づいていた。ライシャワーは、日本の英語教育の支援に大きく寄与するＥＬＥＣ（The English Language Education Council　英語教育協議会）の設立にも協力した。ＥＬＥＣも国際文化会館もジョン・Ｄ・ロックフェラー三世が資金提供者だった。ロックフェラーと松本重治は、松本がイェール大で学んだ一九三〇年代に友人となった。ロックフェラー家は太平洋問題調査会への援助でも知られており、ジョン・Ｄ・ロックフェラー三世とその妻、ブランシェットは、アジアの芸術、文化財の理解・評価の点で特異な眼をもっていた。

駐日大使としてのライシャワー　一九六一～六六年

一九六一年一月、ジョン・Ｆ・ケネディが合衆国大統領に就任すると、外交の転換が計られ、その一環としてライシャワーに駐日大使就任の依頼があり、同月三一日彼はそれを受諾した。同年三月二八日に外交委員会と上院本会議はライシャワーの駐日大使任命を全会一致で承認し、翌二九日には指名は正式なものとなった。そして、四月一九日、ライシャワーとハル夫妻は東京に到着し、同月二八日信任状捧呈の儀式のため、栗色のロールスロイスに乗って出向いた。目立つことを懸念して、馬車の使用を控えたのである。多くの日本人は東京生まれの日本語を流暢に話す新大使を圧倒的に歓迎した。

当時の日本の左翼は「ケネディ―ライシャワー路線」とレッテル貼りして、アメリカ帝国主義への警戒を呼びかけたが、彼はあえてそうした批判を逆手にとって、彼の年来の思想と一九六〇年の箱根会議から生まれた「近代化論」を明確に表現していく。彼は日本のマルクス主義の学者を若干非現実的な人たちとしてとらえ、一般的に大学教授によいイメージをもっていなかった。予想どおり、日本共産党の機関誌『前衛』は、ライシャワー指名を批判した。ケネディ外交は、新しい様相をともなっているが、実体はアメリカ帝国主義の政策の表れだ、日本国民を内側からあやつるために日本よりの学者が選ばれたのだ。アメリカ有数の日本通というその系歴に幻惑される人も少なくないだろうが、「ケネディ路線」は、アメリカの国際的な威信回復と地位強化をめざすものである、と書いた。ライシャワーは、日本の左翼知識人には「マルクス主義の仮説に凝り固まっていて」「アメリカ民主主義のもっともきびしい批判者」がみられ、「時々、日本の民主主義を崩す力にもなる」と考えた。一九六一年六月、大使として着任した直後に、国務省とアメリカの民間の財団代表者に送った機密文書でも、こう警告した。「彼らの影響力は、今後数年以内に、日本国内の民主主義の大義と、アジアの平和と自由の見込みにとって、きわめて有害な行動に日本人を駆り立てかねない要因の一つである」。機会あるたびに、彼は自分の日本史解釈を開陳し、日本の封建制と、その後の急速な近代化の関係を指摘した。それは、彼のいわく「もっとも根本的な敵」である、マルクス主義史観への直接的攻撃だった。一方で、ライシャワーはアメリカ人であれ日本人であれ、極右の保守主義者を毛嫌いした。

彼がみずから立てた目標はいずれも明確なもので、いかにも彼らしく、並外れて大きなものだった。日米関係から人種偏見と戦時中の憎しみを一掃し、文化的ギャップをなくし、二国間の不平等感を払拭しようと考えたのだ。二国が、強力な文化的絆を築き、東アジアにおける平和を維持し、地域における民主主義拡大と繁栄を確保するために協働する、「イコール・パートナーシップ」というヴィジョンを掲げたのである。ライシャワーが公にそういったことはないのだが、彼は一九三〇年代に日本で過ごした体験から、日本のナショナリズムと軍国主義の誘惑の言葉がいかに人を動かすものか、よく知っていた。安全保障条約は、こうした傾向の歯止めとなり、温室育ちの植物のような、ひ弱な民主主義がしっかりと根付くまで時をかせぐためにも役立つと考えた。

ライシャワーの二番目の重要目標は、アメリカの軍司令官たちを日本の政治的現実、とりわけ沖縄問題に対して敏感にさせることだった。国務省と財務省が、在日米軍と米軍基地の維持費用をより多く日本に負担させるとか、強引に国防支出を増大させようとすると、彼は断固、反対した。ライシャワーは、ワシントンから正式許可を得ずに、沖縄が米日関係における一大刺激物になる前に、日本に返還するのが賢明である、と米軍の最上位の指揮官に説得する運動を独自にはじめた。米軍指導者たちとの間に誠意ある関係を築き、それが一九七二年の沖縄返還への道を開いていく上で、重要な役割を果たした。

ライシャワーの三番目の目標は、日米の政治リーダーに、この二国が対等なパートナーの関係にあると説得することだった。そのため、アメリカ人がもつ「占領者のメンタリティー」を取り除くために努力した。彼がとりわけ気に入った日本の政治家は、一九六二年に外相になった大平正芳だった。ライシャワーと同じ一九一〇年の生まれで、特別な絆を感じていた。ライシャワーは、大平が信頼できる人間であることを知り、その朴訥だが正直なところと常識を尊敬するようになり、いつも率直で、信頼に足る人だと思った。大平がクリスチャン―無教会運動という知識人グループに入っていたことが、彼のそうした気質に寄与していたのかもしれないとも思った。

ライシャワーはいわゆるガリオア交渉（ガリオア・エロア債務返済問題）のために多大な時間をついやした。

長期間にわたりこみいった議論をかさねた末、外務大臣の小坂善太郎とライシャワーは一九六一年六月、占領期間中に日本が受け取った物資と業務の一部の返済として日本が四億九〇〇〇万ドルをしぶしぶ出すことに決まったと発表した。使われた三ドルに対して一ドルを返済するという、ドイツとの取り決めと似たりよったりで、ほどほどに気前のよい決着だとライシャワーは感じた。返済金の一部は、沖縄返還にともない日本から支払われた二五〇〇万ドルと合わせて、日米友好基金（ＪＵＳＦＣ）の設立にあてられた。同委員会は今日も存在し、重要な新しい文化交換に資金を提供している。もう一つ純粋にライシャワーのイニシアティブではじまったのが、東京の中心部にあった基地、ワシントン・ハイツ（元の代々木練兵場）を、一九六四年のオリンピック村の用地として明け渡すよう米陸軍を説得したことだった。

一九五九年には、あくまでもライシャワーの見立てではあるが、中国との戦争の危険を懸念するだけの十分な理由が存在していた。朝鮮戦争に行き詰った末、一九五三年に停戦となっていたが、中国本土の海岸沖約一〇キロにある金門島と馬祖島の両島は、ライシャワーの言い方によれば紛争の火種となりつづけていた。アメリカと中国は一九五五年に戦争をしかけたが、一九五八年にも再度、核兵器を使った争いに発展しかねない危険があり、さらにはソ連との核攻撃の応酬になりかねない危機に直面した。ライシャワーは、アメリカ政府が台湾問題をあまりにも蔣介石および、内戦の継続という観点から見すぎており、共産主義者から独立して民主主義国家としての独立を維持したいという台湾の人びとの熱望という観点から十分に見ていないと考えていた。

ライシャワーは大使就任前に、ヴェトナムで植民地復活をもくろむフランスに加担すべきではないと主張していたが、大使就任後には、軍事作戦用の安全な基地としての日本の役割を前提に、アメリカ政府の政策を公然と批判できない難しい立場に立たされた。しかし、国務長官のディーン・ラスクは、ヴェトナム戦争は基本的に中国との戦争だという考えを追い払うことができなかったのだが、ライシャワーは介入には慎重な姿勢を保持し、「ドミノ理論」はナンセンスで、ヴェトナムの内戦は中国が起こしたわけではないと考えていた。ジム・トムソンは、ライシャワーの力を利用して中国政策を変えさせ、ヴェトナム戦争をおわらせようとしたが、失敗した。一九六五年四月、ジョンソン政権の下でヴェトナムへの介入が本格化した時点で、ライシャワーは大使を辞任して、戦争を弾劾すべきだった見方もある。

このような激動するアジア情勢の中で、ライシャワーは大使時代、日本の核政策について慎重に対応し、「核の傘」の確立に努力した。日本の保守政治家の強硬派は、ナショナリズムと軍国主義の誘惑にかられつつ、中国の核武装に対抗して、日本の核武装を目論む動きが見え始めた。一九六一年一一月、池田首相がラスク国務長官に、閣内に核武装論者がいることをあきらかにしていた。池田の後継の佐藤栄作首相も一九六四年一二月、ライシャワーに対し「他の人が核を持てば、自分も持つのは常識だ」と語った。中国が初の核実験成功を発表したのは、この直後のことだった。ライシャワーは、佐藤の発言について、これは大きな間違いだと思った。ライシャワーはこうした動きを強く警戒し、一貫して日本の核武装に反対し、政府にも同様の意見を表明した。

そして、大平正芳に代表される「穏健派」と提携しながら、「核の傘」を現実化しようとした。具体的には、主要な任務の一つは、米海軍が神奈川県横須賀と長崎県佐世保の海軍基地に核兵器搭載の潜水艦が入港する道を容易にすることだった。一九六三年一月、ライシャワーはアメリカが原子力潜水艦の日本への入港許可を求めた、と発表した。これは大々的な抗議と白熱した議論と多くの検証を呼び起こした。ライシャワー大使は、米艦隊に搭載して日本に持ち込んだり持ち出したりする核兵器は、日本の港に入る前の撤去は事実上不可能なことから、日本政府との間で、「持ち込み」とはしないという口頭の取り決めがあったと述べている。しかし、このことは日本国民の合意を得ておらず、国会で政治問題に発展しかねなかった。同年四月四日、ライシャワーは大平外相をマスコミに目立たないように大使公邸での朝食に招き、日本政府の姿勢についてアメリカが抱いている不安を説明した。大平はすぐに問題を了解し、この件は自分に任せてくれ、誰にもいわないようにといった。大平がどのような手を打ったのかわからないが、国会のこの件の困ったやりとりはただちになくなった。結局、一九六四年一一月、米原子力潜水艦シードラゴンが、ほとんど大騒動を引き起こすことなく、初めて日本の港（佐世保）に入港した。ライシャワーは一九八一年五月、一部の船舶が日本の港に入港するときに核兵器を搭載していると考えるのは常識だと説明している。一方で、米海兵隊が山口県岩国にある米海兵隊航空基地の沿岸に停泊中の戦車揚陸艦「サン・ホアキン・カウンティ」号に核爆弾を貯蔵していることをライシャワーは知り、驚愕した。すなわち、核搭載艦船の一時的寄港はあり得るが、常時あるいは長期間核兵器を配備することには、強く抵抗したのである。

少なくとも一度、ライシャワーは、米軍および情報部の幹部と、一九六五年の沖縄の選挙で、自民党候補を勝たせるもっとも効果的な方法について話しあったことがあった。候補者に直接ではなく、自民党経由で金を回したほうが「よほど安全だ」と助言し、「沖縄は小さなところで、アメリカの小さな村のようなものだ」といった。それとは別に、あらたに機密解除された文書によれば、ＣＩＡは自民党を権力の座にとどめるために、一部の保守派政治家に多大な支援をしていた。さらに、二〇〇六年一一月二三日の共同電（ワシントン発）によると、ＣＩＡが一九五〇年代後半から六〇年代にかけて行っていた自民党有力者らへの秘密資金工作は、ライシャワー大使の勧告を受けて中止されたことがわかった。一九六二年三月ライシャワーが、沖縄返還が望ましいとロバート・ケネディに初めてブリーフィングしてから一ヵ月後、ケネディ大統領は、琉球列島高等弁務官の統治下にある琉球（沖縄）はいずれ日本に返還されることを明らかにし、第一歩を踏み出した。また、日韓国交は正常化されるべきであるという判断のもと、ライシャワーはワシントンから具体的な指示を受けていないにもかかわらず、両国間の正直なブローカー、調停役をこっそり果たそうとした。そして、大使退任後のことではあるが、一九七三年一一月の金大中拉致事件に対しては、率直な怒りを表明した。

以上、ライシャワーは様々な制約の中で、独自の見解に基づいて、とりわけ沖縄問題、中国問題、韓国問題については、従来知られていた以上に様々な貢献をしていた。ところが、そうした活躍を支えるべきケネディ大統領が、一九六三年一一月二二日に暗殺された。さらに、翌年三月二四日、ライシャワー自身が襲撃されるという事件が発生した。その際、輸血に使用された血液が売血によって得られたもので、C型肝炎を発症した。この病は生涯にわたってライシャワーを悩ませ、売血による輸血用血液の確保ということを見直す機会となった。前述したように、ライシャワーはジョンソン政権下でのしばらく大使を勤めたが、一九六六年七月、駐日大使の職を辞したのである。

おわりに

大使退任後、前述のジム・トムソンがリードして、中国工作調整と中国政策立案の責任をもつ、国務長官特別補佐官（ないし無任所大使）にライシャワーを任命する構想があったが、ライシャワーはハーヴァードに復帰し、学究生活に戻った。その後も、アジア情勢や日米関係について、しばしば重要な発言をしたが、ハーヴァードでの研究と教育が活動の中心になった。

ライシャワーは、「ソフトパワー」として知られるものを熱烈に信奉しており、それは軍事力やハードパワーではなく、アメリカの文化的資産、価値観、理念を外交の基本として使うことである。その際、アメリカにとって真の危険は、二一世紀の諸問題に取り組む準備を妨げている偏狭で自己中心的な世界観にあり、学校・大学で西洋文明にばかり注目し、第三世界を無視するならば、大量破壊兵器の拡散をまねき、わが身をほろぼすことになる、と警鐘をならしたのである。そうした観点とも関わって、一九八〇年代にコア・カリキュラムを考案するハーヴァードの委員会において、ハーヴァードの学部において外国の地域研究と外国語を必須課目にするために主導的な役割を果たした。

日本に関しては、今日の日本の民主主義の強さ、一九四七年の憲法がそのまま生きのびていること、今日の日本の反戦感情の強さ、世界の共産主義の全面崩壊とあわせて考えるならば、ライシャワーの日本認識は正しかったのであり、封建制の反動的な側面を強調したハーバート・ノーマンは間違っていたという見方がある。確かに、近年まではライシャワーの見方の先見性が確認できるかもしれない。しかし、九・一一以降のアメリカの中東への介入は、ライシャワーが求めたソフトパワーを明らかに欠くものであり、中東世界に大きな混乱をもたらした。そうした情勢とも結びついて、日本の国内で大日本帝国憲法の復活を目標とする政治団体が、政権の中枢に食い込んでくるような事態が進行しつつある。私たちは、ライシャワーのアジア認識から改めて多くのことを学ぶべきであるとともに、ノーマンの視点をもう一度振り返ってみる必要もあるのではないだろうか。

参考文献

加瀬みき『大統領宛日本国首相の極秘ファイル』（毎日新聞社、一九九九年）

ダワー、ジョン、三浦陽一・高杉忠明・田代泰子訳『敗北を抱きしめて　上・下』（岩波書店、二〇〇一年）
布川　弘『平和の絆——新渡戸稲造と賀川豊彦、そして中国』（丸善、二〇一一年）
——「「核の傘」と核武装論」（小路田泰直・岡田知弘・住友陽文・田中希生編『核の世紀——日本原子力開発史』、東京堂出版、二〇一六年）
ノーマン、ハーバート、大窪愿二編訳「日本における近代国家の成立」（『ハーバート・ノーマン全集』第一巻、岩波書店、一九七七年）
パッカード、ジョージ・R、森山尚美訳『ライシャワーの昭和史』（講談社、二〇〇九年）
ライシャワー、エドウィン・O、徳岡孝夫訳『ライシャワー自伝』（文藝春秋、一九八七年）
ライシャワー、エドウィン・O、田辺完誓訳『円仁　唐代中国への旅——「入唐求法巡礼行記」の研究』（講談社学術文庫、一九九九年）
ライシャワー、エドウィン・O＆ハル、入江昭監修『ライシャワー大使日録』（講談社学術文庫、二〇〇三年）
Reischauer, E and Jansen, M., Jansen, *The Japanese Today: Change and Continuity, Enlarged Edition,* The Belknap Press of Harvard University Press, 1995.

第6章

「放射能とともに生きる」

——残留放射能問題と戦後の日米貝類貿易

西 佳代

はじめに

第二次世界大戦が終結して原子力時代が幕を開けると、人類の放射能との「共存」が始まった（AEC 1949, 13）。ただし、それは一定量以下の放射線被ばくに健康リスクをもたらさないという放射能の「安全基準」に依拠した共存であった。第五福竜丸事件やチェルノブイリや福島における原子力発電所事故を機に、核爆発後直ちに測定することは困難な残留放射能の長期的影響に対する国際的関心が高まった結果、今ではいかなる放射能汚染にも「安全な基準」などないと考えられるようになってきているが、このようなしきい値以下の放射線量は安全であるという前提のうえに人類と放射能の「共存」が可能とされてきた。なぜ、ながらく国民の健康を犠牲にしながら放射能との共存が追求されてきたのだろうか。本章は、核兵器が最初に実践使用されただけでなく、戦後、放射能との「共存」が模索された舞台としてのアジア太平洋を描く。そのために、一九四八年に再開された日米貝類貿易をとりあげたい。

戦後、缶詰製品は日本の復興にとって重要な外貨獲得手段であったが、とりわけカキ缶詰はその目玉商品であった。そのため一七世紀に日本で初めてカキの養殖に成功して以来のカキ主要産地である広島で、戦後まもなくカキ養殖は再開された。一九四七年には広島湾奥部沿岸と海田湾（以下「広島湾」と総称）で養殖が再開され、その翌年には広島県産カキを原料とする缶詰がアメリカへ輸出された。一九五〇年代後半になると日本製カキ缶詰はアメリカ市場を独占し、この傾向は一九六〇年代半ばすぎまで続いた。その間の主な原料供給地は広島湾であった。

ところでアメリカ連邦政府（以下「連邦政府」）は、一九四六年に現在のマーシャル諸島共和国にあるビキニ環礁で実施した核実験「クロスロード作戦」の結果、残留放射能に含まれる低線量の放射線が生命体を体内から被ばくさせる「内部被ばく」を把握していた。この作戦では空中と水中で核実験が行われたが、このうち水中爆発のベーカー実験に参加したワシントン大学応用水産学研究所所長ローレン・ドナルドソン教授率いるチームによる海洋生物に対する放射能影響調査の結果、残留放射能による内部被ばくが同年一〇月に報告されたからである（以下、「ドナルドソン報告」）（Donaldson 1977）。

ドナルドソン報告は、戦後広島湾で養殖されたカキの放射能汚染を考えるうえで示唆に富む。広島では一九四五年八月六日午前八時一五分の原爆炸裂後、まもなく残留放射能に汚染された、いわゆる「黒い雨」が県内の広い範囲に降ったからである。[*1] 広島とビキニ環礁で炸裂した原子爆弾（以下「原爆」）は、大気中か水中かの違いはあるが、どちらも核分裂型であり、威力にも大差はなかった。[*2] さらに本節で見るように、広島湾とビキニ環礁の地理的条件には共通点が多い。つまり連邦政府はベーカー実験後、海洋生物が残留放射能によって内部被ばくしているという報告をドナルドソンから受けていたにもかかわらず、広島湾で養殖されたカキを原材料とする缶詰を二〇年近く輸入し続けたということになる。

当時、連合国軍最高司令官総司令部（以下「ＧＨＱ」）は原爆は高度六〇〇メートルという十分な高さで爆発したため、残留放射能は大気圏内に拡散して稀釈され、広島にその影響は無いと繰り返し説明していた。このことに鑑みれば、戦後、連邦政府が広島県産カキの放射能汚染を問題としなかったことは当然のようにも思える。しかし一方で、本論でみてゆくように、一九四六年のドナルドソン報告を受けて、原子力委員会は低線量の放射線が環境に与える影響に注目し始めている。それでも連邦政府が広島県産カキの放射能汚染の可能性を問題視しなかったのは、広島に残留放射能の影響はないという立場と整合性を持たせるためにこの報告を無視したということなのだろうか。

核兵器が空中で爆発した場合には残留放射能の影響は無いと原子力委員会が主張し続けた理由について、従来の研究では、原爆被害の最小化と投下の正当化や、原子力産業推進のため、放射能被害を矮小化するという連邦政府の政治的意図に注目した説明が行われてきた。本章は既存の研究を否定するものではないが、残留放射能をめぐる政府内の議論を環境史の手法を用いて検証し、連邦政府の放射能政策をより多面的に評価する試みである。環境史は、権力者の自然観に着目しながら、自然が政策形成に与える影響を解明する学問である。そこで日本への原爆投下や南太平洋における核実験をつうじて放射能の複雑な影響が明らかにされる一方で連邦政府が放射能との共生を模索した理由が、人間は環境を管理することによって自然を支配することができるという近代的な自然観にあったことを明らかにしてゆく。

以下では、まず連邦政府が一九四六年にドナルドソンら生物学者から残留放射能に起因する内部被ばくについての報告を受ける一方で、一九四八年から一九六〇年代半ばまで広島県産カキを主な原料とする日本製カキ缶詰を輸入した状況を確認する。次に、原子力委員会が中心となって議論した放射能汚染水対策をめぐる議論をもとに、連邦政府の放射能観を明らかにする。その際、原子力委員会はそれまで測定が困難なために調査対象外とされてきたアルファ線についての放射能影響調査を一九七七年まで行ったことから、ドナルドソンの指摘を無視したわけではなかったものの、その原子力政策は「しきい値ありき」であったことを指摘する。以上より、原子力委員会の根強い近代的自然観が残留放射能の影響を過小評価する一要因となり、その結果、日米貝類貿易が推進された可能性を指摘して本章の結論とする。

1　戦後の広島湾と残留放射能

ドナルドソン報告書

まずは内部被ばくが初めて明らかにされた経緯を確認しておきたい。第二次世界大戦後、海軍作戦部長は核戦争時に放射能防御や除染が行えるよう「海軍のための放射能安全プログラム」を立案した。同プログラムのもとで一九四六年七月から八月にかけて実施されたのがクロスロード作戦であった。アメリカ軍の最高機関である統合参謀本部の統合任務部隊によって実施されたクロスロード作戦は、四万四〇〇〇人の軍人と約一〇〇〇人の民間人科学者が動員された、アメリカ史上最大の核実験であった。事前に国民にも周知されたクロスロード作戦の目的は、一般市民に対して放射能が安全であることを示すことであり、放射能影響にかんするデータを収集するため、九〇隻以上の艦船が調査用に配備された。

実験場には現マーシャル諸島共和国のビキニ環礁が選定され、現地時間の七月一日に大気圏内爆発のエーブル実験が、同二四日に水中爆発のベーカー実験が行われた。高度一五八メートルで炸裂したエーブル実験では、広島に投下された原爆同様に、爆発によって火の玉が成層圏まで噴き上げられた。そのため連邦政府は、放射性物質は大気圏内に拡散し、残留放射能の影響はないと説明した。「はじめに」で触れたように、広島についてはGHQも、原爆は十分な高度で爆発したため、地上に残留放射能の影響はないと繰り返し説明していた。原子力委員会もエーブル実験の結果について、残留放射能は多少あったものの、船舶の除染作業は完了し、その影響はなかったと発表した。

しかし水深三〇メートルで爆発したベーカー実験では、事情が異なっていた。数百万トンの海水が水柱となって吹き上がり、放射性物質が海水と混ざり合って落下したため、環礁内の海水は残留放射能によって事前の予想をはるかに超える程度まで汚染されたのである。この実験には先述のドナルドソンのもとで、内務省魚類野生生物保護局からカキ養殖の専門家ポール・ゴルツォフが参加して、放射能が海洋生物に与える影響を調査した。戦後内務省は、食料増産だけでなく帰還兵の雇用創出の観点からも、水産養殖業とりわけカキの養殖業の振興を推進していたため、原子力産業の廃棄物による海の放射能汚染を懸念していたからだった（Carriker 2004, 83）。

船舶の除染作業も困難を極めたが、間もなくその原因は藻にあることが判明した。放射性物質を体内に取り込んだ藻が船体にびっしりと付着していたのである。放射能汚染された藻やプランクトンを食べた海洋生物もまた内部被ばくしていた。実はすでに大戦中、内務省はマンハッタン計画でプルトニウムを製造していたハンフォード・サイトから放出される放射性廃液がコロンビア川に生息する鮭に及ぼす影響を調査していたのだが、このときの実験は屋内で行われたため、藻は発生していなかった。つまりベーカー実験で初めて、食物連鎖をつうじて放射性物質が生命体にとりこまれる現象が観察されたのである。

今では被ばくには外部被ばくと内部被ばくがあることがわかっているが、ベーカー実験まで、後者は必ずしも明らかにされていなかった。核爆弾さく裂後、一分以内に放出される放射線（初期放射線量）に照射されて被ばくするのが外部被ばくである。一方、核分裂によって人工的に生成された放射能分裂片が体内にとりこまれることで被ばくする現象が内部被ばくである。前者は中性子線やガンマ線、ベータ線など運動エネルギーは比較的低いが飛程の長い電磁波による被ばくであるのに対し、後者はアルファ線など飛程は短いが高い運動エネルギーをもつ粒子線による被ばくで、体内に取り込まれると緩慢だが長期にわたって細胞を被ばくさせる残留放射能となる。残留放射能は放射能分裂片に含まれる核種が壊変するときに放出される低線量の放射能である。ところが「被ばく線量」は初期放射線の総量と定義されていることが示しているとおり、残留放射能被ばくは被ばくから除外されている。その理由は、当時の疫学では被ばく線量と健康被害のリスクの間には直線的な相関関係があり、低線量の放射線は健康被害を引き起こさないとされていたからだった。クロスロード作戦では測定の容易なガンマ線とベータ線だけが調査対象となり、測定困難なアルファ線は調査対象から外された。

このような放射能の影響評価にかんする疫学的説明に対し、ドナルドソンは次のように報告した。アルファ線は外部からの照射によって生命体を被ばくさせることはないが、アルファ線核種は体内にとりこまれれば細胞レベルで生命体を被ばくさせる。しかも蓄積すれば被ばく影響は無視できないほど深刻なものとなる。この報告を受けた海軍省と原子力委員会は、ガンマ線とベータ線だけでなく、アルファ線にも注目して放射能の影響評価を行わねばならないと考えるようになった（Hines 1962, 56）。そしてドナルドソンが海洋生物の体内におけるアルファ線の蓄積状況を追跡する「ビキニ科学再調査」を提案すると、原子力委員会もこれを承認した。この再調査ではビキニ環礁内のベーカー爆発地点と環礁沿いの計五五ヵ所の地点で、藻やプランクトンのほか、カキを含む貝類や魚類など六〇〇〇近くの標本が採取され、そのすべてから放射能が検出された（AFSWP 1947, 40）。

ドナルドソンらの調査は一九七七年まで続く。その間に対象地域も拡大し、ビキニ環礁だけでなく、一九四七年に原子力委員会が「太平洋核実験場」として指定したエニウェトック環礁、一九五四年のブラボー実験で放射性降下物に見舞われたロンゲラップ環礁でも調査が行われた。およそ三〇年にわたる調査の間に、プランクトンは残留放射能の「運び屋」であるという結論が得られ、プランクトンを追跡することで放射性物質が海洋中を移動する様子も明らかにされた。

日本製カキ缶詰の対米輸出

以上、一九四六年から三〇年にわたって、ドナルドソンらが残留放射能による海洋生物の内部被ばくを一貫して報告し続けたことを見てきた。それではこの間の広島湾におけるカキ養殖状況と、広島県産カキ缶詰の対米輸出状況を見てみよう。

（岡垣茂　一九七七年）によると第二次世界大戦後、水産養殖業は日本の食料増産の柱に位置づけられ、広島県でもカキ養殖が再開された。広島湾沿岸部の河口付近は、太田川によって運ばれた大量の栄養塩に加え、高温と日照によってプランクトンが特に豊富な海域となっており、「海の牧場」と称されるほどカキ養殖にとっての好条件がそろっている。一九四七年一二月、広島県を巡幸した昭和天皇が広島市で最初に訪れたのは、現在の広島市西区草津町に所在していた広島県水産試験場（現広島県立総合技術研究所水産海洋技術センター）であった。

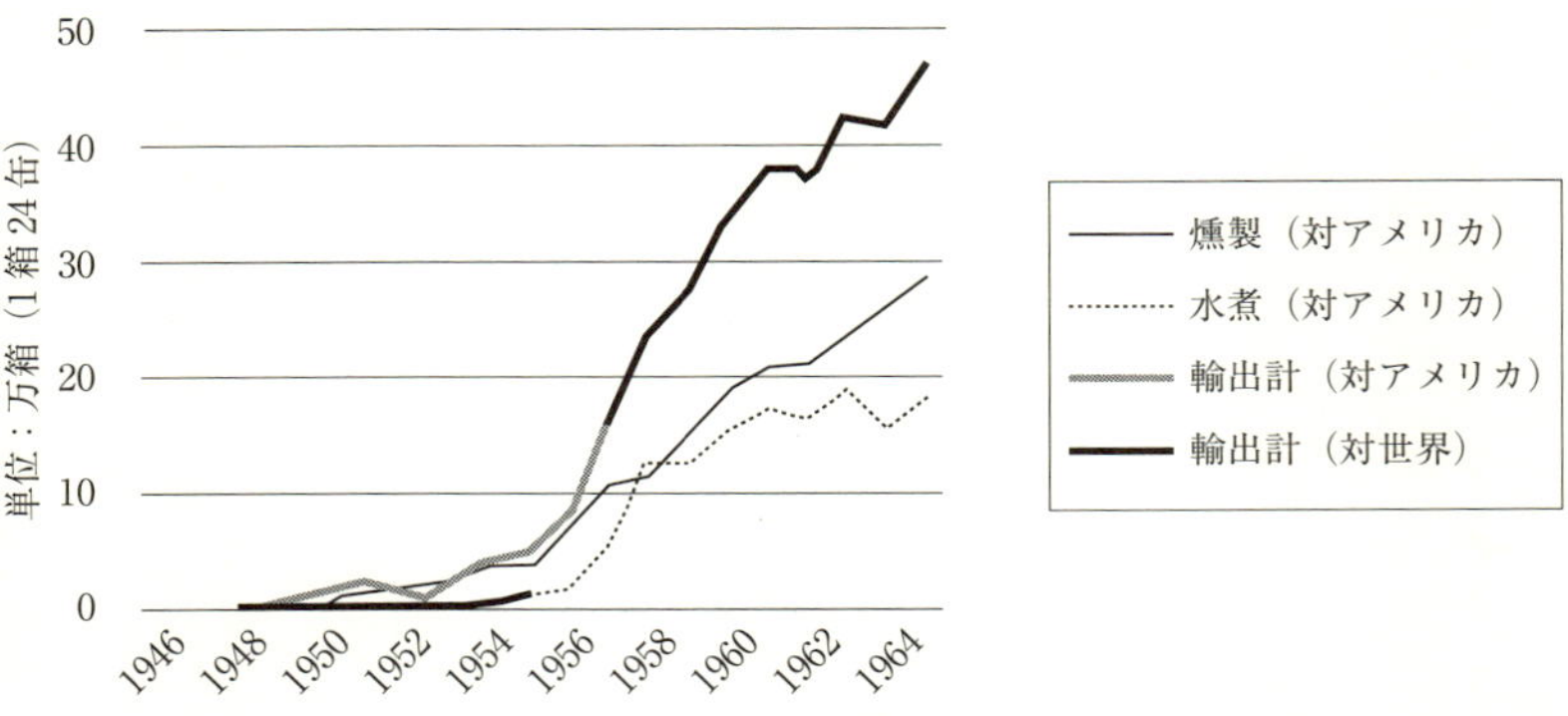

図1　日本製カキ缶詰の対米輸出量の推移，1946〜1965年

（注）（広島県缶詰協会編，1968）をもとに筆者作成.

当時の場長の藤田正は「基礎研究よりも事業化の見込みのある試験研究を重視」しており、カキは「特に有望視されていた」と証言している。またカキ養殖の様子を視察した昭和天皇から「水産事業は特にしっかり頼みます」と念を押された（日本会議広島[*3]）。

（広島県缶詰協会編　一九六八年）によれば、カキ缶詰製品は戦後日本の経済復興に向けた主要な外貨獲得手段のひとつで、一九四八年以降一九六〇年代にかけて、生産量の九割以上が輸出された。一九四八年に製造が再開された当時の輸出量は戦前の五〇〇〇箱に満たなかったが、翌年にはこの水準を回復し、一九五〇年には戦前の三倍以上となるなど、順調に伸びた。しかも嗜好品的な燻製油漬の需要に支えられていた一九五五年頃までは生産量も八万箱以下にとどまっていたが、広島湾でカキの大量養殖が実現すると同時に、アメリカで副食物としてカキの水煮の需要が拡大すると、日本製カキ缶詰の対米輸出量は飛躍的に増加した。一九六〇年代はじめには、日本製のカキ水煮缶詰は米国市場の六割を占めていた。とりわけ燻製油漬缶詰は米国生産量の五倍以上にのぼり、アメリカ市場を席巻した。

ここで確認しておきたいことは、日本のカキ缶詰輸出が、広島県における力キ缶詰生産が軌道にのるとともに本格化したということである。広島県のカキ缶詰業は、戦後間もない時期に地元企業が手掛けたものの数年で倒産した経緯があったが、一九五六年に転機が訪れた。三陸カキで缶詰の製造をしていた県外大手資本の岩手缶詰株式会社と宮城缶詰株式会社が広島県に進出したのである(木村知博・兼保忠之 二〇〇三年 六〇頁)。

こうして日本製カキ缶詰の輸出量は一九五六年から急増したが、図1が示すとおり、そのほぼすべてがアメリカに輸出された。本章との関連で重要なのは、輸出された日本製カキ缶詰の主要な原料供給地が広島湾だったということである。[*4] その背景には、筏式養殖の導入によるカキの大量生産がある。伝統的に、広島湾では浅瀬の海にくい打ちや地撒きによってカキが養殖されてきたが、いったん台風に見舞われれば大打撃を受けるのが常だった。しかし一九五五年の台風で孟宗竹製の筏の耐波性が明らかになるやいなや、ただちに竹筏は広島湾のいたるところに設置され、カキ養殖の漁場は水深の深い沖合へと拡大した。

(楠木豊 二〇〇九年)によれば、筏式養殖を開始後間もなく広島県のカキ生産量は全国の生産量の半分以上を占めるまでに増加した。同時に収穫の機械化や輸送手段の近代化がすすんだことで広島県産カキは安価となり、県外の大手カキ缶詰加工会社が原料を広島に求めるようになった。

ビキニ環礁と広島湾

カキが養殖されていた広島湾とベーカー実験が行われたビキニ環礁の地理的環境には、多くの共通点が見られる。広島湾は山と島に囲まれた約一〇〇〇平方キロメートルの海域であるが、その北半分に集中するカキ養殖場の海域面積は約五〇〇平方キロメートルである。一方ビキニ環礁の海域は約六〇〇平方キロメートルであり、広

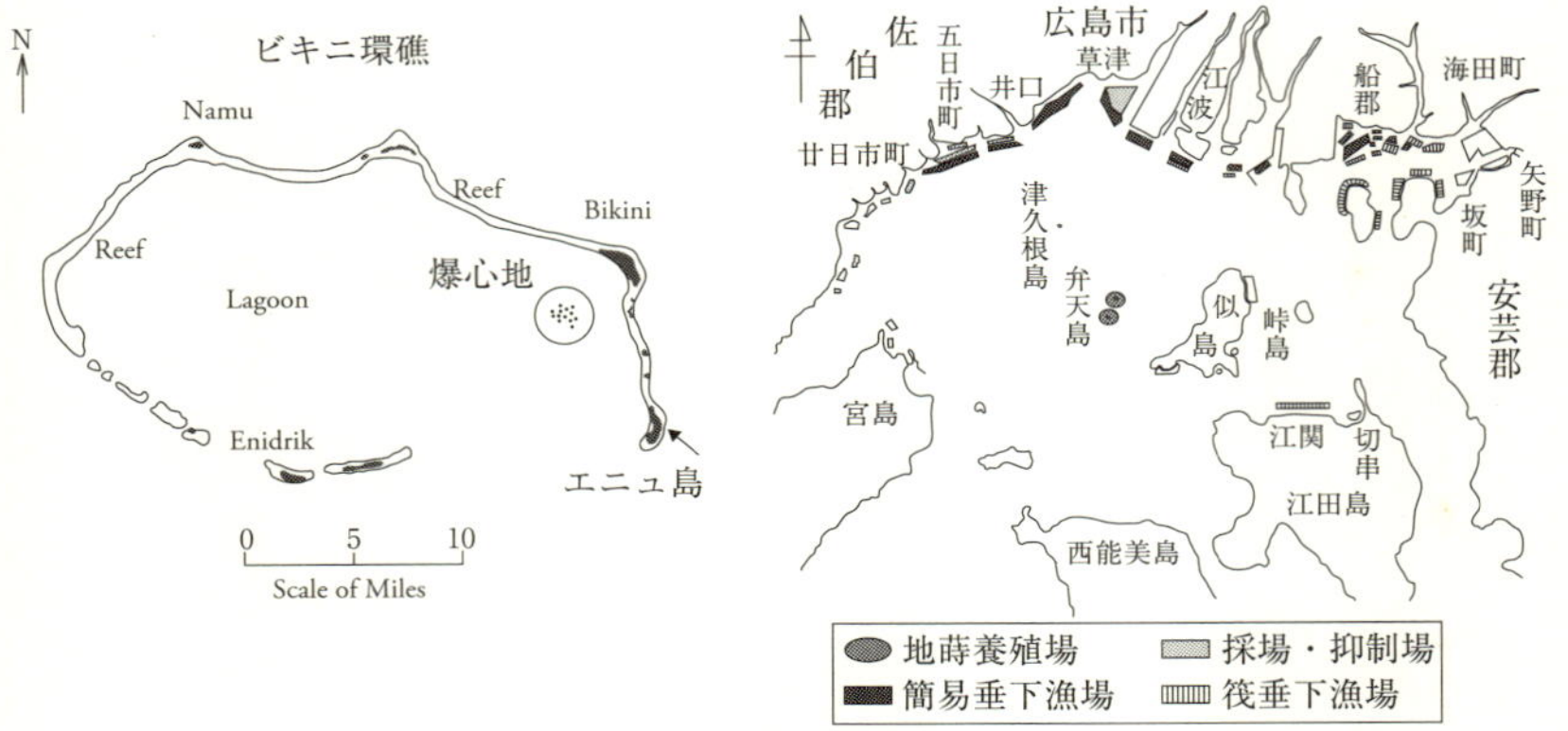

図 2　ビキニ環礁と広島湾カキ養殖場（1956 年）

（ウィキペディアおよび楠木豊　2009 年をもとに，筆者作成）

島湾におけるカキ養殖漁場の海域面積と同程度の規模である。また両者はともに外洋から仕切られた閉鎖性水域であり、潮流はゆるやかで海水は滞留しやすい。

したがってビキニ環礁における海洋生物の内部被ばくにかんするドナルドソンらの報告をふまえれば、広島湾でも「黒い雨」によって広島湾に降り注がれた放射性物質を、カキの餌となる藻やプランクトンが体内に取りこんでいたと考えるのが自然であろう。つまりドナルドソンらの報告にもかかわらず、連邦政府は広島県産カキを主な原料とする日本製缶詰を二〇年近く輸入し続けていたということになる。

なぜ広島県産カキの放射能汚染は問題とされなかったのだろうか。この点に関連し、連邦政府は一九五七年に養殖カキの内部被ばくを問題視し、放射能汚染基準を設けている（USFDA　2011, 144）。一九五七年といえば、すでに広島でカキの大量生産が始まっており、日本製カキ缶詰の輸入量も急増し始めた時期である。先述のとおり、安価な日本製カキ缶詰がアメリカ市場を独占し、日米間で貿易摩擦が起こっていたが、日本製カキ缶詰の輸入にあたり、この基準が適用された形跡はない。アメリカのカキ養殖業

有志舎 出版図書目録

2016.4

ご　挨　拶

本年度の出版目録をここにお届けさせていただきます。弊社は、2006 年より本格的に出版事業を開始し、現在で 11 年目を迎えました。

この出版不況はいっこうに出口が見えませんが、それでも無骨に学術書出版一筋で頑張っていきたいと思います。

また、弊社の社名の由来は、つねに志をもって出版を行なっていくこと、そしてその志とは、「知」の力で地球上から戦争を無くしていきたいというものです。
もとより、これは簡単なことではないことは分かっています。しかし、出版業というものは単なるビジネスではなく、理想を追い求める「志の業」でもあると私は信じています。

ですから、これからも理想を掲げ、良質の学術成果を読者の皆さんにお届けできるよう鋭意努力して参りたく念願しております

この方針に則り、小社は近現代史を中心に、人文・社会科学に関する学術出版を行なって参ります。

まだまだ未熟ではございますが、新しい知の風を多くの方に届けられるよう全力を尽くして参りますので、引き続きご支援・ご鞭撻のほど、どうぞよろしくお願い申し上げます。

2016 年 4 月

有志舎

代表取締役　**永滝　稔**

異教徒から異人種へ

井村行子［著］

―ヨーロッパにとっての中東とユダヤ人―

2200円（税別）
四六判・並製・カバー装・190頁
ISBN978-4-903426-11-2

「他者」はどのようにして創られるのか！
中世ヨーロッパの「異教徒」観から、反セム主義（反ユダヤ主義）の登場までを明らかにする。

イラン現代史 ―従属と抵抗の100年―

吉村慎太郎［著］

2400円（税別）
四六判・上製・カバー装・240頁
ISBN978-4-903426-41-9

欧米列強の脅威にさらされ続けてきた激動の100年史。「イスラム原理主義国家」というイメージ先行の理解と異なる、この国の本当の姿と歴史のダイナミズムを描き出す。

英雄になった母親戦士

京樂真帆子［著］

―ベトナム戦争と戦後顕彰―

2800円（税別）
四六判・上製・カバー装・310頁
ISBN978-4-903426-88-4

ベトナム戦争では、母もまた共に戦った！　戦士たる母への顕彰の問題を通して、性別役割分業観にとらわれることなく、戦争とジェンダーとの関係性を再考する。

沖縄の復帰運動と保革対立

櫻澤　誠［著］

―沖縄地域社会の変容―

6000円（税別）
Ａ５判・上製・カバー装・288頁
ISBN978-4-903426-50-1

「保守／革新」「復帰／独立」の分節化は沖縄の地域と住民に何をもたらしたのか。今も続く沖縄社会の保革対立が形作られた過程を明らかにする。

小野梓と自由民権

勝田政治［著］

2600円（税別）
四六判・上製・カバー装・280頁
ISBN978-4-903426-34-1

日本に立憲政を根付かせようとした熱き男の生涯を描き、近代日本の歴史の中で失われた「もうひとつの日本の在り方」を考える。

オープンスカイ・ディプロマシー

高田馨里［著］

―アメリカ軍事民間航空外交　1938～1946年―

5000円（税別）
Ａ５判・上製・カバー装・280頁
ISBN978-4-903426-44-0

真珠湾攻撃、「航空大国アメリカ」誕生から冷戦へ。戦時・戦後世界の空をめぐる攻防を描く、新しい国際関係史。

開国期徳川幕府の政治と外交

後藤敦史［著］

6200円（税別）
Ａ５判・上製・カバー装・340頁
ISBN978-4-903426-91-4

「鎖国から開国へ」という予定調和な歴史叙述を克服！明治維新にいたる歴史を考察する上で重要な開国の〈経緯〉を、従来は見落とされていた視点からたどり、新たな幕末維新史を描き出す。

きのうの日本 ―近代社会と忘却された未来―

鵜飼政志・川口暁弘［編］

3200円（税別）
Ａ５判・上製・カバー装・220頁
ISBN978-4-903426-61-7

明治維新から、第2次大戦後の1950年代まで――かつて確かに存在しながら、やがて消え去っていった理想や夢。忘却された歴史から現在を考える。

近世・近代における文書行政 ―その比較史的研究―

小名康之［編］

2800円（税別）
Ａ５判・上製・カバー装・245頁
ISBN978-4-903426-55-6

近世から近代にかけて、世界の諸地域ではどのように文書行政が展開されていったのか。日本・インド・トルコ・メキシコの比較により、それぞれの地域の文書行政の実態を明らかにする。

近現代部落史 ―再編される差別の構造―

黒川みどり・藤野　豊［編］

2800円（税別）
Ａ５判・並製・カバー装・280頁
ISBN978-4-903426-24-2

被差別部落の存在を無視した日本史像はありえない！「部落史」のオルタナティヴをめざす新たな挑戦。

近代日朝関係史

趙 景 達［編］

3400円（税別）
Ａ５判・並製・カバー装・390頁
ISBN978-4-903426-62-4

新しい通史の誕生！　これまでのような一国史同士の叙述や政治・外交ゲームのような日朝関係史を乗り越え、両国の社会に底流する深い歴史的文脈の関係性を重視した新世代の歴史書。

近代日本の形成と租税

【近代租税史論集１】

近代租税史研究会［編］

5000円（税別）
Ａ５判・上製・カバー装・288頁
ISBN978-4-903426-16-7

「租税国家」として明治国家を位置づけ直す挑戦の第一弾。近代国家の形成にとって租税とはいかなる意味を持ったのか？

近代日本の宗教概念 －宗教者の言葉と近代－

星野靖二［著］

6400円（税別）
Ａ５判・上製・カバー装・320頁
ISBN978-4-903426-53-2

「宗教」とは歴史的に変わらないものなのか？翻訳語として近代日本に新たに登場した「宗教」をめぐって、その概念の展開を宗教者の言葉を追うことによって明らかにする。

近代日本の租税と行財政

近代租税史研究会［編］　【近代租税史論集２】

6200円（税別）
Ａ５判・上製・カバー装・260頁
ISBN978-4-903426-86-0

近代の課税や徴収の仕組みは、どのような納税者との関係のなかから作られてきたのか。財政や行政制度と租税の関係を見直し、近代租税史の多様で新しい様相を描き出す。

グローバル化のなかの近代日本 －基軸と展開－

小風秀雅・季武嘉也［編］

6600円（税別）
Ａ５判・上製・カバー装・400頁
ISBN978-4-903426-93-8

グローバリゼーション下で展開された日本の近代化。「日本」という存在を自明の前提とせず、世界という地平のなかに日本の近代を位置づけ直す。

現代「生活者」論 ―つながる力を育てる社会へ―

天野正子［著］

2600円（税別）
四六判・上製・カバー装・320頁
ISBN978-4-903426-65-5

他人まかせにしない、できることは自分で、一人でできないことは他者と支えあって。現代日本の歴史経験のなかで登場してきた「生活者」の実践をとらえ直し、新しい共同性・公共性の回路を見通す試み。

皇国日本のデモクラシー ―個人創造の思想史―

住友陽文［著］

5400円（税別）
Ａ５判・上製・カバー装・320頁
ISBN978-4-903426-45-7

日本のデモクラシー思想は、なぜ「皇国」を立ち上げたのか？ナショナリズムに潜む私欲を乗り超え、社会を担う「個人」を求める思想の分析から、そのモメントをあきらかにする。

国民国家の比較史 ユーラシアと日本 ―交流と表象―

久留島浩・趙景達［編］　【人間文化叢書】

6600円（税別）
Ａ５判・上製・カバー装・480頁
ISBN978-4-903426-32-7

グローバリゼーションがもたらしつつある国民国家の再活性化のなか、その同質性よりも差異性に注目し、国民国家をめぐる新たな議論を提起。

近衛新体制の思想と政治

源川真希［著］

—自由主義克服の時代—

4600円（税別）
A５判・上製・カバー装・230頁
ISBN978-4-903426-28-0

かつて、われわれはデモクラシー再生の劇薬を使ってしまった…。デモクラシーを再生させようとする試みは，なぜ近衛新体制に帰結したのか？激動の昭和戦前期における錯綜した思想状況を解きほぐす。

自他認識の思想史

桂島宣弘［著］

—日本ナショナリズムの生成と東アジア—

3200円（税別）
A５判・上製・カバー装・220頁
ISBN978-4-903426-17-4

およそ、あらゆる自己認識は他者表象の産物である。東アジアに向き合うなかから、日本ナショナリズムの生成を問う！

シベリア抑留と戦後日本 —帰還者たちの闘い—

長澤淑夫［著］

2400円（税別）
四六判・上製・カバー装・230頁
ISBN978-4-903426-49-5

戦後日本はなぜシベリア抑留者の補償を拒否し続けたのか?国会で否定され裁判で何度敗れても、不屈の闘志で運動を続け、ついに補償を実現した抑留者たちの戦後史。

ジープと砂塵 —米軍占領下沖縄の政治社会と東アジア冷戦 1945－1950—

【フロンティア現代史】

若林千代［著］

4800円（税別）
A５判・上製・カバー装・300頁
ISBN978-4-903426-99-0

戦後沖縄の原点に眼をこらす！　米軍占領下にあっても、沖縄は「民主」と「自治」を志向し続けた。東アジア冷戦のもとで、独自の政治空間を作り上げた沖縄とそこに生きる人びとの姿を描き出す。

主権不在の帝国 —憲法と法外なるものをめぐる歴史学—

林　尚之［著］

5800円（税別）
A５判・上製・カバー装・270頁
ISBN978-4-903426-66-2

帝国憲法体制と日本国憲法体制とは、いかなる連続性を内在させていたのか？主権をめぐる〈逆説〉から、新たな思考を提起する。

植民地期朝鮮の知識人と民衆

趙　景　達［著］

—植民地近代性論批判—

5400円（税別）
A５判・上製・カバー装・324頁
ISBN978-4-903426-19-8

知識人世界と民衆世界の差異と亀裂！　日本支配下の朝鮮は、果たして植民地権力のヘゲモニーのもとで“近代”を内面化し得た社会だったのか？

仁政イデオロギーとアイヌ統治

檜皮瑞樹［著］

5800 円（税別）

Ａ５判・上製・カバー装・280 頁

ISBN978-4-903426-80-8

「華夷主義」から「同化主義」へ。
19 世紀における、蝦夷地・アイヌ統治政策と仁政イデオロギーとの関係を明らかにする。

精神の歴史 ―近代日本における二つの言語論―

田中希生［著］

5600 円（税別）

Ａ５判・上製・カバー装・390 頁

ISBN978-4-903426-25-9

狂気と理性が裁断されえなかった近代日本という時空。そのなかに現在とは全く異質の《精神》を見出す新しい思想史！

戦後日本と戦争死者慰霊 ―シズメとフルイのダイナミズム―

西村　明［著］

［2007 年度国際宗教研究所賞受賞］

5000 円（税別）

Ａ５判・上製・カバー装・256 頁

ISBN978-4-903426-06-8

慰霊とは何なのか。そして何でありうるのか。戦後日本の長崎原爆慰霊を通して、死者への向き合い方を問う。死者と生者の宗教学！

戦時期朝鮮の転向者たち

―帝国／植民地の統合と亀裂―

洪 宗 郁［著］

5400 円（税別）

Ａ５判・上製・カバー装・264 頁

ISBN978-4-903426-38-9

植民地知識人の主体化と帝国秩序の論理。抵抗と読み替えの相克から戦時下朝鮮の思想史を再考する。

先住民と国民国家 ―中央アメリカのグローバルヒストリー―

小澤卓也［著］

【国際社会と現代史】

2400 円（税別）

四六判・上製・カバー装・240 頁

ISBN978-4-903426-07-5

「敗者」は勝利をもたらすか？　サンディニスタ、サパティスタ、そしてチャベスへ…。国民国家に抑圧されつづけてきた先住民からの問いかけ。

戦争・災害と近代東アジアの民衆宗教

武内房司［編］

6600 円（税別）

Ａ５判・上製・カバー装・320 頁

ISBN978-4-903426-82-2

同善社・世界紅卍字会・カオダイ教……。
動乱の近代東アジアで登場した「越境」する民衆宗教の姿を明らかにする。

占領期・占領空間と戦争の記憶

長 志珠絵［著］

4800円（税別）
Ａ５判・上製・カバー装・380頁
ISBN978-4-903426-73-0

【フロンティア現代史】

戦争と記憶をめぐるポリティクス。東アジアの冷戦という時代状況を意識しつつ、戦後日本の「戦争記憶」形成のあり方を問い直す。

脱帝国のフェミニズムを求めて

宋 連 玉［著］

―朝鮮女性と植民地主義―

2400円（税別）
四六判・上製・カバー装・270頁
ISBN978-4-903426-27-3

脱植民地主義のフェミニズムとは何か！　饒舌な「帝国のフェミニズム」にかき消された女性たちの声を聴く。

田中角栄と自民党政治 ―列島改造への道―

下村太一［著］

2400円（税別）
四六判・上製・カバー装・265頁
ISBN978-4-903426-47-1

田中角栄の政治指導と、保守政治再生の政策・戦略とはどのようなものだったのか。その政治手法に着目して、田中角栄の実像に迫った新しい政治史。

中国国境地域の移動と交流

塚田誠之［編］

―近現代中国の南と北―

5200円（税別）
Ａ５判・上製・カバー装・370頁
ISBN978-4-903426-31-0

中国国境地域に生きる諸民族の姿から、移動と交流の実態を明らかにする。

【人間文化叢書】ユーラシアと日本 ―交流と表象―

中国抗日軍事史 1937-1945

菊池一隆［著］

2800円（税別）
四六判・上製・カバー装・400頁
ISBN978-4-903426-21-1

中国現代史から多角的に描く、本格的な日中戦争通史。弱国・中国は強国・日本をいかにして破ったのか。

創られた「人種」 ―部落差別と人種主義《レイシズム》―

黒川みどり［著］

2600円（税別）
四六判・上製・カバー装・280頁
ISBN978-4-908672-01-9

幕末・明治の言説から現代における中上健次の文学まで。糾弾だけではなく、もう終わったことでもなく、今ここにある差別として人種主義から部落問題を考える。

帝国に抗する社会運動

黒川伊織［編］

—第一次日本共産党の思想と運動—

6000円（税別）
A５判・上製・カバー装・336頁
ISBN978-4-903426-90-7

共産党創成期の歴史を神話から解放する、東アジア社会運動史の問題作。

帝国日本の「開発」と植民地台湾

清水美里［著］

—台湾の嘉南大圳と日月潭発電所—

6600円（税別）
A５判・上製・カバー装・320頁
ISBN978-4-903426-97-6

これまで、功罪ばかりが論じられてきた植民地におけるインフラ開発の実態を詳細に調査・分析。台湾現地社会とそこに生きた人びとの姿にまで迫り、真の意味での「植民地的開発とは何か」を論じる

帝国の思考 —日本「帝国」と台湾原住民—

松田京子［著］

4800円（税別）
A５判・上製・カバー装・280頁
ISBN978-4-903426-83-9

日本「帝国」最初の本格的な植民地である台湾。そこでマイノリティであった台湾原住民をめぐる表象と学知から植民地主義の思考に迫る。

東亜聯盟運動と朝鮮・朝鮮人

松田利彦［著］

—日中戦争期における植民地帝国日本の断面—

5000円（税別）
A５判・上製・カバー装・240頁
ISBN978-4-903426-95-2

石原莞爾が主唱し、植民地朝鮮の問題にも深くコミットした東亜聯盟運動。戦時下における一つの思想的実験を朝鮮・朝鮮人との関わりから読み解く。

同時代史としてのベトナム戦争

吉沢　南［著］

2600円（税別）
四六判・上製・カバー装・250頁
ISBN978-4-903426-30-3

ベトナム戦争とは何だったのか？ 60～70年代の反戦運動とは何だったのか？「現代史」ではなく、「同時代史」を提唱し、民衆の視点からベトナム戦争とその時代を考える。

トウモロコシの先住民とコーヒーの国民

中田英樹［著］

—人類学が書きえなかった「未開」社会—

2800円（税別）
四六判・上製・カバー装・308頁
ISBN978-4-903426-70-9

人類学は「未開」社会に何を「発見」してきたのか？　多文化共生というものが孕む問題を先住民社会の中から描き出す。

盗賊のインド史 －帝国・国家・無法者《アウトロー》－

竹中千春［著］

［2011年　大平正芳記念賞受賞］

2600円（税別）

四六判・上製・カバー装・360頁

ISBN978-4-903426-36-5

盗賊や武装勢力とは何者なのか？彼らはなぜ戦うのか？「盗賊の女王」プーラン・デーヴィーはじめ、近現代インドを席巻したアウトローたちの世界に分け入り、その真の姿を描き出す。

遠野のいまと昔 ―もうひとつの『遠野物語』を歩いて―

金原左門［著］

2400円（税別）

四六判・上製・カバー装・196頁

ISBN978-4-903426-96-9

『遠野物語』を「いま」に生かす試み！

柳田国男によって100年以上前に書かれた『遠野物語』を、歴史学者が東日本大震災後の現在において読み解いていく。

都市と暴動の民衆史 ―東京・1905-1923年―

藤野裕子［著］

3600円（税別）

A５判・上製・カバー装・320頁

ISBN978-4-903426-98-3

20世紀初頭、民主化のなかで湧き上がった民衆の暴力は、独自の論理と文化をもちながら、やがて排外主義とファシズムへの地ならしとなっていった。名も無き民衆の姿に注目しつつ、新しい歴史学の地平をここに切り拓く。

日韓民衆史研究の最前線 ―新しい民衆史を求めて―

アジア民衆史研究会・歴史問題研究所［編］

6400円（税別）

A５判・上製・カバー装・400頁

ISBN978-4-903426-00-6

日韓の研究者による交流から生まれた民衆史研究の最前線！　多様な民衆を描き出し、新たな民衆史を提示する。

20世紀の戦争 ―その歴史的位相―

メトロポリタン史学会［編］

2600円（税別）

四六判・上製・カバー装・280頁

ISBN978-4-903426-59-4

戦争の時代は、まだ過ぎ去ろうとしない！

20世紀における様々な戦争の歴史から現代を問い直す。

日本近世社会と明治維新

高木不二［著］

5400円（税別）

A５判・上製・カバー装・265頁

ISBN978-4-903426-20-4

マルク・ブロック（アナール派）に学びながら、幕末・維新史を描き直す。日本近世社会はいかにして近代へと転換していくのか！

日本占領とジェンダー —米軍・売買春と日本女性たち—
【フロンティア現代史】

平井和子［著］
4800円（税別）
A５判・上製・カバー装・260頁
ISBN978-4-903426-87-7

占領下、日米「合作」の性政策をジェンダー視点から問い直す！　兵士の性暴力は軍隊が生み出す構造的なものである事を明らかにし、それを支える女性同士の分断を乗り越える道筋を描き出す。

日本帝国と民衆意識

ひろたまさき［著］
2600円（税別）
四六判・上製・カバー装・300頁
ISBN978-4-903426-58-7

日本と世界は「帝国意識」を克服できるのか？
民衆思想史の歩みを自己点検しつつ、帝国意識と民衆との複雑な歴史的関係にメスを入れる。

幕末民衆の情報世界 —風説留《ふうせつどめ》が語るもの—

落合延孝［著］
2500円（税別）
四六判・上製・カバー装・220頁
ISBN978-4-903426-04-1

幕末はすでに情報社会だった！外国船来航、災害、戦争、一揆の蜂起。市井の情報人が残したユニークな記録から、幕末日本の姿を明らかにする"情報の社会史"。

東アジアの政治文化と近代

深谷克己［編］
2800円（税別）
A５判・並製・カバー装・280頁
ISBN978-4-903426-22-8

「ウエスタンインパクト」によって、東アジアは自己変革していった！　民間社会にまで浸透していた政治文化の視点から、東アジアの近代化を再考する。

東アジアの民族的世界 —境界地域における多文化的状況と相互認識—

佐々木史郎・加藤雄三［編］
5200円（税別）
A５判・上製・カバー装・312頁
ISBN978-4-903426-39-6

「日本」の南北に広がっていた民族的な世界。そこで人々はどう生きていたのか。
【人間文化叢書】ユーラシアと日本 —交流と表象—

武装親衛隊とジェノサイド —暴力装置のメタモルフォーゼ—

芝　健介［著］
2400円（税別）
四六判・上製・カバー装・260頁
ISBN978-4-903426-14-3

「ヒトラーのボディーガード」から「絶滅のアルバイター」へ。武装ＳＳは、本当に栄光ある軍事組織だったのか？

プロイセンの国家・国民・地域

割田聖史［著］

―19世紀前半のポーゼン州・ドイツ・ポーランド―

6600円（税別）
Ａ５判・上製・カバー装・384頁
ISBN978-4-903426-52-5

これまでドイツ人とポーランド人の混住地ゆえの民族対立の場とされてきた地域を舞台に、国家と地域の関係・構造を問い直す。

兵士と軍夫の日清戦争 ―戦場からの手紙をよむ―

大谷　正［著］

2300円（税別）
四六判・上製・カバー装・240頁
ISBN978-4-903426-02-5

いま、日清戦争が問い直されている！　出征から異国での戦闘、「他者」への視線、そして最初の植民地戦争へ。戦地から届いた兵士たちの声は何を語るのか。

兵士はどこへ行った ―軍用墓地と国民国家―

原田敬一［著］

2600円（税別）
四六判・上製・カバー装・330頁
ISBN978-4-903426-68-6

戦死者追悼のあり方は、本当に世界共通なのか？世界各地の「軍用墓地」調査を通して見えてくる様々な追悼の姿から、戦死者と国家・国民のあるべき関係をあらためて考える。

民族浄化・人道的介入・新しい冷戦

塩川伸明［著］

―冷戦後の国際政治―

2800円（税別）
Ａ５判・並製・カバー装・330頁
ISBN978-4-903426-40-2

マスコミが報道する「国際政治」の姿は真実なのか？正邪・善悪の二元論ではない、冷静な分析から新しい世界の見方を提示する。

明治維新史研究の今を問う

明治維新史学会［編］

―新たな歴史像を求めて―

3600円（税別）
Ａ５判・上製・カバー装・300頁
ISBN978-4-903426-43-3

明治維新とは何だったのか。この日本史上最大の変革の意味を、今、改めて考える。

明治維新史論へのアプローチ

佐々木寛司［著］

―史学史・歴史理論の視点から―

3800円（税別）
Ａ５判・上製・カバー装・280頁
ISBN978-4-903426-94-5

明治維新を問い直すことは、「日本の近代」の内実を問い直すことである。近代に理想的＝純粋培養的な社会など存在しないのだから。

明治維新の国際舞台

鵜飼政志［著］

2600円（税別）
四六判・上製・カバー装・320頁
ISBN978-4-903426-89-1

ペリー来航をめぐる国際関係から、1875～76年頃まで、明治維新の歴史を国際的視野から見直し、今も続く「国民の物語」という歴史像を解体する。

明治国家と雅楽 ―伝統の近代化／国楽の創成―

塚原康子［著］

【2009年度　田邉尚雄賞受賞】

5200円（税別）
Ａ５判・上製・カバー装・270頁
ISBN978-4-903426-29-7

近代日本音楽の創成！雅楽制度を改革し、西洋音楽を兼修して、伝統と近代とをつないだ人びとの実像を描く。

遊女の社会史 ―島原・吉原の歴史から植民地「公娼」制まで―

今西　一［著］

2600円（税別）
四六判・上製・カバー装・280頁
ISBN978-4-903426-09-9

日本の「性的奴隷」制の歴史を、遊女・遊廓史から解明する。新しい解釈や新史料を使った、本格的な廓《くるわ》の歴史。

吉野作造の国際政治論

―もうひとつの大陸政策―

藤村一郎［著］

5200円（税別）
Ａ５判・上製・カバー装・296頁
ISBN978-4-903426-51-8

大正デモクラシーをリードした吉野作造。彼の闘いは理解されてこなかった。近代日本のリベラリズムはアジアにいかなる希望を残したのか？

リベラリズムの中国

村田雄二郎［編］

6200円（税別）
Ａ５判・上製・カバー装・352頁
ISBN978-4-903426-46-4

かつて中国には「自由」を求める揺るぎない潮流が存在していた。新しい中国近現代史を切り拓く共同研究の成果をここに提示。

私たちの中のアジアの戦争

―仏領インドシナの「日本人」―

吉沢　南［著］

2600円（税別）
四六判・上製・カバー装・274頁
ISBN978-4-903426-33-4

「アジアと日本にとって、あの戦争とは何だったのか」「日本人とは誰か」― 今、改めて考える、戦争体験のオーラルヒストリー。

目下品切 (価格は税別)

核兵器と日米関係 ―アメリカの核不拡散外交と日本の選択 1960―1976―
黒崎 輝［著］ 【2006年度 サントリー学芸賞受賞】 4800円 A5判・上製・320頁 ISBN978-4-903426-01-7

移民・難民・外国人労働者と多文化共生 ―日本とドイツ／歴史と現状―
増谷英樹［編］ 2800円 A5判・並製・240頁 ISBN978-4-903426-23-5

植民地朝鮮／帝国日本の文化連環 ―ナショナリズムと反復する植民地主義―
趙寛子［著］ 4800円 A5判・上製・310頁 ISBN978-4-903426-08-2

ボスニア内戦 ―グローバリゼーションとカオスの民族化―
佐原徹哉［著］ 3200円 四六判・上製・460頁 ISBN978-4-903426-12-9

明治維新を考える
三谷 博［著］ 2800円 A5判・並製・256頁 ISBN978-4-903426-03-7

満洲国と日本の帝国支配
田中隆一［著］ 5600円 A5判・上製・320頁 ISBN978-4-903426-10-5

植民地朝鮮の警察と民衆世界 1894-1919 ―「近代」と「伝統」をめぐる政治文化―
愼蒼宇［著］ 6200円 A5判・上製・363頁 ISBN978-4-903426-18-1

「村の鎮守」と戦前日本 ―「国家神道」の地域社会史―
畔上直樹［著］ 6200円 A5判・上製・368頁 ISBN978-4-903426-26-6

イギリス帝国と帝国主義 ―比較と関係の視座―
木畑洋一［著］ 2400円 四六判・上製・カバー装・260頁 ISBN978-4-903426-13-6

もうひとつの明治維新 ―幕末史の再検討―
家近良樹［編］ 5000円 A5判・上製・カバー装・270頁 ISBN978-4-903426-05-1

明治維新と世界認識体系 ―幕末の徳川政権 信義と征夷のあいだ―
奈良勝司［著］ 6400円 A5判・上製・カバー装・360頁 ISBN978-4-903426-35-8

戦時体験の記憶文化
滝澤民夫［著］ 5600円 A5判・上製・カバー装・330頁 ISBN978-4-903426-15-0

＊今後の出版予定 (書名は仮題)

地租改正と明治維新……………………………佐々木寛司著
キューバ革命 1953～1959年……………………河合恒生著
明治維新の政治と人物 (明治維新史論集1) ……明治維新史学会編
田中正造論……………………………………三浦顕一郎著
天皇墓の政治民俗学……………………………岩田重則著
初期社会主義の地形学 (トポグラフィー) ………………梅森直之著
在日朝鮮人と「祖国」……………………………小林知子著
戦後の教育経験…………………………………大門正克著

＊書店様へ

●当社の契約取次店は、
トーハン（取引コード　８６２０）
JRC（人文・社会科学書流通センター）
八木書店
です。

トーハン　電話：03-3269-6111（代）

JRC（人文・社会科学書流通センター）
電話：03-5283-2230　FAX：03-3294-2177
メール：info@jrc-book.com

八木書店
電話：03-3291-2968　FAX：03-3291-2962
メール：dist@books-yagi.co.jp

＊また、お客様からのご注文には柔軟に対応しております。
弊社へ直接ご注文ください。
在庫品は日販・大阪屋含め、どの取次店経由でも出荷できます。

＊JRC の場合は、JRC →日教販→貴店帳合の取次店、のルートで送品いたします。また、八木書店の場合は、八木書店→貴店帳合の取次店、のルートとなります。
いずれも、貴店帳合取次店への搬入は、受注日から２～３営業日後となります。
なお、直接、JRC・八木書店までご注文いただいても構いません。

＊また、新刊の刊行ごとに、その案内（注文書付き）を送ってほしいという場合は、その旨ご用命ください。
FAX にて送信させていただきます。

有志舎　担当：永滝（ながたき）
電話　03-3511-6085　　FAX　03-3511-8484
メール　yushisha@fork.ocn.ne.jp

＊読者の皆様へ（書籍のご購入にあたって）

●小社の出版物は、最寄りの書店でお求めになれます。店頭に見当らない場合は、書店にご注文ください。どの書店からでもご注文可能です。

●書店でご注文できなかった場合は、直送のご注文も承っております。お手数ですがＦＡＸ、または電子メールにて小社宛てお申し込みください。１冊であれば、原則として郵便局の「ゆうメール」でお送りしますので、送料は１冊350円です（ただし本の厚さによって変わります）。発送から到着まで３～４日かかりますのでご了承下さい。

●ゆうメールは、ご家庭のポストへ届けさせていただくもので、原則として受け取りのサインは必要はなく、ご不在時でも荷物が届きます。ただし、ポストに入らなかった場合は不在連絡票が入ります。到着日・曜日などの指定はできません。ご了承願います。

●商品と一緒に、納品書兼請求書・郵便振替用紙（振込手数料は当方負担）をお送りしますので、商品が届き次第お振込みをお願いします。

●なお、一度に２冊以上をご購入の際には、代金先払いとなります。先に請求書と振込用紙をお送りしますのでそれで代金・送料をお振り込み下さい。入金が確認出来次第、商品をお送りします。あらかじめご了承ください。

●ご購入申し込み先

ファクス　03-3511-8484
電子メール　yushisha@fork.ocn.ne.jp

※ ご注文の際には、
ご注文書名
冊数
お名前
ご住所
お電話番号
を忘れずにご記入ください。

なお、ご記入いただいた購入者情報は、ご注文いただいた書籍の発送、お支払い確認などの連絡、及び小社の新刊案内送付のために利用し、その目的以外での利用はいたしません。また、ご記入いただいた購入者情報に変更が生じた場合は、小社までご連絡ください。

有限会社
有志舎
〒 101-0051　東京都千代田区神田神保町 3-10、宝栄ビル 403
TEL：03-3511-6085　FAX：03-3511-8484
E-mail：yushisha@fork.ocn.ne.jp

有志舎のホームページ
http://yushisha.sakura.ne.jp

者は日本製カキ缶詰の輸入に反対し、一九五九年に開催された第八六連邦議会の上下両院には汚染貝類の輸入禁止法案が提出され、日米両政府は一九六二年に貝類衛生協定を締結している。[*5] アメリカでは一八世紀にカキが食されるようになると、北東部の州で収穫されたカキが全米へ輸出されていたが、一九二〇年代にチフスが流行して以来、カキが生育する水域の水質管理基準が大腸菌の量をもとに定められ、これがカキの州際通商に適用されてきた経緯がある（Hunt 1977, 338）。貝類衛星協定により、一九二〇年代に定められた大腸菌の衛生基準が日本におけるカキ養殖場にも適用されたわけであるが、これは日本製カキ缶詰について問題となったのがあくまでも漁場における大腸菌の量であり、放射能汚染ではなかったことを示している。[*6]

2　アルファ線をめぐる議論

矛盾した放射能政策

以上、連邦政府はドナルドソンから残留放射能による低線量内部被ばくの報告を受ける一方で、広島県産カキを主原料とする日本製カキ缶詰の放射能汚染を問題視しなかった状況を見てきた。なぜ、連邦政府はそのような矛盾した行動をとったのだろうか。

この問いを考察するため、残留放射能に含まれる放射能のうち、特にアルファ線をめぐる連邦政府の動きを確認しておきたい。繰り返しになるが、連邦政府は一九七〇年代まで残留放射線の影響を公式に認めなかった。原爆投下後、ＧＨＱは原爆の物理的威力を強調する一方で、残留放射能の影響はないと主張し、検閲によって原爆症に関する報道を厳しく制限した（繁沢敦子　一九六八年）。一方原子力委員会はクロスロード作戦の結果について、主にエーブル実験の結果だけを公表し、多少の放射能汚染は確認されたものの高圧洗浄によって船舶の除染作業は完了したと報告した。そして「核爆発による環境破壊は局地的で放射能は管理可能であることがわかった」と発表したのである（Jessee 2013, 189–190）。残留放射能の影響はないという立場をとる以上、当然広島湾で養殖されるカキにもアルファ線の影響はないということになろう。

従来の研究において、連邦政府が残留放射能の影響をないと主張してきた理由は、原爆被害を過小評価することで日本への原爆投下を正当化するほか、核開発と原子力エネルギーを推進するという政治的観点から説明されてきた。たとえば（高橋博子　二〇〇八年）は、放射能の影響を高線量の被ばくに限定したのは、連邦政府が核兵器は恐ろしくないというイメージを国民に与えるためだったと指摘している。連邦民間防衛局は国民に対し、原爆対策として「ダック・アンド・カバー」を掲げ、爆発の際に「伏せて隠れ」さえすれば、熱射と爆風から逃れられると説明した。このような原爆対策について、高橋は「ダイナマイト対策の域をでていなかった」と評しており、連邦政府は原爆をダイナマイト並みに扱うことで残留放射能の恐ろしさを過小評価していたと指摘する（一八頁）。また（グールド　二〇一一年）は国立がん研究所は原子炉から放出される放射性物質の影響下にある地域を狭く設定することで、被ばくと癌の因果関係を意図的に不明瞭にしたことを、独自に行った疫学的調査をもとに告発した。彼は、「外部被ばくについての過去の知識が、大気中や食餌中に含まれる核分裂生成物の低線量緩慢被爆の影響を過小評価させている事実を認めさせる方途を見つけ出さねばならない」と述べ、連邦政府が外部被ばくばかりを強調したことで内部被ばくによる健康被害が等閑視される結果を招いてきたと告発している（二二五頁）。（スターングラス　二〇〇七年）は、核兵器の効果は爆風、熱、放射線だけでなく、「放射能の死の灰のきのこ雲……は大気圏と成層圏に入り込み、ついには全地球を覆いつくす。これは、生命を殺傷しうる電離放射線を地球にあびせ続け、雨や雪が降るたびに降下してくる放射性元素は、呼吸を通して吸い込まれたり、食物連鎖により人体内に取り込まれる」にもかかわらず、核兵器から誕生した原子力産業に「平和のための原子力」というスローガンが与えられているのは、「世間をあざむき、全原子力産業を守るために使われている常套手段の一つである」と指摘している（一六頁）。さらに低線量の放射線の危険性は「軍部によって、産業界によって、また原子力開発の推進を許可してきた保健当局によって、公然と過小評価されてきた」とも述べている（一六六頁）。ほかにも、原子力委員会は核実験が国民の健康に与える影響にではなく、心理的影響に関心を寄せていたことを指摘する研究もある（Fradkin 1989, 21）。このように、核開発と原子力産業を推進したい政治的思惑ゆえに、残留放射能の影響は過小評価されてきたという指摘は、枚挙にいとまがない。

　たしかに原子力産業をとりまくこうした政治的思惑は否めないであろう。しかし、アルファ線に特化して連邦政府の放射能影響調査に注目してみると、上記の理由からだけでは説明しきれない原子力委員会の動きが浮かびあがってくる。たとえばクロスロード作戦後も、同委員会はワシントン大学応用水産学研究所に委託し、アルファ線の影響調査を継続して実施している。ドナルドソンはクロスロード作戦終了後一年が経過した一九四七年七月から二ヵ月間かけて「ビキニ科学再調査」を実施し、アルファ線がプランクトンの体内にとりこまれ、環礁内の生態系に拡散している状況を報告した。この報告について、原子力委員会は「核爆発は地球とそこに住む動物に対し、とるにたらないような、一時的な混乱を招いたが、一年後にその影響はほとんど認められなかった」と公表しており、明らかに残留放射能の影響を過小評価した（AFSWP 1947, 102 (1)、傍点は筆者）。しかし不思議なことに、その後も核実験場を行うたび、ドナルドソンに調査を依頼している（Hines 1962, 90）。一九五四年のブラボー実験では「第五福竜丸事件」が起こり、原子力委員会みずからが残留放射能の影響調査を実施し、初めて残留放射能の影響を認めた。そのときも原子力委員会は、ブラボーは地表近くで爆発したために放射性物質がサンゴの破片とともに降下したのであり、したがって今回の残留放射能被害は例外である、十分な高度で炸裂すれば放射能は大気圏内を拡散するため、残留放射能の影響は無いという立場を固持した。結局、原子力委員会は残留放射能の影響を公式に認めないまま大気中核実験は安全であると主張し、一九五八年までマーシャル諸島の核実験場で大気圏内核爆発を続けたわけであるが、その一方で一九七七年まで、ドナルドソンをつうじてアルファ線による内部被ばく調査を継続して行っていたのであった。以上の経緯から、原子力委員会は、おもてむきには残留放射能の影響は無いとしながらもアルファ線の影響に特別の関心を寄せていたことは明らかである。しかも調査はドナルドソンに依頼し続けていることから、同委員会が放射能の安全性を強調するためにドナルドソン報告を無視したとは考えにくい。

「放射能とともに生きる」

では、なぜ原子力委員会は残留放射能の影響を過小評価したのだろうか。以下、放射能汚染された飲料水の除染をめぐる議論をふまえながら考察を行うこととする。

マンハッタン計画開始以来、一部の政府関係者は放射性物質が環境に与える影響を懸念していたが、第二次世界大戦後、公に核開発が行われるようになると、国家軍事省(当時)は公共事業や公衆衛生行政に従事する人々から放射能が水質に与える影響について情報提供を求められるようになった。これを受けた同省が原子力委員会に対して飲料水の除染技術を開発するよう要求したことで、「民間人と軍人が利用する放射能汚染された水の除染に関する研究プログラム」が立案された。原子力委員会は国家軍事省のほか、オークリッジ国立研究所や公衆衛生局とともに、飲料水の除染についての検討を開始した。オークリッジ国立研究所は、すでに大戦中、マンハッタン計画の放射性廃棄物が水質に与える影響を調査していた実績があり、一方公衆衛生局は、食品の安全を監督する立場にあったからである。オークリッジ国立研究所が提案したプロジェクト案をたたき台として原子力委員会が一九四九年六月三〇日に開催した「上水の除染研究に関する会議」の議事録をもとに、同委員会の「放射能観」を検証してみたい。

特に注目したいのは、原子力委員会が放射性物質を「新しい汚染物質」と認識し、「放射能との共生」を「この会議の重要なポイントのひとつ」として挙げていることである。同委員会は産業廃棄物による水質汚染対策として、化学物質や細菌を除去して水質浄化する方法が開発されてきた歴史に触れながら、「原子力エネルギー産業が成立し、その生産物が将来の戦争で使用される可能性があることから、新たな汚染物質としての放射能を考慮しなければならない」と述べている（AEC 1949, 213）。つまり、原子力委員会は細菌や化学物質の管理手法を踏襲して、放射性物質を管理する技術の開発を模索していた。

二度目に開催した会議ではその具体的方法が検討され始め、特に「飲料水の放射能汚染における安全な範囲およびそのような物質を測定し、除去する方法についての情報」が必要とされている。注目すべきは「原子力委員会には、民間人や軍当局にそうした基準が必要であると思わせる責任がある」と述べて、放射能汚染水対策としてしきい値の設定を推進していることである（AEC 1949, 13）。

しきい値とは、それ未満であれば有毒物質に暴露しても、長期にわたって健康被害が起こらないレベルのことで、もともと一九三〇年代に毒性学で示された概念である。毒性学は、化学物質が生体に取り込まれ、吸収や排せつの過程で体内組織との相互作用によって生じる有毒反応を研究する学問である。換言すると、毒性学では人間は物質から影響を受けることが前提とされており、人間をとりまく環境は物質を媒介する「場」であった。その結果、健康被害を防ぐためには暴露量がしきい値以上とならないように有害物質を媒介する「場」を管理することが防御策とされ、その実施が近代国家における衛生行政の始まりとなった。有毒な化学物質を扱う工場で働く労働者に換気や手洗いなどの衛生管理が義務づけられたのは、工場という閉鎖された空間が有毒物質を媒介する場にほかならなかったからである。毒性学で成立したしきい値という概念は、X線による放射線防御にもとりいれられ、保健物理学で耐容線量が研究された。

近代的自然観としきい値

以上のように原子力委員会では、毒性学の手法を踏襲して放射能汚染水による内部被ばく問題を解決することが検討されていた。これにかんする議論の過程から、原子力委員会の放射能観を考察したい。

繰り返しになるが、しきい値は、健康被害を回避するうえで有毒物質に対する許容量の最大値である。したがって人間は有害物質に対する暴露量がしきい値以上とならないよう、有害物質を媒介する環境（場）を管理する。つまりしきい値という概念が前提とする人間とは、物質から影響を受ける存在であり、物質を媒介する環境を管理する存在なのである。したがってこの概念は、自然は人間に影響を与えることはなく、人間に管理されるものだという自然観に支えられている。

こうした人間中心的な自然観の起源は一九世紀末に成立した細菌学にその起源が求められるため、便宜上「近代的自然観」と呼ぼう。近代以前、人間は自然から影響を受けると考えられていた。たとえば人類を長らく苦しめてきた世界三大感染症のひとつであるマラリアの病名がイタリア語で「悪い空気（mal aria）」に由来していることが示唆するとおり、人間は瘴気に触れることで伝染病に罹患すると考えられてきた。コレラも同様に、不潔な空気や水によって感染すると考えられていた。だが一九世紀末に細菌学が成立し、原虫や細菌などの病原体が発見されると、病原体という物質によって人間罹患することが明らかにされた。細菌学の発見が近代的自然観の形成を促したわけであるが、原子力エネルギー委員会のいう「放射能との共生」は近代的自然観に立脚していたといえる。繰り返しになるが、近代的自然観では環境は人間に影響を与えない。したがって「はじめに」で紹介したような、核爆弾が空中で爆発した場合、残留放射能は大気に希釈し、人間に影響を与えることはないという連邦政府の主張には、近代的環境観の影響がみとめられるのである。これに対しドナルドソンは、放射性物質が環境中に希釈し、人間に害を及ぼさないという仮定は思いこみにすぎず、確実に生態系内に蓄積して人間に影響を及ぼすことを科学的に実証したわけである。

放射能の追跡調査によって、環境は生物に影響を及ぼすというドナルドソンの発見には、近代的自然観に修正をせまるという文明論的意義があった。生体と環境の相互関係を科学する「放射能生物学」や「放射能生態学」が新たに成立したことは、その証左である（Seymour 1963, 525）。しかし放射能汚染水問題をめぐる議論に鑑みれば、原子力委員会はアルファ線に関心を持つ一方で、放射能汚染水という現実的な問題に対しては浄水場や給水管など仕切られた「場」にある水を、しきい値によって管理するという解決策しか議論していない。結局、原子力委員会では、人間に影響を及ぼすのはあくまでも物質であり、しかもしきい値以下であれば自然が人間に影響を及ぼすことはないという考え方が支配的だったことが窺える。

先に引用した第二回会議で議長デーヴィッド・リリエンソールが、原子力委員会は「一般的に基準というものは利害関係者の妥協の産物であり、また経験知や疫学的証拠に応じて修正することで社会に受け入れられてゆくもの」と述べていることから、原子力エネルギー委員会の政策が「しきい値ありき」あったことが窺える。しかもしきい値は利害関係者の間ですり合わせが行われた後、科学によって権威づけされることで設定されることが想定されていることは、連邦政府のいう「放射能との共生」には国民の健康を守るという視点が欠如していたことを示唆しており、注目される。

水質汚染をめぐる議論で明らかにされた原子力委員会の「しきい値ありき」の原子力政策をふまえ、一九五七年には連邦食品・医薬品管理局によってカキの放射能汚染基準が設置されたことを考えあわせると、食品汚染についても、しきい値にもとづく議論が行われたであろうことは容易に推測される。結局「人間は自然を支配する」という根強い近代的自然観は、広島湾で養殖されたカキの残留放射能汚染が問題化されることを阻んだ要因であった。そして「放射能との共生」がアジア太平洋で幕を開けたのである。

おわりに

本章では、連邦政府の放射能についての自然観がその原子力政策に与えた影響を考察してきた。その結果、残留放射能の影響が度外視された状態でしきい値が設定され、「放射能との共生」が実現した経緯が明らかとなった。アメリカの「南太平洋核実験場」で残留放射能による食品汚染を把握しながら、原爆が投下された広島で養殖されたカキを原材料とする日本製カキ缶詰をアメリカが輸入し、同盟国日本の経済復興を後押ししたことは、残留放射能の影響を無視したまま「放射能との共生」を模索した最初の例ではないだろうか。アジア太平洋は、人類史上、初めて核兵器が実践使用された場所となっただけでなく、初めて放射能との共生が追求された場所にもなったといえよう。

近代的自然観にもとづく原子力政策は、国民の健康を守ることよりも放射能の管理が優先されるという、本末転倒したものであり、放射能の管理が目的化された、国民不在の政策であった。一九五〇年代から一九六〇年代にかけての日米貝類貿易は、人類の幸福を忘れて、数値目標の追求にひた走るという「近代の闇」をはらんだ原子力政策がふみだした一歩であった。

注

＊1 一九四五年の調査にもとづき、国は一九七六年に爆心地から北西方向の南北約一九キロメートル、東西約一一キロメートルの楕円形のエリアを大雨地域、爆心地から大雨地域の外側の北西方向の南北約二九キロメートル、東西約一五キロメートルを小雨地域に指定した。しかし二〇〇八年に広島市と広島県が実施した聞き取り調査によって、実際の降雨面積は大雨地域については六倍、小雨地域も入れると三倍の面積に及んだことが判明した（東海右佐衛門直柄「『黒い雨』範囲三倍か広島市と県　一八四四人体験分析」（中国新聞、二〇一〇年一月二六日）。この調査によると、広島湾へ流入する六本の河川すべてが黒い雨の降雨地域に含まれており、放射性降下物は川をつうじて広島湾へ運ばれたと考えられる。また証言によって、主要な広島湾カキ養殖場のひとつで爆心地西方七キロメートルに位置する草津港に黒い雨が降ったことが明らかになっている。

＊2 広島上空で炸裂したリトル・ボーイが一五キロトンであるのに対し、ビキニ環礁で水中爆発したベーカーは二三キロトンであった。

＊3 ＧＨＱ勧告により、一九四九年にカキ養殖の試験研究体制が整備された。日本の領海は八海区に分けられ、淡水区水産研究所を除き、各海区の水産研究所で水産物の食料化の研究が行われた（水産研究一世紀事業記念出版編集委員会編「水産研究所における水産加工利用のあゆみ」）。

＊4　かきは広島湾のほか大野、能美島、安浦、松永湾、福山湾でも養殖されていたが、一九五五年以降、広島湾の生産量が県生産量の半分以上を占めた。

＊5　H.R.1244, "To prohibit the importation into the United States of polluted shellfish," January 7, 1959; S 2112 "Prohibit importation into the U. S. of polluted shellfish," June 4, 1959.

＊6　冷凍かきの対米輸出振興のため、日本政府がアメリカの公衆衛生局長が「連邦貝類衛生プログラム」で示す衛生基準を順守することで合意した後、直ちに当時の厚生省公衆衛生局長は各都道府県に対して「かきに関する衛生上の指導要領」を発出し、大腸菌群最確数が海水一〇〇mlあたり三〇〇以下の海域でかきの養殖を行うこと、またその測定法はアメリカの検査法に準ずるよう通達した。一九六〇年にカキの大量斃死がおこった広島県では、輸出向生鮮冷凍かき処理業者登録条例ならびに輸出向け牡蠣に関する条例が制定されたほか、その翌年には広島市で初めて下水処理場が整備された。

参考文献

岡垣　茂『広島かき』（広島かき出荷振興協議会、一九七七年）
木村知博・兼保忠之著『広島かきの養殖——主として昭和の発展と問題』（広島かき生産者共同組合・広島かき研究会、二〇〇三年）
楠木　豊『昭和時代の広島カキ養殖』（株式会社呉精版出版、二〇〇九年）
グールド、ジェイ・マーティン著、肥田舜太郎、齋藤紀、戸田清、竹ノ内真理共訳『低線量内部被爆の脅威——原子炉周辺の健康破壊と疫学的立証の記録』（緑風出版、二〇一一年）
水産研究一世紀事業記念出版編集委員会編『水産試験研究一世紀のあゆみ』（二〇〇〇年）
日本会議広島「広島県水産試験場——かき養殖にご関心」（http://jp-pride.com/emperor/hiroshima02.html）（二〇一六年八月三一日アクセス）
高橋博子『封印されたヒロシマ・ナガサキ——米核実験と民間防衛計画』（凱風社、二〇〇八年）
繁沢敦子『原爆と検閲——アメリカ人記者たちが見た広島・長崎』（中公新書、二〇一〇年）

広島県缶詰協会編『牡蛎缶詰』（広島県缶詰協会、一九六八年）

Carriker, M., *Taming of the Oyster: A History of Evolving Shellfisheries and the National Shellfisheries Association*, The Sheridan Press: Philadelphia, 2004.

Donaldson, Seymour A., and Nevissi A., "University of Washington's Radioecological Studies in the Marshall Islands, 1946–1977", *Health Physics*, Volume 73, Number 1, July 1997, 214–222.

Fradkin, P. L., *Fallout: An American Nuclear Tragedy*, University of Arizona Press, 1989.

Frost, H., "Report of committee on the sanitary control of the shellfish industry in the United States," *Public Health Report*, November 6, 1925: Suppl. 53:1–17.

Hines, N. O., *Proving Ground: An Accout of the Radiobiological Studies in the Pacific, 1946–1961*, University of Washington Press, 1962.

Hunt, D., "Indicators of Quality for Shellfish Waters," in Hoadley and Dutka（eds.）, *Bacterial Indicators/Health Hazards Associated with Water*（ASTM Special Technical Publication 635, American Society for Testing and Materials, 1977.

Jessee, E. J., "Radiation Ecologies: Bombs, Bodies, and Environment During the Atmospheric Nuclear Weapons Testing Period, 1942–1965," Ph. D Dissertation, Montana State University, 2013.

Richards, G., "Shellfish-Associated Enteric Virus Illness in the United States, 1934–1984," *Estuaries* Vol. IO, No. 1, p. 84–85 March 1987.

Seymour, A., "Radioactivity of Marine Organisms From Guam, Palau and the Gulf of Siam, 1958–1959," in Schultz and Klement, *Radioecology: proceedings of the First National Symposium on Radioecology held at Colorado State University, For Collins, Colorado, September 10–15, 1961*, Reinhold Publishing Corporation and the American Institute of Biological Sciences, 1963.

Atomic Energy Commission（AEC）, "Draft: A Program for Research in Decontamination of Radioactive Water Supplies for Civilian and Military Uses," *Attachment to Minutes of Conference on Research Program for Radioactive Decontamination of Water Supplies*, June 30, 1949（国立公文書館所蔵 RG181, Box3, S634, S36）.

Armed Forces Special Weapons Project（AFSWP）, "Bikini Scientific Resurvey," Vol. II, *Report of the Technical Director*, 1947.

Strope, W. E., "The Naval Office and Tomorrow's Navy" in *Naval Institute Proceedings*, March 1949.

Division of Sanitation of the Bureau of State Services, Public Health Service, Federal Security Agency, "Manual of recommended practice for sanitary control of the shellfish industry: 1946 recommendations of the Public Health Service," *PHS Publication* No. 33（GPO: Washington D.C., 1950）.

Donaldson, L., "Radiobiological Resurvey of Bikini Atoll During the Summer of 1947," *Report number UWFL-7*, NTA, NV0149057, December 1947.

United States Food and Drug Administration（USFDA）, "National Shellfish Sanitation Program: Guide for the Control of Molluscan Shellfish 2011 Revision," retrieved at http://www.fda.gov/downloads/Food/GuidanceRegulation/FederalStateFoodPrograms/UCM350344.pdf（accessed on August 31, 2016）.

（付記）本章は基盤研究（C）「アメリカ領グアム島の基地内外格差に関する調査研究（平成二四〜二八年度）」（課題番号二四五一〇三四六）の助成を受けて執筆した。執筆に際しては南相馬・避難勧奨地域の会事務局長小澤洋一氏と公益財団法人第五福竜丸平和協会事務局主任市田真理氏に専門的知見をいただいた。ここに記して謝辞を申し上げる。

第2部

日本とアジアとの交流・比較

——「アジア」の実相

第7章

中国の憲法制定事業と日本

金子　肇

はじめに

「中国」を再考する糸口

二〇一二年の日本政府による尖閣諸島国有化、それに端を発した中国各地の反日デモによって、日中両国の関係は極めて厳しい局面に陥った。二〇一四年一一月の日中首脳会談によって緊張緩和の兆しが見えたものの、まだまだ予断を許さない状況が続くと考えてよい。この間、日本では中国を嫌悪したり疎遠に感じたりする感情が、意図的なものから漠としたものまで広く拡散しているように思うが、同時に日中関係の重要性が識者の間で繰り返し強調されているのも周知のことに属する。それは、東アジアと世界に占める中国の国家的プレゼンスの大きさを考えれば当然のことであろう。

だが、より仔細に眺めたとき、日中関係の重要性が強調されるにしても、日本（人）の中国に対する関心は経済面と軍事面に偏りがちで、政治（ここでは差し当たり外交は除外しておこう）については相対的に低いのではないだろうか。日本経済が中国市場の動向に左右される関係にあることや、昨今の南シナ海をめぐる軍事的な緊張が、経済・軍事面への関心を否応なく高めているのは確かである。しかし、それらに反して、多くの日本人の中国政治に対する関心や知識は、「共産党一党独裁」の一語で括られる大雑把なイメージの域を出ていないのではないだろうか。

本章のモチーフは、以上のような日中関係をめぐる雑然とした想いに端を発している。筆者の専門は中国近現代史の研究である。したがって、「アジアから考える」といっても、いきおい「中国」を対象とした、しかも過去の時代を扱う歴史学的アプローチを採ることになるが、ここでは中華民国期（一九一二年~四九年）から中華人民共和国成立（一九四九年）当初に至る立憲政治の展開、とりわけその間に取り組まれた憲法制定事業（以下、制憲事業）を素材として、同時代の中国政治に対する日本（人）の観察とその関心の所在を検討してみようと思う。そうした作業を通じて、われわれ日本人が「中国」を再考する糸口を少しでも見出すことができればと考えている。

近現代中国に憲法・議会は存在したか？

ところで、「近現代の中国に憲法や議会政治は存在した?」と問われ、自信を持って答えることのできる人はどれだけいるだろうか。次節においてやや詳しく紹介するのだが、近現代中国には憲法や議会政治がたしかに存在した。しかし、内戦や対外戦争等の混乱によって、制憲事業は幾度も停止・中断を余儀なくされ、国会が短期的・断続的にしか機能しなかったのも動かしがたい事実であった。ただ、それにもかかわらず強調しておきたいのは、近現代中国において立憲制・議会制の実現を模索する努力は、度重なる挫折を経験しながら執拗に繰り返されていたという今一つの事実である。戦前の日本（人）の中国立憲政治に対する関心の高さは、この事実をよく踏まえていたからだったように思われる。他方、印象の域を出ないが、戦後になると、こうした事実は日本（人）の中国認識のなかで次第に見失われていったのではないかという気がする。

ところで、中国立憲政治に対する日本（人）の関心の背景は、同時代の日本における立憲政治の展開を踏まえて検討する必要があるが、とりわけ制憲事業に注目した場合、日本（人）の関心は以下の三つの時期に高まっていたように思われる。一つは清朝末期から中華民国初年に至る立憲制導入と憲法起草が取り組まれた時期（一九〇〇年代半ば～一九一〇年代半ば）で、日本では大正デモクラシーに突入した時期と重なる。二つめは日中全面戦争前の国民党政権が制憲事業を実施した時期（一九三〇年代）で、当時の日本は五・一五事件（一九三二年）を契機に政党内閣が崩壊していく時代であった。三つめは中華人民共和国成立後に共産党政権が最初の憲法を制定した時期（一九五〇年代前半）であり、日本が日本国憲法の施行（一九四七年）、独立の回復（一九五二年）によって国内的・国際的に戦後の新たな一歩を踏み出した直後の時期に対応している。

以上に示した三つの時期のうち、一つめの時期についてはすでに曽田三郎氏の詳細な研究がある（曽田三郎二〇〇九年、同　二〇一三年）。そこで本章では、残りの二つの時期の制憲事業を対象として日本（人）の関心の所在を考えることにする。

1　近現代中国憲政史の概観

先に指摘したように、近現代中国では内戦・対外戦争等々の政治的混乱によって立憲政治は幾度となく挫折を味わったが、他方において立憲制・議会制の実現という課題は一貫して追求され続けた。本節では、この点を近現代中国憲政史の概観を通じて確認し、本章が取り上げる日中戦争前の国民党政権と人民共和国成立後の共産党政権による制憲事業を、そうした憲政史全体のなかに位置づけておこう。なお、中国憲政史の展開をより詳しく知りたい人は（金子肇　二〇一二年、同　二〇一四年）も参照してほしい。

清朝末期〜中華民国前半期

中国最後の王朝である清朝が一九〇一年から実施した近代的改革を「光緒新政」という。ラストエンペラー宣統帝（溥儀《ふぎ》）の一つ前の皇帝光緒帝の在位中に始まったこの改革は、最大の眼目が伝統的な専制王朝の体制を立憲君主制に改めることにあった。一九〇六年に立憲制の採用が決定され、清朝はイギリス・ドイツ・日本等に視察団を派遣し国情に適合した立憲政治のあり方を学ぼうとした。また、立憲君主制移行に向けた九ヵ年計画が策定され、そのなかで憲法大綱（一九〇八年）の公布、国会の雛型となる資政院の設立（一九一〇年）など具体的な施策が実施に移されたが、一九一一年に起きた辛亥革命によって清朝が滅亡し計画は頓挫してしまった。

辛亥革命の結果、アジア最初の共和制国家として誕生した中華民国は、暫定憲法である「中華民国臨時約法」の下で、北洋軍事・官僚閥を率い大総統（大統領）となった袁世凱と、参議院（臨時議会）で多数を占める宋教仁ら国民党（辛亥革命時の中国同盟会を中心に結党）との対立が深刻であった。袁世凱の権力を抑制するため政府を参議院に従属させようとする国民党と、行政権の自立・強化をめざす袁世凱との対立は、一九一三年に正式国会（第一期国会）が成立した後も解消しなかった。正式国会の成立後、国会の憲法起草委員会が正式憲法の草案（天壇憲法草案）を起草したが、この草案も依然として大総統権力を国会に従属させようとする性格が濃厚だった。

このため両者の対立は決定的となり、一九一三年一一月に袁世凱は国民党の解散を命じて国会の機能を停止させ、翌年には臨時約法を廃止して、新たな暫定基本法として大総統に権力を集中した「中華民国約法」（新約法）を制定した。ところが、袁世凱はさらに立憲君主の座を狙って一九一六年に帝制を復活させたため、共和制擁護を求める声がにわかに高まった。そして、反袁勢力が蜂起するなかで帝制の取消しを余儀なくされた袁世凱は、失意のうちにあっけなくこの世を去り、解体されていた国会は彼の死によって一九一六年八月に臨時約法とともに復活した。

しかし、一九一七年になると、復活した国会はまたもや政府と対立し、袁世凱の後を継いで大総統となった黎《れい》元洪《げんこう》により再び機能を停止されてしまう。この後、国務総理（首相）として政府の実権を握った段《だん》祺《き》瑞《ずい》は、従来の国会を復活させず、新たに議員選挙を実施して国会を抜本的に改造しようとした。こうして、一九一八年八月に成立したのが第二期国会である。通常、それまでの国会を「旧国会」、新たに組織された国会を「新国会」と呼んでいる。だが、この新国会も、一九二〇年に起きた安直戦争（軍事閥の安徽派と直隷派の内戦）によって安徽派が惨敗したため消滅し、直隷派の支持の下で一九二二年に旧国会が再度の復活を果たした。ところが、この旧国会も、賄賂を受け取って直隷派の軍人曹錕《そうこん》を大総統に選出したため権威を失墜させてしまう。そして、一九二四年に直隷派政権が瓦解した後、臨時執政として再び政権の座に就いた段祺瑞が、翌二五年初めに臨時約法と同約法に根拠を置く国会の失効を宣言する。

以上のような紆余曲折をへて、中華民国の国会は制度として完全に消滅したわけだが、この間国会によって担われた制憲事業もまた変転極まりなかった。旧国会は袁世凱の死によって復活した後も天壇憲法草案を基礎に起草作業を進め、新国会もまた独自の憲法草案を作成したが、いずれも公布に至らなかった。だが、一九二二年に再度復活した旧国会は新たな憲法草案を起草し、一九二三年にはついに「中華民国憲法」が公布された。ところが、大総統曹錕に因んで「曹錕憲法」と呼ばれたこの憲法の実効性はほとんどなく、次いで段祺瑞の執政政府も一九二五年に別の憲法草案を起草するが、これもまた国民党と共産党が合作して推進した国民革命によって葬り去られる運命にあった。

中華民国後半期〜中華人民共和国成立初期

一九二七年四月に同盟関係にあった共産党を排除して成立した国民党の南京国民政府（蔣介石政権）は、翌二八年に一応の全国統一を達成する。後述するように、国民党は創始者孫文の憲政理論に基づく「五権憲法」構想の実現をめざすのだが、その構想の特徴は西欧的立憲制を克服しようとするところにあった。孫文は、立憲共和政治を実現する前に「訓政」という国民党一党独裁の政治段階を想定した。このため、孫文の後継者となった蔣介石は、一九二九年に訓政期間を一九三五年までの六年間と定め、一九三一年には訓政期の暫定憲法である「中華民国訓政時期約法」を制定した。さらに国民党は、満洲事変（一九三一年）以降、日本の軍事侵略が深刻化するなかで一九三三年から正式憲法の起草に着手し、一九三六年には五権憲法構想に立脚した憲法草案を公布した。この憲法草案は、五月五日に公布されたため「五五憲草」と呼ばれたが、翌三七年の日中全面戦争勃発によって正式憲法の制定は延期され戦後に持ち越されることになった。

戦後の中国政治において発言力を高めたのは、日中戦争中に力をつけた共産党と西欧的議会政治を標榜する民主党派であった。国民党は一九四六年に共産党・民主党派とともに政治協商会議を開き五五憲草の修正原則を決定した。しかし、この修正原則は五権憲法の枠組みを三権分立の西欧的立憲制へと変えるものだったため国民党内部で反発が強まり、それを批判する共産党と民主党派中もっとも力のあった民主同盟が五五憲草の修正作業から離脱していった。以上の経緯をへて一九四七年元旦に公布された「中華民国憲法」は、政治協商会議の五五憲草修正原則が求めた議院内閣制的な要素を可能な限り残すものとなっており、同憲法の下で立法院が国会として機能し始めた。ところが、この憲法も、国民党が一九四六年夏から本格化した共産党との内戦に敗北したため、「中華民国」もろとも台湾に移転していかざるをえなかった。

国民党の中華民国に替わって中国を統治したのが、一九四九年一〇月に成立した共産党の中華人民共和国である。成立当初は暫定憲法として「中国人民政治協商会議共同綱領」があったが、一九五四年に「中華人民共和国憲法」が制定され、国家の根幹は民主集中制（選挙に基づき選出された指導部による集権的政治運営）と人民代表大会制度によって支えられることになった。中華民国憲法下の立法院が西欧的議会の系譜を引いていたのに対し、全国人民代表大会は、立法権を行使するだけでなく司法・行政の両権まで従属させる「議行合一」の国会であり、その点でソ連のソビエト制度の系譜に属していた。

2　日中戦争前夜の五権憲法構想と日本

さて、以上の中国憲政史のなかで本章が対象とするのは、日中戦争前の五五憲草に結実する国民党の制憲事業と、人民共和国成立後の中華人民共和国憲法に対する日本（人）の観察と関心の所在である。本節では、国民党の制憲事業を扱うが、まず予備知識として孫文の「五権憲法」構想について簡単に説明しておこう。

孫文の立憲国家構想

中国革命の指導者として高校の教科書でも必ず出てくる孫文だが、彼が特異な立憲国家構想を抱いていたことは案外知られていないのではないだろうか。孫文は、中国革命の発展を三つの段階に分けて考えた。まず革命的な軍事政権の指導の下、革命戦争によって敵を打ち破る「軍政」の段階である。通常、革命の敵を一掃して政権を獲得したら次は民主的政治体制の構築に取りかかるべきだと思うが、孫文はそう考えなかった。憲法に基づく立憲共和制の段階である「憲政」に移行する前に、彼は国民党独裁の下で国民を政治的諸権利が活用できるよう訓練する「訓政」という段階を想定したのである。そして、国民が憲政を運営するだけの政治的能力を身につけたと判断されれば、国民の代表を召集して憲法を制定し、国民党は諸権利を国民に返還して「憲政」の段階に移行する。この移行に際して制定されるのが、五権憲法構想に基づく憲法にほかならなかった。つまり、孫文の言う「憲政」とは五権憲法に基づく立憲政治を意味していた。

孫文は、その「憲政」期に国民の代表からなる国民大会を組織して、政府の役人を選挙し罷免する権利（選挙権・罷免権）、法律を制定する権利（創制権）、政府が公布した法律を再審する権利（複決権）を与えようと考えた。国民（つまり国民大会）は、この四つの権利を使って政府をコントロールするわけだが、「憲政」期に組織される政府は相互に独立した五つの機関――政務を執行する行政院、立法業務（法律の起草・審議）を担当する立法院、司法業務を担当する司法院、さらに政府役人を選考する考試院、役人の弾劾を担当する監察院――からなる政府、即ち「五権政府」と呼ばれた。

先に触れたように、孫文の後継者となった蔣介石は訓政の期間を一九二九年から三五年までと定めたが、「憲政」実施に向けた制憲事業は一九三三年から始まっていた。こうして一九三六年五月五日に公布された憲法草案＝「五五憲草」は、たしかに孫文の五権憲法構想に立脚していたが、実際のところは五権政府をコントロールするはずの国民大会の権力は制限され、総統（大統領）に蔣介石が就任することを見越して、執行権の中枢を構成する総統と行政院の権力を強化することが目論まれていた。それでは、この五五憲草を当時の日本（人）はどのように観察していたのだろう。

中華民国法制研究会と宮澤俊義・田中二郎

日本で五五憲草の起草工作とその内容に注目したのは中華民国法制研究会であった。この研究会は、一九三〇年に東京帝国大学法学部の若手研究者を中心に結成された組織で、戦後の幣原《しではら》喜重郎内閣の国務大臣として憲法草案（松本試案）を作成したことで有名な松本烝治が会長を務めていた。同研究会は、南京国民政府成立後に公布された重要法令の翻訳・紹介や調査・研究を目的とし、会員には我妻栄・川島武宜・田中耕太郎・小野清一郎ら錚々たる学者が名を連ねていたが、本章に関係するのは国法（憲法・行政法）部門の調査・研究を担当した宮澤俊義と田中二郎の二人である（西英昭　二〇〇六年）。

宮澤と田中は「天皇機関説」で有名な憲法学者美濃部達吉の弟子で、戦後はそれぞれ日本の憲法学界と行政法学界に多大な影響力を持った法学者として知られている。二人が五五憲草の調査・研究に着手したのは、一九三四年一〇月一六日に南京国民政府立法院を通過した同憲草第一次草案の注釈を担当してからである（当時、同政府は「憲政」に移行するのを待たず立法院を含む上述の五院を組織していた）。その成果は一九三五年に（宮澤俊義・田中二郎　一九三五年）として公刊されたが、翌年には正式に公布された五五憲草を解説した（宮澤俊義・田中二郎　一九三六年）を、さらに日中戦争勃発後の一九三七年には、より世界的な憲法の潮流を踏まえて中国憲政の将来を展望した（宮澤俊義・田中二郎　一九三七年）を刊行している。

会長の松本烝治は、国民党の制憲事業に注目した理由を、第一次草案を解説した（宮澤俊義・田中二郎　一九三五年）の序文において、「孫文の祖述に係はる三民主義の政治理想と、五権分立の憲法理論を経緯として本草案を作製したる以上は、民国新法制の研究を以て其使命とせる本会に於ては、……此際直に注釈書を公刊し、之を我邦及び支那と法系を同じくする満洲国の学界一般に紹介すると同時に、民国の立法院当局者に対しても、我邦学界の最高権威者が其立案に係はる本草案につき如何なる注釈と批判を敢てしたるかを知らしむることは、最も意義ある事業と謂《い》ふべきである」と説明している（序文二～三頁）。ちなみに、五五憲草の第一次草案を注釈した（宮澤俊義・田中二郎　一九三五年）は南京国民政府立法院に贈呈され、立法院院長であった孫科（孫文の息子）からは、「本会が終始純学者的態度に於て民国の国法を研究し来れるに感佩しつゝありとの旨」を述べた礼状が寄せられたという（宮澤俊義・田中二郎　一九三六年　序文一頁）。

宮澤・田中の五五憲草観

では、宮澤と田中は五五憲草をどのように観察していたのだろうか。彼らは、五五憲草を支配する最大の原理が「執行権の強化」にあると見た。たしかに「執行権の強化」という指摘は、既述のように総統となる蒋介石の権力を強くした五五憲草の特徴として的確なのだが、それは五五憲草だけの観察から導き出されたものではなかった。宮澤と田中の次の主張——「現代の国際社会に生存する国家の憲法は端的に独裁政を採用するか、さもなければ伝統的な立法権の優越を廃棄して執行権の強化乃至優越を其の原理としなくてはならぬ」（宮澤俊義・田中二郎　一九三六年　一四頁）、「伝統的な・《ママ》立法権の優越を原理とする憲法は現在の国際的ならびに国内的社会情勢にもはや適合しない。程度の差こそあれ、執行権の優越が今日の憲法の原理とせられなくてはならぬ。民国の制憲工作過程においてもこの鉄則は十分に自らを主張している」（同上　一七頁）——等から分かるように、彼らにとって「執行権の強化」とは中国に限らない世界的な憲法の趨勢であった。

宮澤と田中は、孫文の民権主義・五権憲法の理論を「十九世紀的立憲主義」の思想系統に属するものと見做していた（宮澤俊義・田中二郎　一九三七年　六頁）。二人によると「十九世紀的立憲主義」は、民意の政治への反映を重視する民主主義的要請と、権力の分立ないし抑制を重んじる自由主義的要請との結合によって特徴づけられる（宮澤俊義・田中二郎　一九三六年　一～三頁）。とすれば、五権憲法構想に立脚する国民党の制憲事業も執行権を抑制する見地に立つべきなのだが、当時の国民党内部では、南京国民政府を握る蒋介石らが自分たちの権力を強化するため「執行権の強化」を求め、逆に蒋介石に反対する勢力は蒋の権力を削ぐため立法権の優位を主張する傾向にあった。国民党の制憲事業は、両派の政治的抗争の意味合いを帯びていたわけだが、宮澤と田中はそうした政治的対立の次元を超えて、五五憲草の確定に向けた制憲事業のなかに、「執行権の強化」という当時の世界的な憲法潮流を読み取っていたのである。

　こうした観点は、日中戦争勃発後に公刊された（宮澤俊義・田中二郎　一九三七年）においても維持されている。そればかりか、戦前の両注釈書における「執行権の強化」という表現は、より強い表現に変わっている。宮澤と田中が、日中戦争によって中国が日本に併呑されると考えていたのか、あるいは日本の傀儡と化した国民党政権が樹立されると見ていたのか判然としない。だが、戦争により国民党の制憲事業が水泡に帰した条件の下で、将来作られるであろう政治体制を、彼らは五権憲法構想が「現代の国際情勢における民国の地位に適合する」方向に修正され、「現代諸国においてみられる議会制の凋落と権威制の台頭」に影響された色彩を帯びると見ていた。「近い将来において孫文的三民主義・五権憲法の理論が経験するであらう変遷はかような世界的大勢に応じて多かれ少なかれ権威主義的色彩を身に着けるであらう」（同上　七頁）、あるいは「現実には何らかの形態における権力統合的体制が近い将来の中華民国においては支配的であらうと想像するのがもつとも妥当」（同上　一七〇頁）という主張は、その点を明示するものである（傍点は金子）。

　中華民国法制研究会が国民党の制憲事業に注目した学術的な理由については、先に同会会長であった松本烝治の言を引いておいたが、他方において松本が「我日本は明治以降憲法政治を実行し、以て愈々固有の国体を発揚し来つた。……憲法政治運用の実際に付ては我国の過去半世紀間に於ける経験にして之を民国に移して其参考資料とすべきもの蓋し少からざるものがあるであらう。之にも優りたる良資料が世界何れの国にあるであらうか」（宮澤俊義・田中二郎　一九三六年　序文四～五頁）と誇らしく述べていたように、明治以来の立憲国家建設の経験者という自負が、同研究会のメンバーにあったことも併せて指摘しておくべきだろう。ただし、日中戦争が始まると、戦争によって中国に誕生すべき新政治体制の帰趨は「隣邦四億の死活に関し又我日本帝国の安寧と利害に関するものである」（宮澤俊義・田中二郎　一九三七年　序文三頁）というように、松本は国策・国益的な関心も前面に出すようになるのだけれど。

それはさておき、先に紹介した宮澤と田中の見解からは、松本のいう憲政の先達としての自負とはまた違った想いを読み取れないだろうか。一九三〇年代の世界史はヨーロッパにおけるファシズムの潮流によって特徴づけられるが、これを彼らは「ヨーロッパ諸国における権威主義体制の流行」（宮澤俊義・田中二郎　一九三六年　一五七頁）と呼んでいた。五五憲草に「執行権の強化」という世界的な憲法の潮流を発見した宮澤と田中は、日中戦争の勃発後になると、既述のように、「執行権の強化」をめざす国民党の体制が世界的趨勢である「権威主義体制」＝ファシズム的方向に進んでいくであろうと予測していたのである。彼らが国民党の制憲事業を観察していた一九三〇年代当時の日本は、あたかも五・一五事件（一九三二年）によって政党内閣時代が終焉し、二・二六事件（一九三六年）をへて日中全面戦争の勃発（一九三七年）へと向かう時代であった。誇るべき明治以来の憲政が崩壊しファシズム的政治へ日本が向かう地平から、彼らは立憲政治が勃興しつつあった中国を注視していたのである。中国の憲政が「執行権の強化」からファシズム的方向に進むという宮澤と田中の予測には、二人が目の当たりにしていた日本憲政の末路が二重写しになっていたのかもしれない。

3　中国共産党の一九五四年憲法と日本

本節では、中国共産党によって制定された「中華人民共和国憲法」に対する日本（人）の観察と関心の所在を検討していくが、その前に中華人民共和国成立から同憲法制定に至る政治の流れをごく大づかみに紹介しておくことにしよう。

中華人民共和国の成立と社会主義化

一九四九年一〇月に成立した人民共和国は、すでに述べたように、一九五四年に正式な憲法が制定されるまで、暫定基本法である「共同綱領」の下で中央人民政府委員会が独占的に行政・立法・司法の三権を行使した。しかし、この中央人民政府には民主党派の知識人も参画していたように、人民共和国成立当初の共産党は政権を独占していたわけではなく、また緩やかな社会主義経済への移行、資本主義経済との長期共存を目標として掲げ、私営企業の存在も許容していた。ところが、一九五〇年六月から始まった朝鮮戦争に同年一〇月から参戦したことで、共産党の指導者であった毛沢東は社会主義の早期実現へと方針を大きく反転させていくことになる。

朝鮮戦争に参戦して以降、国民党の残党摘発と治安秩序の統制を主目的とした「反革命鎮圧運動」が推進され、「反革命分子」と見做された一五〇万もの人が逮捕され五〇万人が処刑されたという。また、一九五一年九月から知識人の思想改造が進められ、共産党のイデオロギー統制が強まった。さらに、一九五一年末から五二年初めにかけては「三反五反運動」が展開された。「三反」が政府・国営機関幹部の汚職、浪費、官僚主義に反対することを意味したのに対し、「五反」は私営商工業者の賄賂、脱税、国家資材の窃取、生産等の手抜き・ごまかし、経済情報の盗取に反対するという名目で運動が展開され、これによって民間企業に対する政治的な監視・統制が強化された。

このように、共産党の独裁色が濃厚になるのと並行して、経済の社会主義的改造のため政治的・社会的環境が整えられていった。一九五四年から五六年にかけては、「公私合営」(国家と民間資本による共同経営)という形をとって私営企業の集団化・国営化が強行され、一九五六年からは農業の集団化も開始された。こうしたなかで、社会主義に向かう過渡期の憲法として一九五四年九月二〇日に公布されたのが、本章が注目するもう一つの憲法――中華人民共和国憲法（以下、一九五四年憲法）であった。

一九五四年憲法の規定によれば、国会に当たる全国人民代表大会（以下、全人代）は「最高の国家権力機関」であり、全人代に対して責任を負う国務院（行政）、最高人民法院（司法）、最高人民検察院（検察）等の国家諸機関を隷属させていた。また、国家元首は共和国主席と全人代の常設機関である常務委員会が共同で担当することになっていたように、憲法上において全人代の権限はたしかに強大であった。だが、憲法上の規定とは裏腹に、共産党は巧妙な選挙統制と選挙操作によって全人代の代表構成を意のままにできたので、国家機構の頂点に立つ全人代は有名無実となり、実際は政権を独占する共産党の独裁が安定的に保証される仕組みとなっていた。

一九五四年憲法に注目する日本外務省

日本において、この一九五四年憲法をいち早く分析したのは外務省であろう。その成果は、同憲法が公布された翌月の一〇月二九日に（外務省アジア局第二課　一九五四年ａ）として公にされた。もっともアジア局第二課は、一九五四年憲法公布前から中国共産党の制憲事業に注目し、公布二ヵ月前の七月二一日には（外務省アジア局第二課　一九五四年ｂ）を刊行している。つまり、同憲法の草案段階からすでに分析を進めていたわけで、一〇月に刊行された方は七月に出たものの改訂増補版であった。では、外務省が一九五四年憲法に注目した理由はどこにあったのだろう。以下、一〇月刊行の（外務省アジア局第二課　一九五四年ａ）に基づいて考えてみることにしよう。

アジア局第二課が何より問題にしたのは、中国共産党が社会主義化に向けて進める「近代工業国の建設と中国社会の大改造」が、中国の内外にどのような影響を及ぼすのかという点であった。同課は、共産党の社会主義建設を「準戦時体制にも比すべき非常事態」と受け止めていたが、とくに注目したのはその国際的な影響、なかでもアジア諸国に対する影響で、共産党による工業建設が成功した場合、「独り中国の様相が一変するばかりでなく、その国際的影響就中アジアにおける政治的、経済的、社会的および民族的影響は想像以上に大きいかも解らない」（九頁）と述べていた。

けれでも、社会主義化による工業建設と社会改造の帰趨に向けられた関心が、どうして一九五四年憲法の分析に結びついていくのだろうか。アジア局第二課の考え方はこうであった。共産党の社会主義建設が成功する条件は、何よりも「中共の政治力」（中共とは中国共産党のこと）にかかっている。そして、その「政治力」を測定する材料となるのは、「政治力のトップ・マネジメント（最高経営方式）としての機構と政策」にほかならない。つまり、共産党の「政治力」は、人民共和国の国家機構と政策とによって示されることになるわけだが、その機構と政策を表現するものこそ「中共の新しい憲法」なのである。「この憲法の規定とその運用とを分析できれば、中共の意図は隠されるところなく現れてくる筈であり、又中共が今後進んでいく方向、その途中の行程、そして最後の落ち着き先まで、はっきりさせることができる。この文章ほど中共の真意を吐露した文献は少い《ママ》」（一〇頁）というのがアジア局第二課の見方であった。

共産党の独裁と憲法の運用

しかし、人民共和国の歴史を少しでもかじった者なら、共産党独裁の下で憲法が規定どおりに運用されるとは限らないのではないか、という危惧が当然沸いてくるだろう。その点について、アジア局第二課は「憲法の規定の解釈と其の規定の運用とは別の事柄に属する。憲法の規定の解釈ではなくその運用を考えた場合、この憲法の下で一番強力な機関は全国人民代表大会でも常務委員会でもない。五ヵ年計画の実施にあたる国務院、統帥権を握る共和国主席でもない。それは中国共産党中央委員会である」と述べ、一九五四年憲法が規定する国家機構の本質を鋭く突いていた。つまり、中国社会主義化の国際的影響を測定する場合も、一九五四年憲法下において「一番強力な機関」である中国共産党と「ソ連共産党との関係および自由陣営並にアジア諸国との関係」こそが重視されなければならない、ということになる（一五～一六頁）。

アジア局第二課にとって、中国社会主義建設のアジアに対する影響を測定することとは、日本の「確実な安全保障（即ち合理的安全感と期待）」を得るための前提であった。そのために一九五四年憲法の分析が必要になるのだが（一五九～一六〇頁）、その運用主体が共産党である以上、アジアに対する社会主義化の影響も、憲法の規定を実現していく共産党の「政治力」如何にかかってこざるをえない。

この「政治力」を考える上で留意したいのは、外務省が中国共産党の社会主義建設とアジア諸国との関係に極めて冷静な視線を注いでいたことである。「ロシアの場合はヨーロッパの解放を唱えてみても列国は相手をしないのに対し、中共の場合はアジアの解放、即ち民族独立、生活向上を唱えればアジア人の心底に人知れず打つものがある」、「中共の赤化のアジアに於ける影響は何も悪い面ばかりでなく良い面もあり、又悪い面が出た場合は、これに善処する途があるということを中共に対し期待できる心安さ、又は親しみ即ち近親感である。アジアの諸国が中共の出現を恐威《ママ》と感ぜず、寧ろ期待をもつのは以上のような理由にもとづくと思われる」（一五九頁）。こう述べるアジア局第二課も、中国共産党がアジアに与える影響の「良い面」について具体的に指摘しているわけではない。だが、一九五四年憲法の下で社会主義に向かおうとする中国共産党を、アジア諸国が少なくとも脅威とは感じていないという認識に立って、外務省が戦後東アジアにおける日本の「確実な安全保障」を模索していたことは確かだろう。

一九五四年憲法に向けられた日本の視線は、対中国・対アジア政策の方向性と中国社会主義化の帰趨に対する関心に基づいていたと言える。当時の日本は、連合国の占領下にあった一九四七年に日本国憲法が施行され、さらに一九五二年にはサンフランシスコ講和条約の発効により国際社会への復帰を果たしたが、前年の日米安全保障条約の締結によってアメリカの東アジア戦略のなかに組み込まれていた。外務省の一九五四年憲法に対する観察は、そうした日本の戦後政治・外交体制の新展開を受けて、やはり大きく変貌しつつあった中国の新たな国家機構と政策とを明らかにし、日本の外交と安全保障のなかにどのように位置づけるべきか見定めようとするものだった。そして、そこでは、中国の社会主義化がアジア諸国に与える影響について、戦後アジアの植民地からの解放という現実を踏まえた冷静で柔軟な認識が示されていたのである。

おわりに

本章では、日本（人）の中国立憲政治に対する観察とその関心の所在を、日中戦争前の五五憲草に結実する国民党の制憲事業と、人民共和国成立後の共産党による一九五四年憲法の制定に焦点を当てて紹介した。観察者の違いや中国との政治的距離感に違いがあったにせよ、その観察は同時代における日本の政治状況や日本を取り巻く国際環境の影響を多かれ少なかれ被っていたと言えるだろう。一九三〇年代の日本政治が政党政治の崩壊によりファシズム的戦時体制へと傾斜していくなかで、中華民国法制研究会（宮澤俊義と田中二郎）の五五憲草分析は、国民党の制憲事業に「執行権の強化」からファシズム的方向への移行という憲法の世界的潮流を読み取っていた。また、外務省アジア局第二課による一九五四年憲法への注目は、日本をめぐる内外環境が変化するなかで、憲法分析を通じて中国の社会主義建設の行方を見極めようとする取り組みであった。

戦前の国民党の制憲事業と戦後間もない共産党の憲法制定という二つの事例を通して垣間見えたのは、中国政治（ここでは立憲政治）の展開が日本の針路と深く関わっていたという事実であり、それだけに日本（人）の関心も高かったということである。たしかに、戦前の場合、関心の高さが主権国家としての対等性を意識したものであったのかという点は検証すべき論点だが、それにしても中国政治に対する関心の度合いは現在の比ではなかったと言ってよいだろう。是非はともかく、日中両国の政治的関係は今以上に濃密だったのである。本章が扱った時代は、現在と歴史的な条件も異なる遠い過去のように思われるかもしれないが、昨今の中国政治に対する関心の低さを考えるとき、振り返るべき豊かな歴史的内容を含んでいると言えないだろうか。

参考文献

金子　肇「近代中国における民主の制度化と憲政」（『現代中国研究』三一、二〇一二年）
――「近現代中国の立憲制と議会専制の系譜」（『新しい歴史学のために』二八五、二〇一四年）
曽田三郎『立憲国家中国への始動――明治憲政と近代中国』（思文閣出版、二〇〇九年）
――『中華民国の誕生と大正初期の日本人』（思文閣出版、二〇一三年）
西　英昭「中華民国法制研究会について――基礎情報の整理と紹介」（『中国―社会と文化』二一、二〇〇六年）
宮澤俊義・田中二郎『中華民国憲法草案』（中華民国法制研究会、一九三五年）

――『中華民国憲法確定草案』（中華民国法制研究会、一九三六年）
――『立憲主義と三民主義・五権憲法の原理』（中華民国法制研究会、一九三七年）
外務省アジア局第二課『中華人民共和国憲法の分析――「トップマネジメント」としての機構と政策』（改訂増補アニ調書第一一号、一九五四年a）
――『中華人民共和国憲法草案の分析』（亜二調書第一一号、一九五四年b）

第8章

大正期東京の中国人留学生

水羽信男

はじめに

日本で近現代中国のリベラリズムの研究をしている筆者は、「中国に自由はあるのか?」と何度も問いかけられてきた。確かに中国では一九二八年の国民党政権の成立から、今日の共産党支配まで、基本的には一党独裁という欧米の民主主義とは異なる政治体制が続いてきた。一九二八年以前でも、憲法が制定され、国会が開催されてはいたが、袁世凱の独裁や軍閥の混戦など、大小の独裁者が権力を握ってきたことも否定できない。しかしリベラルな価値を中国に根付かせるための努力は、参考文献にあげた関連する先行研究が示すように、二〇世紀中国においてさまざまな困難のなかでも営々と続けられてきた。

翻って日本の自由の質はいかなるものだったのか。一九二〇年代には立憲主義に基づく複数政党制を実現して、名実ともにアジアにおける最大の民主国家となった。しかしその民主主義は、一九三〇年代にはいると急速にしぼんでゆく。この点に関連して筆者は（宮村治雄　二〇〇五年）が「自己利害に関する当事者優位の原則」が、「日本の功利主義信奉者」には十分に重視されなかった、と指摘したことに着目している（三一〇頁）。この功利主義者たちは日本のリベラルの一部を構成しており、宮村の論点を筆者なりに敷衍すれば、次のように理解できるのではなかろうか。

日本では知識人の民衆の政治的な能力に対する不信感が強く、結局、彼らにかわりエリートが正しい判断をすることが当然視されていた。それゆえ大衆運動が社会主義思想と共鳴しつつ高揚する中で、多くのリベラリストが個の尊厳を根底におくリベラリズムを貫くことができなくなり、軍国主義の流れに飲み込まれていった、と。

本章の問題意識は、個の尊厳を基盤におくリベラルな価値をめぐる日本と中国との関係を初歩的に考察することで、アジアの問題を見つめ直すための基礎作業にしようという点にある。日本と中国との関係は「提携と敵対」の関係にあったといわれるが、本章では一九二〇年代初頭に焦点をあて、東京を舞台に中国人留学生の立場から両国関係を改めて検討してみる。いち早く近代化を遂げ、欧米に追いつけ追い越せと努力を続けていた日本と、日本にあこがれと反発をいだたいた中国の若者との関係を問うということで、先の問題を考える手がかりを見つけたいと考えている。

1　なぜ施存統なのか？

本章では施存統《しそんとう》（一八九九～一九七〇年）[*1]という、当時、二〇歳そこそこの中国の地方の師範学校中退者を

露國共産黨の手先
施存統に退去命令
昨日内相の指令に依て
彼は上海共産黨首領陳の血縁
勞農政府の下に働いた
大々的
◇國外追放の施存統
出帆の
多額の

図1　施存統の強制退去の記事
（『東京朝日新聞』1921年12月28日）

図2　施存統
（宋亜文『施復亮政治思想研究―― 1919-1949』（人民出版社，2006年）より）．

主人公にすえる。彼の東京滞在は一九二〇年六月から一九二一年一二月までの一年半足らず、それも当初の慶應義塾大学への入学を諦め、独学で社会主義文献の研究に没頭した、いわばエリートコースから外れた私費留学生である。読者の多くが彼の名前を知らないのは当然だろう。だが図1は施存統が日本から強制退去される際の『東京朝日新聞』の記事である。当時の日本を代表する新聞の一つが、一中国人留学生の動静にかなりの紙幅をとって報道していることに、われわれはまず驚かされる。同時に、陳独秀との血縁を持ち出すなど、その報道は事実に即さないセンセーショナルなものであることにも注目する必要があろう。当時のメディアは誤報も辞せず、国民の反中国感情をかき立てることに関心を払ったのである。因みに同時期の施存統の写真（図2）と比べると、『東京朝日新聞』の顔写真はふてぶてしさが際だっている、と感じるのは筆者だけだろうか。

　施存統はのちに施復亮と改名するが、そのきっかけは「本の虫」と揶揄された彼のもとを妻が去り、彼の友人と結婚した苦しみを教え子によって救われ、その教え子と再婚したことだった。が、そうした個人的な物語は省略する。ただ彼が帰国後、共産党の幹部の一人として青年運動の指導に関わるとともに、日本語文献に寄りながらマルクス主義理論の中国への導入に尽力し、一九二七年の反共クーデターに際しては共産党を脱党し、かつての仲間から「裏切り者」とののしられながら、それ以後もマルクス主義文献の紹介者として、また中国社会についての研究者として活動を続けたことは記しておきたい。そのさまは、近代日本が誇るシンクタンクの一つ南満州鉄道上海事務所研究室が発行していた雑誌『満鉄支那月誌』においても、一九三二年の秋にとりあげられるなど、同時代の日本にとって無視できない中国知識人のひとりであり続けた。

日中全面戦争開始後は、日本占領下での暮らしを拒否して上海から四川省の重慶へ移動し、一九四五年には中国の中小の資本家を組織した中国民主建国会の理論的な指導者となった。日中戦争勝利後の中国では国民党と共産党との内戦が激化したが、そのなかで彼は国共両党から相対的に自律した「中間路線」の実現を求めた。施復亮の議論の前提には正しい思想を機械的に受け入れる習慣よりも、自分の目でみ、自分の頭で考えるようにできることを重視する、個の尊厳をなによりも重視するリベラリズムの立場があった。中華人民共和国成立前夜の一九四八年においても、施復亮は次のように述べている。

自由主義者は革命主義者でなくともよいが、民主主義者でなければならない。中国の民主政治の実現は、必然的に自由主義者の努力を待っている。自由主義者がいてはじめて、自由に「異なった意見」を評論し、同時に「異なった意見」を充分に尊重することができる。ただ自由主義者がいて、民主的な原則と民主的精神とを終始堅持して民主運動に従事し、政治問題を解決することができる（施復亮「論自由主義者的道路」『観察』第三巻第二二期、一九四八年）。

筆者はこうした施存統の知的営為を中国におけるリベラリズム思潮のなかで高く評価した。それは彼らが何か正しいものに依拠するのではなく、彼らなりに「自己利害に関する当事者優位の原則」を貫こうとしたからである。いずにれしても、彼らリベラルは成立当初の中華人民共和国では相応に重視され、たとえば施復亮は政府の副大臣のポストを得たが、やがて彼らは共産党により弾圧され、中国のリベラリズムは伏流していく。とはいえ今日では石井知章らが生き生きと描くように、環境ＮＧＯや人権派弁護士の活動などの形を含めて、困難な状況のなかでもリベラリズムは再び湧水し始めているようも感じられる。

如上のように施存統（施復亮）はマルクス主義者からリベラルへとその立場を移行させたといえるが、東京時代の施存統について考えなおすことは、彼の思想の基盤を理解することになるだけでなく、今日のアジアの知的伝統を見つめなおすことにも役立とう。なお本章では施存統だけでなく、彼が「親友」と呼んだ謝晋青[*2]（一八九三〜一九二三年）と彼らが主要な言論活動の場とした新聞・上海版『民国日報』の「覚悟」と名付けられた特集頁（以下、「覚悟」）の議論にも言及する。

2　施存統と東京の留日学生

施存統は「非孝」というエッセーで、重病の母を病院につれてゆかず、浮いた医療費を家の面子を守るために母の葬儀費用にしようとする父に対する怒りと、その父に従わざるを得なかった自身への失望を基に、儒教倫理を批判した。このエッセーは新文化運動を推進した北京大学文学部長の陳独秀によって『新青年』誌上で紹介され、彼の名前は全国に知られる。しかしこの筆禍事件で、彼は浙江省立第一師範学校を退校せざるをえなくなる。施存統の知的営為はまず中国の伝統社会への強い怒りに促されたものであった。彼にとってなによりも重要だったのは、「自己の人格の恢復《かいふく》」、すなわち「自由な人格」を持つことだった。

それゆえ当時の彼の言論にナショナリスティクな色彩は感じられない。たとえば一九二〇年に施存統は既存のナショナリズム運動を批判して、人類解放のための社会運動に従事すべきだと説き、次のように述べている。

愛国主義・愛国運動は、完全に搾取階級が地位を保持し権利を拡張するものである。……私たちはただ山東人が日本の奴隷になることだけを畏れ、まさか満蒙・シベリアの人民が、すでに日本人により惨殺され掠奪されている事実〔=シベリア出兵、以下〔 〕内は筆者の注記〕を放っておくつもりではあるまい。……愛国運動は、すなわち強権を擁護する運動である（施存統「把「愛国運動」変做「社会運動」」「覚悟」一九二〇年四月一八日）。

この発言はかつての中国の学界では、民族主義運動の重要性を理解していない見解として批判されてきた。そこには対外的なナショナリズムをその担い手や政治性を考慮することなく、一面的に評価するという中国の学界の評価の枠組があった。そうしたナショナリズムの全面肯定論と比較したとき、施存統に思想的な立場の特徴は明らかであろう。少なくとも施存統は、留学の目的を中国社会の分析方法の獲得と、民主的変革論の深化におき、日本におもむくことなった。

当時の日本には表1が示すように、一九〇六年の七二八三人をピークに中国人留学生の数は次第に減少していったが、一九二〇年までは三〇〇〇名台を維持していた。一九二〇年代に日本へ留学した学生のなかには、中華人民共和国で活躍する文学者・郭沫若や中国の国歌の作詞者・田漢をはじめ、その後の中国政治・経済・文化を支える人びとが少なからず含まれていた。

表1　留日学生数

年度	学生数（女子）
1906	7283（ －）
1907	6797（ －）
1908	5216（126）
1909	5266（149）
1910	3979（125）
1911	3328（ 81）
1912	1437（ 52）
1913	－（ －）
1914	3796（ 95）
1915	3111（ 77）
1916	2790（ 91）
1917	2891（ 72）
1918	3724（ 82）
1919	3455（ 82）
1920	3251（ －）
1921	2119（ －）

（出典）二見剛史・佐藤尚子「中国人日本留学史関係統計」『国立教育研究所紀要』94，1978年，101頁を編集.
（注）毎年5月末現在.

また表2によると官費・私費という区別は、深刻な生活水準の格差をもたらしていたように思われる。たとえば一九二〇年一〇月段階で、東京に在住する中国人留学生三六五四人のうち、下宿代未払者は一三一名で全留学生の三・五％に過ぎないが、その九割の一一四名が私費留学生であった。私費留学生の中には生活の維持に苦しむ者も少なからずいたのである。また「覚悟」の一九二〇年一〇月一四日付紙面には、官費留学生資格を得るために第一高等学校などを受験し続け、夢敗れ自殺する私費留学生の悲劇が語られている。

また当時の日本政府が個々の留日学生の出身地や生活状況に至るまで、かなり詳細に把握していたことも注意しておく必要があろう。主権国家として外国人の出入国を管理することは当然ではあるが、本章で史料として使用した外務省記録『過激派其他危険人物取締関係雑件外国人之部支那国人』・『外国人退去処分関係雑件支那国人』・『要視察外国人ノ挙動関係雑纂支那国人之部』などは、私信の開封など様々な方法で集められた詳細な記録が残されている。こうした点を踏まえたとき、日本政府が中国人留学生の活動に神経をとがらせていたことがうかがわれる。そして日本の公安部門の関心は、「過激派」と称されたアナーキズムや共産主義に傾斜した中国人

表2　東京在住中国人留学生に対する生活調査一覧表（1920.10.01 現在）

省別	総人員数	下宿料未払者総数	（内官費）	（内私費）	下宿料未払総金額	未払い理由
湖南省	327	24	1	23	1703	動乱のため
貴州省	89	16	2	14	1653	同上
江西省	249	12	2	10	1494	同上
浙江省	512	15	2	13	1407	同上
四川省	206	7	1	6	877	同上
奉天省	183	15	5	10	521	同上 14・その他 1
安徽省	114	3	0	3	412	動乱のため
湖北省	209	5	0	5	403	同上 4・その他 1
広西省	64	4	0	4	379	動乱のため
広東省	487	7	0	7	369	同上
江蘇省	377	5	2	3	261	同上
直隷省	100	3	2	1	192	同上 2・旱災のため 1
陝西省	135	2	0	2	175	旱災のため
吉林省	128	5	0	5	145	送金杜絶 2・その他 3
福建省	255	4	0	4	135	動乱のため
河南省	27	2	0	2	100	旱災のため
山東省	139	1	0	1	82	同上
雲南省	53	1	0	1	50	家事上の都合
計	3654	131	17	114	10358	

（注）(1) その他とは「本人ノ濫費若クハ個人的事情ニ基クモノ」とされている．
(2) 因みに 1920 年の東京の製造業男子労働者の 1 日の平均的な賃金は，1.819 円であった（大川一司ほか編『物価（長期経済統計 8）』東洋経済新報社，1967 年，255 頁）．
（出典）「在京支那留学生々活状況一覧表（大正 9 年 10 月 1 日現在）」外秘乙第 604 号，1920 年 12 月 2 日．

留学生だけではなかった。日本側にとっては国民党系も含め、愛国心に燃える留学生の活動を危険視していたのであり、この点は当時の日本の対中国政策と軌を一にしていたといえよう。

施存統は、このような監視のなかエリートコースから外れた、あるいはそれに乗ることを拒否した私費留学生の一員として、「私はどんな人間なのか」という問いに答えるために、虚栄心の奴隷たることをやめ、自分を騙さず自分を見つめて一個の「人」となることを不可欠の課題と認識するに至った。施存統は独学で「覚悟」に社会主義文献の翻訳を掲載し、陳独秀の指示で中共日本小組のリーダーとして日中両国の社会主義者の交流に努めたのである。

3　東京留学と施存統の労農独裁論
――反日ナショナリズムとの関連から

一九一九年の五四運動で示された反日ナショナリズムに対して、日本の知識人のなかには、この運動が有した意義を正当に評価した人びともいたが、日清・日露戦争を経て日本の「帝国主義」的な方向性は強まっており、第一世界大戦後の新たな状況のもと次第に台頭する可能性を示した中国に対する対抗意識は確実に強まった。施存統が日本に到着した一九二〇年夏は、日英同盟の改訂問題や山東権益をめぐる日中交渉などで、日本側の対中世論が厳しくなった時期にあたる。

たとえば一九二〇年五月二二日、中国政府は山東問題について直接交渉を回避する旨を日本政府へ通告したが、その背景に「支那全国に彭湃たる対日不信」があると『東京朝日新聞』は報道し、危機感を募らせていた。とくに五四運動以後の学生運動に対しては、ロシア革命の影響を受け、穏健な文化運動の域を突破し、社会運動に驀進せんとする情勢を示しているとして、中国政治への干渉の必要を説く記事もあった。

同年五月三一日付『東京朝日新聞』には、京都大学教授の内藤湖南の談話として、「支那の現状は領土保全どころではなく、内部の統一さえも出来ず、外国人の生命財産の安全さえ、保障するを得ざる状態にあ」り、中国が「排日感情」から日英同盟の延長に反対しているが、これに「耳を傾くる必要は無い」との発言が紹介されている。（内藤湖南　一九二〇年）が示すように、もともと内藤にとっては、排日的な主張だけでなく、中国国内の民主化を求める議論も「無責任なる言論」であり、それに対して「ウグの音」も出ないようにする必要があった。こうした議論の根底には、中国の統一こそがなによりも重要であり、その統一を実現するためには武力行使が必要だとの認識があった。

そうした日本の有り様が、アジア諸民族からのさらなる批判・抵抗を生み出し、中国の日貨ボイコットも高揚し、六月には日系企業の上海からの引き上げが行われたが、「覚悟」は一九一〇年代から日本を中国とアジアの将来にとって危険な存在とみなし、その動静をレポートしていた。一九二〇年六月四日には近年の中国ナショナリズムについて、日本政府が恐怖心を感じつつあるとの見解が示され、同七日には「旅東随感録」を設置するに至った。この「旅東随感録」など「覚悟」紙上の日本報道の中心を担ったのが、謝晋青である。謝は東京市神田神保町にあった中華基督教青年会館（ＹＭＣＡ）で、アナーキズム関連の書籍の取り次ぎを行なっていたが、（森川裕貫　二〇一五年）によれば、彼を経済的にも精神的にも支援したのは、すでに政論家としての声望を高めていた北京大学教授・高一涵であった。いずれにしても「旅東随感録」開始の詞は、日本の事物に対する断片的な感想も「国家・社会、人類の前途」を研究するうえで重要な材料になりうると強調し、彼らの「随感」を素材に日本問題について、ともに研究しようと呼びかけている。「旅東随感録」は、不定期ながら謝晋青のほかに施存統や佛突（陳望道[*3]）などを執筆者として書き継がれた。

その一九二〇年末までの議論の主旋律は、日本の排外主義的・侵略主義的傾向に対して批判的に捉えるというものだった。すなわち一九一九年段階では、謝晋青も日本人のなかで中国への侵略を進めるのは、支配層だけだと強調したり、日本の都市に比べて農村の人びとは、中国人に対して好意的な態度をとると指摘したりしていた。しかしながら「旅東随感録」が登場した一九二〇年の夏に入ると、日本人は総じて二枚舌を操る不誠実な国民であるとのイメージが提示され、繰り返し日本人の国民性を中国侵略と結びつけて論じるに至ったのである。

たとえば東京九段坂の遊就館で、殺人や兵器の展示を嬉々として見物する日本人の残忍性と、その侵略精神の強さに強い嫌悪感が示されている。さらには警察が多数の非行グループを検挙したという些細な報道に接しても、その非行少年が成長して、将来中国で如何なる悪行を行うかを危惧するに至る。

その他、枚挙にいとまのない雑多な日本情報は、多くは断片的で体系的な議論を展開しているとはいえない。しかしながらナショナリスティクな情緒に訴えかけ、文章も短く具体的で理解が容易なそれらの記事は、〝日本人はいつも中国を軽視しており、侵略的である〟という単純なイメージに収斂していった。「覚悟」は謝晋青らの印象的な記事を操り返し掲載することで、日本＝侵略者というイメージを読者のあいだに育む役割を果たしたのである。こうした論調が変化してゆくのは、日本の社会主義運動が新たな段階を迎える一九二一年に入ってからである。

4　反日ナショナリズムと日本社会主義理論の影響

留学以前は既存の「愛国主義」・「愛国運動」と一線を示していた施存統は、自身の東京での経験と謝晋青ら東京の中国人ナショナリストとの交流を通じて、ナショナリズムの重要性について認識するようになった。とはいえ日本の侵略を克服する道を模索する彼にとって導きの糸となったのは、当時、大逆事件後の沈滞期を経て再び活性化しはじめた日本の論壇で発表された社会主義理論であった。謝晋青も一九二一年にはいると労働争議や労働団体、さらには社会主義大同盟の活動を肯定的かつ精力的に紹介してゆく。施存統もまた共産党のリーダーのひとりとなる張太雷と堺利彦との接触を手助けている。因みに施存統が翻訳した日本の社会主義の文献をながめてみると、彼が精力的に当時の最新の理論問題を取り上げていることがわかる。すなわち北沢新次郎[*4]、植田好太郎[*5]、河上肇[*6]、山川均[*7]といった錚錚たる社会主義者や売文社[*8]の名前があがる。とくに一九二一年は河上肇と山川均の著作を集中的に翻訳している。こうして彼は、中国におけるアナキストとボルシェヴィキとの論争（アナ・ボル論争）に重要な役割を果たしたと評価されることになる。

一九二一年一月に始まった中国におけるアナ・ボル論争は春から夏にかけて本格化したが、その焦点は労農独裁論を認めるか否かであった。施存統は労農独裁の必要性を弁じて、アナキストを論破したのであるが、その際、彼は（山川均　一九二一年）を論拠のひとつとして翻訳している。しかし施存統は自らの言葉で労農独裁の有効性を説明する際、山川のように民主主義論の観点から論じるのではなく、労農独裁の実現を中国の富強化に役立てるという視点から、その産業化促進作用を高く評価した。彼は労農独裁政府樹立を生産技術の上から主張し、もし中国でマルクス主義を実行しないのならば、門を閉じて引きこもる以外のことはできないと指摘したのである。施存統は、中国の富強というナショナルな課題をより重視したといえよう。

こうした施存統による議論の展開には、生産力の拡充による社会主義への移行という発展段階論の原則的適応があるが、それだけでなく、アジアのパリといわれ、「映画と乗用車とカフェ」に象徴される繁栄を誇る日本の首都・東京での実見に基づく、中国の富強化への強い願いが存在していたように筆者には思われる。渡日以後の施存統は後発国では政治権力による経済制度の変革を通じた生産力の増強が必要だと認識し、中国の工業化の原動力としてボルシェヴィズム＝労農独裁論を位置づけたように思われる。

また河上肇の議論の影響を受け、生産力の相当の向上を必要とする社会主義の完全な実現は、数世代を要する長期的な課題だと見なしていたことも、彼の議論の特徴の一つである。彼は中国にとっての当面の課題は、富の再配分よりも富の増加だと考えていたのである。こうした資本主義的経済の育成による生産力増強を社会主義社会への移行の前提とし、中国における社会主義変革の長期性を強調するという立場は、一九四〇年代においても一貫していた。そしてこの長期性に関する議論が、彼の中間派論の理論的前提のひとつであったことを想起したとき、彼の思想的中核が東京留学を通じて形成されたことが伺える。また施存統が「マルクス主義の中国化」を目指していたことも、彼のナショナルな問題意識を反映しているといえよう。

おわりに

一九二〇年代はじめは、中国の国際的な位置が相対的に向上する可能性が示されると同時に、日中の衝突もまた激化しはじめた時期であった。その対立の影響をうけながらも知的な交流は続いていたのであり、そのひとつの例として本章では施存統を取り上げた。日本滞在と在日中国人との交流のなかで、彼のナショナルな感情は深まった。その結果として、工業化＝生産力増強を促進する手段として、労農独裁を促える観点を強調したのである。

しかしながら施存統の思想の最大の特徴は、彼が生産力の増大のみを一面的に追求したのではなく、ボルシェヴィズムを「自由へ至る道」の第一歩として促えたことであろう。施には生産力の発展が理想的な社会を創出するという素朴な経済還元論的な発想があったが、人が人を搾取し支配する社会を止揚することを究極的な課題としたのである。

施存統がこのように〝個の尊厳〟を重視した背景のひとつは、彼がその知的営為のはじめからナショナリズムを相対化しうる視点を有していたからだと、筆者は考えている。たしかに東京での生活は、彼の中国人としてのアイデンティティを確立させたことは間違いない。しかし施存統にとって変革運動の目的はあくまで自由の獲得であった。その意味で、中国の対外的な自立と富強化というナショナリルな課題は、そのための前提条件、あるいは実現のための手段と位置付けられていたのではなかろうか。

少なくとも前衛政党の鉄の規律を信奉していた施存統も、日本滞在のなかで認識を新たにし、〈施存統　一九二一年〉は、変革を指向する団体のなかでも、「構成員はおのずから〈個人に関わることがらを〉処理する権力を有する」と述べ、「個性」を重視することを求めている。さらに彼が一九二七年八月に共産党を離脱する際に問題としたのは、「反帝国主義・反封建主義」の革命の名のもとで、地主や知識人が罪もなく人間としての尊厳を奪われる現実だった。〝やりすぎなければ不正は改められない〟という毛沢東流の農民運動における「幼稚さと誤り」による凄惨な現実を批判して、彼は都市を基盤とするリベラルな変革の道を模索することになった〈施存統　一九二七年〉。

そしてその道は、①当時の中国はワシントン体制のもと、中国の国際的な位置が向上し、ナショナルな議論を相対化しうる条件が生まれていたこと、②国民政府のもとでの資本主義の発展も、一九三七年の日中戦争の勃発までは堅調であったことなどを踏まえれば、全く根拠の無い物だったとはいえなかった。

施存統ら一九二〇年代の中国人留学生にとって、異文化交流を通じて得られた今ひとつの成果は、彼らが東京の先進的な都市文化に触れ、中国社会に対して厳しい内省を行ったことであった。たとえば日本の雑誌が定期的に発行されるのに対して、中国ではそれができないという些細な事実に対しても、過敏ともいえる反応を示し、責任を負わず、信用を省みないのが中国の通弊であるとの指摘もあった。

日中の比較を通じて彼らに痛感された〝中国社会とは如何なる社会なのか?〟という問題は、〝いかに社会変革を実現するか?〟という運動論と密接に関連して、彼らにとって極めて重要な検討課題となったことは間違いない。ただしそれは中国の現実を改めて直視することであり、決して希望に満ちた作業ではなかった。

たとえば施存統に先立って帰国した謝晋青は、東京は「地獄」だと罵りながらも、上海の欠点として「不潔」「不誠実」「傲慢」を挙げ上海という都市への憎悪を露わにする。さらに上海人が、長江以北の安徽省などから移住してきた人々を「江北人」と侮蔑したことにも嫌悪感を示す。[*9] こうして都市ではなく「内陸」の人びとの誠実さに期待をかけた。しかし徐州へ帰郷して以後、「江北人」を粗野だと批判する自分を発見し、そして日本人の中国人に対する侮蔑を強く批判しつづけた留日時代の不安を、謝晋青は次のように告白する。

> 私が外国(=日本)にいたとき、夢のなかで常に自分の頭の後ろに大きく醜悪な弁髪をつけていると感じていた。その時は自分が世界のなかで身をおく場所がないように感じ、足を踏み鳴らし、胸を掻きむしり、恥ずかしさでほとんど自殺しそうに感じた。……どうしてこんな夢をみたのか。それは自分自身が弁髪をしていないとはいえ、(中国の)社会性のなかになお弁髪を垂らしたようなことが多いからである(謝晋青「群性的愧赧」「覚悟」一九二一年一〇月三一日)。

施存統たち一九二〇年代に留学した中国人にとっては、反日感情とともに、日本人の対中優越感の前提となった先進的な社会・文化要素に対する強いあこがれも、同時に共存していたのである。日本の先進性を実感すればするほど、彼らは中国の後進性を直視せざるを得なくなった。

そしてその後進性を打破する運動や組織のなかで、民衆の〝個の自由〟＝「自己利害に関する当事者優位の原則」を如何に位置づけ、どこまで容認するのか、というテーマを、中国の知識人は考え続けることになった。だが、この問いは日本の知識人にとっても大きな課題となったのである。

注

＊1　本章では直接的な引用以外、個々の史料等の出典の記載はしなかった。詳しくは本章と内容の重複する「ある中国共産党員と大正期の東京――施存統における日本留学（一九二〇～二一年）の思想的意味」（曽田三郎編『近代中国と日本――提携と敵対の半世紀』御茶の水書房、二〇〇一年）および水羽信男「一九二〇年代初期東亜国際秩序与日本留学生――以施存統為中心」（陳廷湘主編『〝近代中国与日本〟学術討論会論文集』巴蜀書社、二〇一〇年）を参照されたい。また施存統（施復亮）については、（石川禎浩　二〇〇一年）や（平野正　二〇一〇年）も有益（平野書に対しては、『社会経済史学』（第七七巻第四号、二〇一二年）の書評で筆者の見解を示している）。なお『新編原典中国近代思想史』全七巻（岩波書店、二〇一〇～二〇一一年）に、施存統（施復亮）の論文が訳載されている。関心のある読者はぜひ彼の興味深い議論を自ら読んでみていただきたい。

＊2　謝晋青は一九一八年から日本へ留学している（http://baike.baidu.com/view/2419579.htm 二〇一六年六月七日閲覧）。謝晋青は一九二〇年六月に「要注意支那人「施存統」」との関わりで監視の対象となり、「支那人退去処分ニ関スル件」（外秘収第七一三五号、一九二一年二月一六日）において、彼の活動は「最モ秩序アリ計画アル［社会］主義宣伝ト認ムルニ難カラズ」と評された。彼は二一年二月に国外退去の処分にあい、やがて「旅東随感録」は「覚悟」の紙面から消えることになる。なお謝晋青には『日本民族性研究』（商務印書館、一九二四年）がある。

＊3　佛突、すなわち陳望道（一八九一～一九七七年）は一九一五年に来日、早稲田大学で学び中央大学を卒業、一九一九年に帰国し、施存統が学んだ浙江省第一師範で教えたが、五四運動に従事して辞任。一九二〇年『共産党宣言』の中国語訳を刊

行し、『新青年』の編輯などに関り初期中共の指導者の一人となるが、一九二三年離党した（山田辰雄編『近代中国人名辞典』霞山会、一九九五年など）。

＊4　一八八七〜一九八〇年　早稲田大卒後、母校の教授となる。また友愛会会長代理に就任し、「建設者同盟」を組織した。以下、日本の社会主義者については、近代日本社会運動史人物大事典編集委員会編『近代日本社会運動史人物大事典』（日外アソシエーツ、一九九七年）などによる。

＊5　一八九三〜一九三八年　明治大学を卒業後、大原社研東京事務所の助手となる。一九二〇年八月にはサンジカリズム講習会の講師となっている。

＊6　一八七九〜一九四六年　東京帝大を卒業後、京都帝大教授となる。『社会問題研究』を刊行し、一九三二年に日本共産党に入党した。

＊7　一八八〇〜一九五八年　同志社を中退、著述家として活躍した。社会主義同盟から日本共産党を組織したが、のちに共産党からは離れ、労農派のリーダーとなった。

＊8　一九一〇〜一九一九年　堺利彦が大逆事件後、設立した文章代理業のための団体で、のちに山川均らが加わった。

＊9　「江北人」という言葉がもった差別性については、Emily Honig, *Creating Chinese Ethnicity: Subei people in Shanghai, 1850–1980*, Yale University, Press, New Haven, 1992 を参照のこと。

参考文献

石井知章編『現代中国のリベラリズム思潮——一九二〇年代から二〇一五年年まで』（藤原書店、二〇一五年）
石井知章・緒形康編『中国リベラリズムの政治空間』（勉誠出版、二〇一五年）
石川禎浩『中国共産党成立史』（岩波書店、二〇〇一年）
内藤湖南「支那の統一まで」（『太陽』第二六巻第一号、一九二〇年）※『内藤湖南全集』第五巻、筑摩書房、一九七二年所収。
平野　正『政論家施復亮の半生』（汲古書院、二〇一〇年）
深町英夫編『中国議会一〇〇年史——誰が誰を代表してきたのか』（東京大学出版会、二〇一五年）

水羽信男『中国近代のリベラリズム』（東方書店、二〇〇七年）
三田剛史『甦る河上肇――近代中国の知の源泉』（藤原書店、二〇〇三年）
宮村治雄『日本政治思想史――「自由」の観念を軸にして』（放送大学教育振興会、二〇〇五年）
森川裕貫『政論家の矜持――中華民国時期における章士釗と張東蓀の政治思想』（勁草書房、二〇一五年）
山川　均「カウツキーの労農政治反対論」（『社会主義研究』三月号、一九二一年）※『山川均全集』第三巻、勁草書房、一九六七年所収。
施　存　統「団体和分子」（『覚悟』一九二一年三月一六日）
――「悲痛中的自白」（『中央日報副刊』一五七号、一九二七年八月三〇日）

第９章

竈神と毛沢東像

――戦争・大衆動員・民間信仰

丸田孝志

はじめに

現代日本の中国に対する負のイメージは、二つの極端に分裂しているように見える。専制的な権力が社会を統制して人民の自由を厳しく抑圧し続けているとするイメージと、規範意識の薄いエゴの塊の人々が不正や汚職、犯罪、暴動を繰り返して社会を崩壊させていくというイメージである。このように極端でなくとも、日本の中国に対するイメージは、往々にして強圧的な権力と闊達な個人主義という二つのイメージの間で揺れ続けてきたともいえる。標題の「竈神《かまどがみ》と毛沢東像」は、個々の家庭の幸福を司る個別性に属する神と現代中国の専制的な権力の象徴という二つの極端を並置したものであるが、今から七〇数年前、日中戦争の中で中国共産党の権力が農村で立ち上がろうとする際、毛沢東像はまさに竈神の代替として農民に迎えられようとしていた。個別性と絶対権力はいかにして一致しえたのか、あるいはそこにどのような矛盾が含まれていたのか？　その過程や構造を理解することは、中国社会の性格を理解し、混乱する日本の現代中国イメージを整理し直すのに多少の助けになるのではないかと考える。本章では、日本と中国の社会の差異とそれに基づく信仰の差異にも注目しながら、生活に密着した民俗と中国の政治動員の関係について日中戦争と国共内戦期を対象に考えてみたい。

1　年画と民俗利用の政治動員

旧時、中国では旧暦の正月（春節）を迎えるにあたり、一年の天候の安定や豊作、家族の無病息災などを願い、自宅の竈に祭られる竈神や門に貼られた門神の版画像、室内の吉祥画（年画）を、集市で購入した新しい像に貼り替える習慣があった。家庭を守護する竈神は旧暦一二月二四日（一部では二三日）に昇天し、天帝に一家のその年の行状を報告して、新年に家庭に戻ると信じられていた。竈は夫婦とその子供からなる核家族の家庭に一つ設けられるもので、子供は結婚して竈を持つことで自立した生計を営むこととなる。血縁のネットワークが広範に展開する一方で、個別家庭が生活・経営の中心となる中国の家族のあり方を象徴的に示すのが竈神であり、大衆には最も身近で重要な神であった。竈神像は、新年の大小月の区分と二十四節気の日付を記した簡便な暦を伴っている。太陽の黄道上の位置を基準として設定された二十四節気は農作業の基準としては欠かせないものであるが、月の満ち欠けを基準として日付を設定する旧暦では、毎年一ヵ月前後日付がずれてしまう。このため、農民にとって竈神像は生活に密着した実用的な価値ももっていた。

一年に一度貼り替えられる神像や年画は、伝統を価値として国民を動員・統合しようとする政治権力にとっては、本来利用価値の高いものであるが、革命政党である中国国民党と同党が指導する国民政府は旧暦の習俗を「封建・迷信」的なものとして排除する姿勢をとっていた。そのため、これらの神像や年画をより積極的に利用したのは、むしろ国民政府の近代的ナショナリズムによる統合政策に対抗した日本とその傀儡政権の側であった。儒教的な道徳による統治＝「王道楽土」の建設と「五族協和」を標榜する「満洲国」においては旧暦の節句・祭祀が復興されて、伝統的価値と民俗の一部が提唱された。民俗利用の宣伝工作は統治理念上の必要性ばかりでなく、民衆の生活や信仰に関わる時間や場所に即して宣伝が組織できるという技術上の利点からも推進された。春節に配布される竈神像では、神像の両側に付される吉祥の対句（対聯）を「東亜の平和」と「日満親善」、国家民生の安定と神への信仰をそれぞれ結びつけるスローガンとし、上方に「満洲国」国旗を、下方には「日満両国国旗」と「満洲国」の記念日一覧を配するものが作製されている。

民俗利用の宣伝動員工作は、日中全面戦争以後の日本軍の中国占領統治においても、極めて重視された。日本は「東亜新秩序」や「大東亜共栄圏」を戦争遂行の大義名分として、共産主義や英米の自由主義に対抗して、西洋的な価値を排した「東方の文化道徳の発揚」、「王道楽土の実現」を主張しており、民俗利用はこのような主張を実践する機会でもあった。日本とその傀儡政権は伝統文化の保護者であり、抗戦を継続する国民政府と中共、これらを支える英米やソ連は、伝統文化を破壊する勢力として位置づけられていた。

一九三九年一月以降、華北占領地で展開された「治安粛正」工作においては、軍事作戦に配合して政権建設、治安強化の諸政策が実行され、日本軍の宣伝活動に関する文書では民俗利用への言及が盛んになる。二月の杉本部隊報道課『宣伝宣撫参考手帖』の「占領区域各郷村ノ平時集会方案」は、各種集会は「郷村民衆ガ日常慣レタルモノ」を原則とし、廟会（縁日）、迎神会、敬老会、元宵節（旧暦一月一五日）、遊戯会、清明節（新暦四月五日頃）の墓参、祭祖会等の民間固有の集会を奨励するよう指示している。一二月の多田部隊報道部『中国の風習と宣伝』、同『中国の年中行事を利用する宣伝』は、華北の節句、廟会、宗教・娯楽・互助活動とその宣伝利用の方法を計四八項目にわたって解説しており、一九四〇年の春節には、竈神、暦、年画などを鉄道沿線に配布する計画が立てられている。

中央権力から相対的に自立した国民政府下の地方政府は、政治宣伝においても旧暦の習俗をより積極的に使用していたようである。山西省では省政府が春節、中秋節（旧暦八月一五日）の慶祝を継続しており、元宵節の娯楽に政治的な宣伝歌や政治スローガンの使用を義務づけたり、政治的内容の劇を上演するなどの宣伝活動が行われていた。

一方、中国共産党（以下、中共）もソ連の大衆宣伝の技術を習得する中で民俗利用の手法についても学び、国民革命期から実践していた。革命政党が民俗利用を推進するには、本来伝統的社会秩序に関わる「封建・迷信」的要素への対応が同時に示されなければならない。それ故、日中全面戦争以来、「民族形式（民族固有の芸術・文化の形式）の利用と改造」の問題が議論されることとなった。一九三八年一〇月の中共第六期六中全会の毛沢東報告は、この問題に理論的な整理を行い、マルクス主義は必ず民族の形式をとることによってこそ実現できるとする「マルクス主義の民族化」を提起した。これにより民俗利用の方針についても、民俗の中の「封建・迷信」などの部分を捨て去り、民族の文化伝統の精華を守り、発展させていくことが改めて確認された。当時、中共中央所在地の延安では都市出身知識人の嗜好にあわせた文芸活動が盛んになっていたのに対し、直接日本の脅威に対抗した前線の山西省東南部の晋東南根拠地（後の太行区・太岳区の主要部分。太行区・太岳区は、更に一九四一年に成立した晋冀魯豫辺区〔山西（晋）・河北（冀）・山東（魯）・河南（豫）各省の省境地帯の根拠地〕

の中核部分となる）は、統一戦線下において山西省政府が提供した条件と、知識人との摩擦が少ない農村の環境の中で、民俗利用を先行的に実践することができた。「マルクス主義の民族化」の提起を受けて、晋冀豫区委宣聯会は宣伝の「地方化」「民族化」を指示し、以後、民俗利用の宣伝工作は、根拠地の発展に伴い本格化していく。

一九三八年冬、延安の魯迅《ろじん》芸術学院の卒業生が晋東南根拠地に派遣され、彼らは「木刻（木版画）工作団」を組織して、民間の年画の技術を取り入れた版画を作成した。一九三九年春節には晋冀豫区委宣伝部が、六種・二万四〇〇〇部の年画を頒布した。その後も、一九四〇年一月に設立された魯迅芸術学校の芸術家や民間の版画職人などが作成した版画が「新年画」として農民に受け入れられ、春節の集市で一万部を完売した。旧暦の時間に依拠した民俗利用は、前線における根拠地建設、抗戦動員の脈絡の中で重視されるようになっていた。

日本とその傀儡政権が「東方の文化道徳の発揚」をスローガンとして、積極的な民俗利用による宣伝を行い、会門（宗教結社）なども動員して民衆を組織しようとしていたことは、中共に強い危機感を抱かせ、根拠地での民俗利用の試みを促進させた。一九三九年一一月に成立した中華全国文芸界抗敵協会晋東南分会の成立宣言も、「敵は我々の固有文化の尊重を声高に叫び、多くの劇団を組織し、民間芸人を組織し、各種の読物、新聞雑誌を出版し、一切の文芸様式（民間のもの、新しいもの、古いもの）を利用して、無限の毒素を注入し、我々の人民を麻痺させ、騙している」のに対し、自らの工作が非常に不足していると指摘している（『新華日報（華北版）』一九三九年一二月七日）。（川瀬千春　二〇〇〇年）によれば、中共の年画の宣伝利用は、日本軍の手法に直接触発されたものであった。日本側の大規模な民俗利用の宣伝動員工作が、中共の民俗利用を促進する作用をもったことは否定できない。

2　中国共産党根拠地における毛沢東像の普及と民俗利用

一九四二年以後、毛沢東の権威が中共内で最終的に確立する過程において、毛沢東の肖像は年画の形式と民俗に依拠して民間に広がっていった。日中戦争末期から国共内戦期における晋冀魯豫辺区の太行区・太岳区・冀魯豫区を例に、根拠地の機関紙の報道を主な史料として、その状況を確認する。

模範による使用と個別家庭への普及

毛沢東像は、長年祈り続けても生活を豊かにしてくれなかった竈神・財神・土地神などの神像を捨て去り、生活を豊かにしてくれた恩人である毛沢東の像を代わりに据えるというパターンで導入されている。一九四五年一月、安沢の労働英雄趙金林は、自分は自宅の中堂に毛沢東像を掲げ、像の上に「救星毛聖人」の題、両脇に「食事をする際には共産党を想い起こす」、「服を着る際には八路軍を忘れない」の対聯を貼っていると語っている。毛沢東像は一九四四年一一月から翌年一月にかけて開催された太行区と太岳区の第一回殺敵・労働英雄大会（殺敵英雄は民兵の模範）で、各種の模範へ頒布ないし販売されて、各地へもたらされていく。晋北の労働英雄任聚興は帰郷後、自分が豊かになったのは共産党の政策が正しいからであり、神を信じても頼りにならないことを認識したとし、毛沢東像を机の上に置き、食事の度に像の前で敬意を示した。英雄らの帰省後、太行区では一九四五年春節に毛沢東らの指導者像を年画の代替として販売する広告が機関紙に掲載された。

内戦期、土地改革が本格化すると、毛沢東像は「翻身」（階級的抑圧からの解放）の恩人の像として各家庭へ普及していく。一九四七年春節には根拠地での土地改革の基本的な完了を慶祝して、広範かつ大規模に神像の毛沢東像への貼り替えが行われた。済源では土地改革後、「生きた神を敬い、死んだ神を敬わない」というスローガンの下、集市で毛沢東像が購入された。陽城の農民が購入した毛・朱像は新華書店売店販売分だけで四千余枚に上り、左権県竹寧村では村中で毛沢東像を購入し、毛に感謝の手紙を出している。毛沢東像は土地改革で獲得した家屋の母屋、中堂に飾られ、食事ごとにお供えがなされた。

一九四七年、冀魯豫区では民間芸人百余名を訓練・組織し、宣伝隊を編成して中秋節からの約二ヵ月間に太行・冀魯豫区各地で毛沢東像五万枚を印刷配布している。一九四七年一〇月一日の『人民日報』に掲載された毛沢東など指導者像の販売広告では、これらの肖像が「機関・団体・学校の会議ホールと翻身した農民の家に飾るのに最適である」と宣伝しており、基層に指導者像が普及しつつあった状況が理解できる。その一方で、肖像を入手できなかった農民らは、他人には判別のつかない像を自分で描いて家に飾っており、粗悪品も販売されていた。毛沢東像の普及が様々な民俗的要素の付着を許容しつつ進められた以上、その規格と使用の統制は本来非常に困難であったはずである。

村の儀礼と人生儀礼での使用

毛沢東像は、村の節句など集団的儀礼においても使用が開始された。一九四五年春節、士敏県石室村ではアンペラ小屋に毛沢東像を掲げて集団での年始儀礼が行われた。一九四七年春節の済源三区の農民翻身大会では、宗族ごとの拝年をやめて「大拝年」を行い、神を祭る掛け小屋を「農民団結小屋」とし、神像を毛沢東像に替えて線香を上げている。同年旧暦一月一四日の陽城西関の民衆翻身大会では、会場の土地廟（土地神を祭る寺院）を

「民衆翻身楽園」と改名して、毛沢東像に豚・羊が供えられた。土地神の誕生日（旧暦二月二日）の民俗も土地改革の慶祝に利用され、陽穀では旧暦閏二月二日を「農民翻身節」とし、慶祝大会では主席台の毛沢東像に全員が脱帽して立礼した。寿張県何垓村でも同日を「農民翻身節」とし、農民は新年のように新しい服を着て餃子を食べて祝い、毛沢東像に立礼した。土地神の位置に毛沢東が座ったことは、土地改革を権威づける象徴的な演出であった。

土地改革が急進化すると、強制的な神の入れ替えも行われた。一九四七年一二月、聞喜県の土地改革は「反迷信闘争」とともに展開され、店頭村では全村で竈神をはがして毛沢東像を貼り、「生きた財神」である毛主席を「お招き」して、感謝と宣誓を行う「敬奉毛主席大会」が開かれた。鉄牛峪の三〇村では廟の神像・位牌が一掃されるなど、全県で激しい闘争が繰り広げられ、同時に毛沢東崇拝の気運が高められた。

毛沢東像は人生儀礼の民俗にも浸透していった。一九四五年には太岳区の労働英雄の長寿慶祝会などで毛沢東・朱徳像が掲げられるようになった。内戦期には翻身した農民が春節などに行った結婚式において、伝統的な天地拝を毛沢東像に礼をする形にかえた儀礼が広がり始め、一九四六年、長治市韓店一帯では民衆の結婚式に区公所の毛沢東像が貸し出されるようになった。昆吾県一、三区の女性の大会では、自由結婚の儀礼で毛沢東像に礼をすること、宅神・門神や廟を一掃して、毛・民衆・自分自身を信じることが提唱された。

人民の権力の象徴

中共は階級区分を土地改革の理論的根拠としながらも、党員、各種模範、農会員、「開明紳士」、「悪覇」（地元の悪徳権力者）、「漢奸」（民族の裏切り者）など、人々の政治的態度やそれに基づく社会的地位・資格などを含めた様々な区分を利用して、大衆動員を推進していた。中共は曖昧さと恣意性を含むこれらの区分を、運動の急進化を容認しつつ運用し、積極分子・党員の大量抜擢や区分変更の可能性の提示によって、人々の政権への忠誠を迫っていた。人々も大衆闘争の圧力と前線の不安定な情況の下、安全保障を求めて、負の区分を逃れ、正の区分を獲得しようとしていた。この過程において、毛沢東像は人々の政権への忠誠を視覚化する形で授与され、それを使用する人と権力との関係を説明する重要な象徴となりつつあった。人々は大衆の解放を指導する毛の功臣として革命への忠誠を誓う儀礼を繰り返し、毛沢東像は人民の権力の象徴としての性格を強めていく。

冀魯豫区では一九四七年三月以降、内戦遂行のための徴兵動員を企図して改めて土地改革を推進し、一区数千人、一村数十人規模の積極分子を訓練して闘争を指導させる方針の下、土地改革の功績者を讃える立功運動が展開し、区・県単位で数千人規模の英雄・功臣が抜擢された。また、党員を全区人口の三％、現状の六倍増の約四〇万人にまで拡大する目標を掲げた大参党運動が展開され、大衆に入党の機会が大きく開かれた。大衆組織の立ち上げには、皆で鶏の血を啜り、天に誓いを立てるというような会門の盟誓の手法が利用されており、大参党運動では盟誓の対象を天から毛沢東へと転換して行われた。

濮県では各区数千人規模の農民大会において、「中国人には共産党と毛主席があるだけで、他に生きた神仙はいない」とのスローガンが提起される中、六日間で全県人口の約四％に当たる約五〇〇〇人が入党した。更に、メーデーに全県で神像が打倒され、毛沢東像が八仙卓で担がれて迎え入れられ、廟を改造したとみられる村の集会所に安置された。像を前に、「毛主席に従わなければ、雷に五回打たれるであろう」などと盟誓する者もいた（『冀魯豫日報』一九四七年五月八日、一六日）。毛沢東像は、廟を改造したと考えられる村の集会所に安置され、像の上には赤いシルクの飾り房と国旗が掲げられた。農民は入室すると、まず像に立礼し、村幹部らは重要事項を像の前で討論した。
貧農が地主の家に引越しする際の儀式では、地主に毛沢東像を拝礼させて人民の権力への屈服を演出し、観城と清豊では地主を集めて毛沢東像に叩頭させ、農民を「富大爺（金持ちの旦那）」「翻身大爺」と呼ばせた。土地改革が急進化すると、上級党組織から派遣された工作団が、貧農大衆を立ち上がらせて村の党支部から権力を奪取する動きが広がり、党支部の上に立つ人民の権力としての毛沢東のイメージが広げられていった。南楽では、区政府が権力委譲を行う儀式において、貧農は毛沢東像に態度表明を行い、像を担いでスローガンを叫んだ。軍区の立功運動では模範に毛沢東像を贈呈する儀礼が顕著になり、前線での立功を家に通知するなど、家の枠組みを意識した慶祝が行われた。参軍運動（徴兵動員）において、濮県のある農民は子・孫を倶楽部の毛沢東像の前に跪かせて参軍を促し、別の村では、参軍を希望した父子三人が、それぞれの持ち場で働くことを像の前で宣誓した。一九四七年一一月の『戦友報』は、ある農民が部隊の息子に宛てた手紙を掲載し、彼が迷信をやめて毛沢東像を購入したこと、息子が部隊で活躍して無事帰宅すること、できれば立功を願っていることなどを紹介した。土地改革と内戦の遂行が一体のものとして提起される中、毛沢東像は家族のつながりをも政治化する象徴として機能しようとしていた。

以上のように毛沢東像は、神像が使用されていた時間・場所に込められた心性を利用する形で導入されていった。土地改革を推進する中共の統治やその政策が永続する保障もない環境の中で、貧雇農大衆を動員するには、階級意識の啓発や利益誘導によるのみでなく、人々の慣習や信仰形態に沿う形で、情緒的に中共の権威を高めることのできる「仕掛け」が必要であったと考えられる。神像を代替する毛沢東像は、この意図の下導入され、毛の神格化を助け、中共の政策により強い権威を与える効果が期待されていた。

民間信仰の心性と毛沢東像

根拠地の農村に広がった毛沢東信仰は、いかなる民衆の心性に支えられていたのであろうか。かつての中国史研究では、王朝時代の民衆反乱について、流動人口からなる反乱組織が、救世主を待望する平等主義的な世界観によって、大衆を反乱へと組織する過程として描いてきた。このような平等主義的心性を農民大衆固有の心性として把握し、これと中共の政策が結びつくことによって革命の原動力となったことを主張する研究もあるが、ここでは日本の社会との比較も意識しながら、この問題について考えてみたい。

(平野義太郎　一九四三年)によれば、日本の村落においては氏神(族の祖先)が鎮守(地域の守護神)に融合した信仰形態が形成されており、多くの氏族が共同して神社を祭り、村民として同一の鎮守を尊崇することで、血縁集団が純地縁集団化していた。また、このような結合を核に神社は、中央的神格の分祀として「全民族的な祖神」へと緊密に結合していた。このような指摘は、近世以来の日本社会において、長期的な身分固定と土地緊縛を通じて、地縁集団が入れ子型に上位の地縁集団に包摂され、高次の権力に結びつく構造が形成されたことを信仰の面から確認したものともいえよう。移動の自由を制限された村落において世代を重ねて信仰されてきた神は、村人にとってある種の一神教の神に近い感覚で受け入れられ、(大濱徹也　二〇一〇年)によれば明治期には開拓移民が故郷の神を北海道の移住先に連れて行くという例もみられたという。

平野はまた日本の村落と比較して、中国の村落では血縁集団の宗祠と地域社会の村廟が別個のものとして存在しており、祠堂が個々の家族の祖霊神に留まり、祠堂・村廟ともに民族的な祖神にはなりえないという構造を指摘している。平野は村廟の地縁結合的な機能を認めつつも、その凝集力が日本の神社に比べて緩いことも指摘しており、族の結合と地縁の結合が融合した日本の神社の凝集力の強さを確認している。ただし、このことは、中国農村に村落共同体の存在を認める自身の立場よりも、そのような共同性の欠落を指摘する戒能通孝らの立場をむしろ補強することになっているようにも見受けられる。

中国村落において、個別家庭の利害をもとにした現世利益的で多神教的な信仰が展開していたことは、民俗学・人類学の研究において広く認められている。このような信仰形態は、身分固定と土地緊縛が原理的に存在しない中国社会の流動性の大きさにも起因すると考えられ、自身の生業に関係のない神は信仰の対象とならず、神の支配する領域から自身が離れた場合も、その神は信仰の対象とはならない。また、旱魃《かんばつ》による凶作など、人々が生存の危機に晒された際、期待される霊験を示さない神を打倒する行為もまれに見られた。

中共の機関紙では根拠地内での土地改革の進行にあわせて、神への信仰の代わりに中共・毛沢東を崇拝する信念が人々の間に定着し、廟の神像が取り除かれ、多くの農村で迷信が克服されたことが強調されている。しかし、福をもたらさない神を捨て、神通力を持つ他の神に乗り換える行為は、むしろ現世利益的な観点から時に信仰する神を取捨選択してきた民間信仰の形態を踏襲するものであった。このような心性が根拠地でも生き続けていることは、一九四三年の旱魃の際に太行区の民兵らが、雨乞いの願いをかなえてくれなかった神を銃殺するという事件が三件起きているということからも認められよう。そして、多神教的世界の神々の役割分担に多様な現世的利益を求める民間信仰においては、新たな神の受け入れと他の神への信仰とは矛盾しなくともよい。根拠地の毛沢東信仰はこのような心性に支えられていたものと考えられる。

このことを示すように、一九四七年後半から一九四八年前半の政策の急進化時期に引き起こされた社会不安にともない、根拠地の民衆は改めて神を求めて行動するようになった。一九四八年頃、新解放区の多くの村では、廟の神像が打ち壊されてから、神仙は皆洞窟に移り住んだという「デマ」が早くから流れ、民衆は村の外などに神を求めた。太行区の十数県で「霊験のある」洞窟、泉水、石仏、古井戸、蛇、神薬などが探し出され、噂を聞いた群衆が各地から集まる事態も生じた。このような傾向は、特に極左的な政策が著しく、殺人が横行した地域において顕著であったとされる。

中共の権威確立のため、毛沢東は高い次元の神として受け入れられる必要があり、毛を紫微星（北極星）や太陽、古代の聖賢などに比した詩歌を宣伝していた。中共のこのような意図は、陝甘寧辺区（陝西・甘粛・寧夏各省の省境地帯の根拠地）の一部の農民が「毛主席は言ったことは何でも実現させる」、「今年は凶作というから今年は凶作だ」と語るまでになったように（『辺区群衆報』一九四五年五月二八日）、安定した根拠地の一部ではある程度成功したかもしれない。しかし、毛沢東像が代替した神の多くは竈神・財神のような個別家庭を司祭する神であった。個別家庭の神は毎年貼り替えられる年画の神であるため、毛沢東像の導入に利用しやすいという事情も考えられるが、これらは序列では最下位に位置する神である。広域の地域などのより高次の神が社会的な機能を失っていたり、また本来的に個別家庭の戦略こそが、地縁的な結合よりも華北農村社会の原動力であったとすれば、個別家庭の神が最も重要な意味をもつ神として扱われた可能性もある。いずれの場合でも地域や家の繁栄を司祭するこれらの神はその領域を出ることはなく、急進化した政策がもたらした社会不安に対応することはできなかった。民衆が中共や毛を、終末思想的な救世主として受け入れていたのならば、改めて他の神を探す必要はなかったであろう。

一方、冀魯豫区での会門の儀礼による大衆動員の過程は、大衆が終末思想に共鳴し、救世主としての毛沢東を受け入れているようにも見受けられる。この点はいかに説明すべきであろうか。まず指摘すべきは、身分固定と土地緊縛により固定された日本の村落が、地縁による共同体の保護機能を備えていたのに対し、流動性の高い中国村落においては、本来地縁的な保護機能が弱く、大衆は強烈な信仰や政治理念によらなくとも、特に秩序の混乱に際して保護を求めて容易に結社の下に組織され得るという点である。極めて脆弱な根拠地であった同区では一九四七年にようやく毛沢東像が農村に導入される段階にあり、個別家庭の神としても定着しておらず、民衆は現世利益的で多神教的な信仰を背景に、中共以外にも会門や流言が提供する様々な「霊験」や「救星」に不安の解決を求めていた。叢生した会門は終末的な危機感を煽り、入会すれば中共の徴兵や徴発から免れられるとして、階級闘争と内戦で疲弊した民衆の支持を集めようとしていた。内戦の帰趨が不明瞭な状況下、毛沢東の神威は第一義的には安全保障のためのひとつの選択肢として存在していた。

次に、反乱組織が掲げる平等主義的思想や真命天子を称する宗教反乱のイデオロギーは、天命を受けた天子が万民に等しく恩恵を与えることを統治の正統性とする伝統王朝の正統イデオロギーでもあった。階層序列的でありながら平等主義的理想を同時に提示する中国の政治イデオロギーの二面性は、これを模倣する結社や大衆にも共有されており、会門の盟誓は、儒教的道徳に基づき大衆を教化して村落の秩序形成を図る郷約の手法を踏襲したものであった。このため、既存の秩序に対抗する会門の教義にも儒教的な道徳内容が浸透していた。人民のための革命を英邁な指導者の指し示す方向へと回収する構造を持つ毛沢東の権威もまた、善なる天の下す命を得た天子による統治という伝統的な正統性理念に親和性を持つ。正統と異端とを分かちがたい、このようなイデオロギーの形態に着目するならば、通常異端者の反乱の視点から議論される中共の革命運動にも、正統的な権威の問題を確認することが可能であろう。以下、中共根拠地の追悼儀礼を例にこの問題を検討する。

3　中国共産党根拠地の追悼儀礼と民間信仰

根拠地における革命烈士の追悼儀礼は、内戦期に民俗利用を大胆に伴う形で進展していく。一九四六年春節、晋冀魯豫辺区政府は、県を単位に烈士碑・塔を建設して公祭を行うことを指示し、抗戦烈士の記念運動が展開された。太岳行署は、村レベルも含む各級地方政府が烈士追悼会を開催し、旧来の廟院・牌・石碑などを烈士祠・碑・塔などにすることを指示している。これより春節・清明・中秋節などの節句や廟会において烈士追悼会が盛んに開かれ、廟を利用した烈士追悼施設が増加していった。また、不慮の事故で死亡した秦邦憲ら中共指導者については全根拠地で大規模な公祭が行われ、民衆が遺族用の伝統的喪服を着て、跪《ひざまづ》いて礼を行うなど、民俗的な儀礼様式が積極的に導入されている。このような様式の採用は、皇帝を親、王朝を家に擬制して正統性を訴える「忠孝一致」の伝統的統治手法を踏襲したものともいえる。

中共は土地改革を加速させることで農民の政権への協力を引き出して内戦を遂行しようとしており、土地改革と参軍運動の熱狂を作り出すため、民俗に配慮しつつ村レベルでの追悼儀礼を組織していった。一九四七年一月二八日の『人民日報』では、太行区の一部の県の村において宗祠・廟宇を烈士祠としていることが取り上げられ、村レベルでの烈士追悼のあり方について意見が提起されている。この記事は他村の兵士の、「我々貧乏人が死んで祠堂に入れるなんて、本当にいつの世になろうとも考えられないことだ」との言を引きつつ、「集中的な記念塔式の建築」よりも「彼らの一宗・一社（宗は血縁集団、社は地域組織）、祖宗墳墓の故郷で追悼される」ことが兵士には親しみを感じられ、このような風習が全辺区で推進されるなら、大いに前線の兵士の励ましと慰めになると主張している。

農民の宗族観念・家族観念に配慮したこのような追悼方式の提起は、前線の農民兵士にとって、県レベルでの追悼を名誉と感じるような広域の郷土意識が淡白であることを示唆し、更に自らの死の意味を、国家・民族ないし階級闘争の大義のための犠牲として観念的にイメージできなかったことも示唆する。彼らが強固なナショナリズムや階級意識に裏付けられていれば、むしろ追悼が一族や故郷に留まることを恐れ、より高い次元での「集中的な記念塔式の建築」による追悼を望んだであろう。これは、同時代の日本が靖国神社を頂点とする戦死者顕彰のシステムを完成し、社会の末端にまで動員力を行使しえたことと著しい対照を成している。中共はいずれのレベルの追悼も重視しながら、特に村の追悼を村意識によって組織することに注意を傾けていく。上のような議論が提起される中、太行行署は、各県で烈士塔・亭・陵園を建設し、各村では烈士廟・碑・牌を建設するか、廟を修復して位牌を置き、記念日・節句に烈士を記念することを許可するようになった。

一方、太岳区の一部の部隊・機関では一九四七年八月から、「階級の父母兄弟姉妹の追悼」という概念による追悼大会・復讐宣誓大会が開催されている。これは兵士や機関職員などの肉親の個別の死を直接の追悼の対象としつつも、訴苦（階級的な抑圧の苦しみを集団で訴える大衆動員）の過程で肉親の死が階級的抑圧によるものであると認識させ、「地主階級とその代表の蔣介石」への復讐を宣誓させるものであった。このような追悼の演出にも、やはり民俗的な儀礼の様式や旧暦の時間が利用された。第四〇七部隊第八連（中隊）の大会では蔣介石の首に擬した饅頭を祭祀に使用し、「他日を期して蔣介石を殺し、本物の首で霊を祭ろう」と祈禱している。これら兵士の多くは貧雇農出身であり、「訴苦を経て自らの家族の死別・離散の原因を理解し」、「敵」が誰であるかを認識するに至り、「自然に公祭と霊前での宣誓が民衆の要求となった」とされる（『新華日報（太岳版）』

一九四七年八月二九日）。太岳軍区司令政治部直属隊では中秋節の直前に追悼・宣誓大会が開かれている。警衛連の兵士らの銃床には「階級の父母の仇を討とう」のスローガンが貼られ、三二三柱の階級父母兄弟の霊前で全幹部・兵士が決心書を宣読した。宣誓後、霊位を担いだデモが行われ、蔣介石らの藁人形が切り刻まれた。肉親の死によって階級概念を喚起する集団的追悼会は、新解放区でも組織されている。この状況を伝える新聞記事では、新解放区の大衆運動の経験を総括して、民衆が肉親の死の苦しみを訴える過程で、自ら霊牌・霊屋を作り始めるので、これを大祭霊に組織することが参軍動員の鍵になると指摘されている。

以上のような中共根拠地の追悼会は、民間信仰やその民俗とどのような関係にあったのであろうか。中国の民間信仰においては、その現世利益的志向の故に、死後の世界での救済を求める意識は淡白である。死後の世界は神仏の真理が支配する極楽浄土というよりも、生前の世界の延長として意識される。また、祖霊を正しく祭ることによって子孫の繁栄がもたらされるという、家族・宗族の枠組みを基礎とした現世利益的な信仰が存在する。内田智雄によれば、戦前の農村慣行調査では、「人間ハ死ンダラ万事終リ」、「死ンダ人ニ魂ハ」「ナイ」、「屍ヲ焼クト霊魂ノ宿ル場所ガナクナル」というのは「迷信ダ」などといった、非常に淡白な生死観すら示されていた。内田は、霊魂の信仰を迷信と切り捨てる「合理主義的な」生死観をもつ中国の民衆が、祖先祭祀や葬式を丁重に行う理由を、「古人ノ例ニ学ブダケ」などという農民の応答を引きつつ、儒家の礼制によって人間の性情を陶冶し社会化しようとする中国の政治文化のあり方に求めている（内田智雄　一九五〇年　一一～一四頁）。大衆は、このような社会化された儀礼に権威を認め、これを模倣し、追従しているとされる。内田の指摘は、宋代以降、儒教道徳・礼制の社会への普及・浸透が図られ、「庶人に下らず」とされた祖先祭祀が庶民へと広がっていく状況を示した諸研究の議論に符合している。

中共の烈士追悼儀礼では、祖宗墳墓の故郷での追悼を望み、肉親の死を悼む民衆の意識が組織・動員された。中共が土地改革を通じて貧雇農の個別家庭をその重要な権力基盤のひとつとした以上、民衆のナショナリズム、階級意識は、このような個別家庭の論理を色濃く反映することになった。追悼会に組織された民衆の他界観は、個別家庭の祭祀の中に位置づけられるものであり、終末思想に彩られた民衆反乱の他界観とは区別されるものであった。中共による追悼会の実施は、儒教の社会への浸透によって広く大衆に共有されるようになった祭祀の要求を、貧雇農層にまで実現させるものであった。中共が追悼儀礼において組織した民俗は、儒教の儀礼の側の民俗であり、終末的世界観によって人々を反乱に導く会門の信仰ではなかったのである。

おわりに

農民の家族意識に依拠し、民俗的要素を動員して農村に浸透した毛沢東像は、中華人民共和国において順調に絶対神的な地位を確立したのであろうか。高級幹部向けに各地の政治運動の動向や治安・思想状況を報告する目的で編纂された雑誌『内部参考』（新華通訊社編）によって、その後の毛沢東像と農民の信仰の関係の一端について確認しておきたい。一九五二年春以降、アメリカ軍が中国各地に細菌兵器を投下したとの情報を基に各地で疫病流行の恐怖が広がり、旧根拠地を含む全国各地で神水や神薬を求める群衆行動が引き起こされ、会門の活動が活性化した。河南省許昌専区のある村では、毛沢東像の目が大きいために災いが起こるという流言に促されて、疫病を恐れた民衆が肖像を破壊するという現象も起きた。このような混乱は、迷信の禁圧、階級闘争や婚姻法施行による急速な社会改造にも起因していたと考えられる。五三年夏、浙江省金華専区では旱魃に際して、「龍や仏を迎え」「菩薩を担ぐ」雨乞いが盛んとなり、ある村では龍神像を日に晒す雨乞いの儀礼に倣い、毛沢東像が日に晒らされた。毛沢東は個々の領域を守る現世利益の神として、その地歩を築きつつあったようにもみえるが、同専区では、春先には解放軍と民兵に打倒された仏が山に移り住んだとして、多数の群衆が山の水や土、草などを神水、神薬として摂取する現象も起きていた。村の鎮守のような安定した「依り代」を持たない毛沢東の権威は、建国初期の不安定な政情を反映して未だにその地位を確立できなかったようである。中国の民間信仰は、社会の個別性の強さと地縁的共同性の弱さ故に権力に随意な干渉の余地を与える一方で、権力の意図を自在に読み替えるしたたかさをもってその活力を維持し続けていたのである。

参考文献

大濱徹也『天皇と日本の近代』（同成社、二〇一〇年）
内田智雄「華北農村家族における祖先祭祀の意義」（『同志社法学』第六号、一九五〇年）
戒能通孝『法律社会学の諸問題』（日本評論社、一九四三年）
川井伸一「土地改革にみる農村の血縁関係」（小林弘二編『中国農村変革再考――伝統農村と変革』アジア経済出版会、一九八七年）
川瀬千春『戦争と年画――「十五年戦争」期の日中両国の視覚的プロパガンダ』（梓出版社、二〇〇〇年）
侯傑・范麗珠『世俗与神聖――中国民衆宗教意識』（天津人民出版社、二〇〇一年）
小林一美「中国前近代史像形成のための方法的覚書」（青年中国研究者会議『中国民衆反乱の世界』汲古書院、一九七四年）
笹川裕史・奥村哲著『銃後の中国社会――日中戦争下の総動員と農村』（岩波書店、二〇〇七年）
笹川裕史『中華人民共和国誕生の社会史』（講談社、二〇一一年）
武内房司「清末四川の宗教運動――扶鸞・宣講型宗教結社の誕生」（『学習院大学文学部研究年報』第三十七輯、一九九〇年）
田原史起「村落自治の構造分析」（『中国研究月報』第六三九号、二〇〇一年）

寺田浩明「明清法秩序における「約」の性格」(溝口雄三編『国家と社会』東京大学出版会、一九九四年)
平野義太郎「北支村落の基礎要素としての宗族及び村廟」(平野義太郎・戒能通孝・川野重任共編『支那農村慣行調査報告書』第一輯、東亜研究所、一九四三年)
丸田孝志『革命の儀礼――中国共産党根拠地の政治動員と民俗』(汲古書院、二〇一三年)
三品英憲「一九四〇年代における中国共産党と社会――「大衆路線」の浸透をめぐって」(『歴史科学』第二〇三号、二〇一一年)
Chen, Y.and Benton, G., *Moral Economy and the Chinese Revolution*, University of Amsterdam, 1986
中共冀魯豫辺区党史工作組辦公室『中共冀魯豫辺区党史資料選編』第三輯、文献部分、上・下(山東大学出版社、一九九〇年)
中国共産党根拠地の新聞・雑誌…『冀魯豫日報』『新華日報(華北版)』『新華日報(太行版)』『新華日報(太岳版)』『新大衆』『人民日報』『戦友報』『辺区群衆報』
「満洲国ポスターデータベース」http://app.cias.kyoto-u.ac.jp/infolib/meta_pub/CsvSearch.cgi(二〇一六年四月五日閲覧)

第10章

和解への道
——日中戦争の再検討

黄自進

はじめに

日中戦争は、両国近代史における最大の不幸であり、もっとも暗い過去でもある。この暗い過去を回顧し、戦争による日中間の相互作用を主軸として、戦争の実態を明らかにするとともに、戦争がその後、両国の歴史発展にいかなる影響を与えてきたのかを検討することが、筆者の願いである。

とりわけ、日本にとって、日中戦争とは国家間の単なる軍事的な紛争に過ぎなかったが、中国側にとってみれば、それは中国の既存社会における旧秩序を全面的に破壊しただけでなく、物理的・心理的にも大きな傷跡を残すものであった。こうした観点から、筆者は日中戦争における「非対称」的な諸側面（国家対国家、国家対民衆、民衆対民衆）をそれぞれ明らかにし、戦後の日中関係の原点を考察し、その分析を通して日中間の歴史認識問題の和解にも貢献することを目指している。

EU（欧州連合）が歩んできた道を模範として、両国に真摯な反省があれば、従来の遺恨を解消できるだけでなく、将来の協力への道も開かれよう。筆者は日本、中国、台湾の学者による共同研究を通して、互いに納得できる共通認識をつくり、民族間の和解を促進しようと考えている。

以下では、まず筆者の問題関心を説明し、その後、筆者が関わっている共同研究の方向性を簡単に紹介してゆく。

1 「歴史認識」問題

現在、日本と中国の間で歴史認識をめぐる諸問題が繰り返し発生している。こうした状況を打開するために、先ずお互いに抱えている争点に焦点を絞って、問題の原点から検討すべきである。特に、日中戦争を巡る認識の相違は、単なる日中両国の間に存在する問題に止まらず、日本国内を始め、中国と台湾における海峡両岸の学界にも現れている。とりわけ、歴史教科書に反映されている争点は、こうした複雑な現状を語っている。歴史認識をめぐる日本国内の論争に関する例をあげてみれば、二〇〇二年に採用された『新しい教科書』（扶桑社版、現在の自由社版、育鵬社版）の主張が、典型的である。戦争の本質をはじめ、「東京裁判」の位置づけなどの歴史事件に対して、新しい教科書では自分なりの考えを唱え、従来の歴史教育に挑戦してきた。彼らは戦争期における日本軍部が声高に唱えた「反共」、「ソ連脅威論」を無批判に踏襲することによって、日本の戦争を「侵略戦争ではなく、アジア解放の戦争」と位置づける。また「東京裁判」を「勝者の裁き」であると指摘して、日本の被害者としての側面を強調し、日本による中国侵略、台湾、朝鮮殖民地化など、加害者たる側面を軽視しようとする。

このように同じ歴史事実をめぐる異なった歴史解釈は、台湾海峡の両岸の教科書にも反映された。「不抵抗政策」に関する評価、あるいは蔣介石の「安内攘外」政策の是非および抗日戦争の主導権が「国民党」のほうに握られたのか、それとも「共産党」に帰すべきなのかなどの解釈について、両岸政府がそれぞれの歴史観を示した。例えば、中国の教科書では、関東軍が満洲事変を通して、中国の東北地域を一挙に占領できたのは、蔣介石が東北当局の最高責任者・張学良に不抵抗を命令したせいであると強調した。一方、台湾の教科書では、蔣介石が軍事力を含むあらゆる面での日本の優位を鑑みた上で、戦争をしても中国が失敗すると予測したため、関東軍と軍事対決するより、むしろ国際連盟へ依存するほうが無難であると判断したためと説明された。

外敵を防ぐために、国内の安定が先決（「安内攘外」）というのは、満洲事変以後に蔣介石が唱えた国策である。同政策の本意は、中国側の教科書から見れば、対日妥協および紅軍への包囲攻撃という「反動方針」を継続して遂行することにあるが、台湾の教科書では、同政策を実行することによって、一時的に日本との戦争を回避できただけでなく、内政改革を進める余裕ができ、国力の増長にも役に立ったことに焦点が当てられている。

抗日戦争が最後に勝利を獲得できた要因に関して、中国側の教科書は毛沢東に代表された中国共産党の「持久戦論」の成果であると唱えたが、台湾側の教科書は国民政府と蔣介石の指導のもとで全人民が奮起し、また、連合国との共同作戦で、最後の勝利を迎えることができたと強調した。

ところで、日中戦争に対する両岸側の理解に相違が見られるのは、中国国内の政治問題に限られている。国際政治になると、特に日本が相手だと、両岸の基本的な立場は、それほど変わらない。「戦争責任」をはじめ、「南京大虐殺」、「従軍慰安婦」の重大さについて日本の教科書よりさらに厳しく論究している。また、戦争責任を追究すべきである「東京裁判」の不徹底を指摘する点でも同じである。ただし両岸では多少の温度差があり、中国側のほうが台湾より厳しかった。

2　従来の研究動向

さて、こうした教科書問題を契機として、日中両国の間に現われた歴史認識の対立を解消するために、二〇〇六年一二月に両国政府レベルの日中歴史共同研究が始まった。北岡伸一・歩平両氏を座長として、古代・中近世史と近現代史の部分に分かれ、二〇一四年に報告書が出版された。本書の特徴は、日中双方の執筆者がほぼ同じ時期の事実を抽出し、時系列的に歴史叙述を行っていることである。つまり、問題意識の並行している日中両国の学者の見解の特徴を比較することにある。例えば、彼らは、「日本の大陸拡張政策と中国国民革命運動」(第一部第三章)、「満洲事変から盧溝橋事件まで」(第二部第一章)、「日中戦争――日本軍の侵略と中国の抗戦」(第二部第二章)、「日中戦争と太平洋戦争」(第二部第三章)という四つの章に分けて、両国が戦争に向かった道を検討している。

この共同研究の参加者である東京大学の川島真氏によれば、日中見解の相違は、歴史研究に対するアプローチの違いによるものである。とりわけ、中国側は結果重視、つまり、最終的に日中戦争に至る道を描こうし、個々の時期の説明はその一部として意義付けられた。それに対して日本側は、「必然論」を採らず、結果より過程を重視し、様々な条件の下で一つの決断がなされ、その個々の結果が歴史の流れを作ったと言う観点に立つ。また、中国側が侵略や戦争について「軍民二元論」を採るのに対して、日本側はそれには依拠しない。「軍民二元論」は、侵略や戦争責任の一部を軍国主義者に帰し、日本の一般人民は中国人同様に犠牲者であるという日中友好運動の出発点に関連づけられている。

中国側は、こうした問題の本質を捉えようとする傾向を歴史事件の解釈に反映させ、歴史の連続性を強調することになる。例えば、一九三七年の盧溝橋事件を契機として勃発した両国の戦争を第二次日中戦争と名づけたことは、そのことを象徴的に示している。つまり、中国側の認識としては、一八九四年の日清戦争と一九三七年の日中戦争とを直線的に繋げられると考えたのである。換言すれば、日清戦争で中国が完敗し、中国の勢力が日本の要求にしたがい、朝鮮半島から撤退しても、両国の平和をもたらせなかったのは、日本の野望が朝鮮半島に止まらず、中国本土にまで及んでいたためである。したがって、一八九四年と一九三七年との間には、六三年という長い歳月が流れたにもかかわらず、日本の歴代政府が「大陸拡張」政策を国是とした以上、中国との衝突は当然避けられないことになる。そして、いわゆる第二次日中戦争は、こうした歴史の流れの必然の結果とみなされたのである。

かかる衝突の原点は、明治維新を始点として日本がダーウィンの進化論を基に「適者生存」という観点から「脱亜論」を唱えるようになり、アジアにおける西洋文明の代弁者として、アジアに君臨しようとしたことにある。日本政府は、アジアの文明化を進めるという大義名分で、朝鮮半島を始め、中国大陸および東南アジアに、進出することを図ったのである。

一九一〇年八月「韓国併合」という政策に踏み込み、朝鮮半島を掌握したことは、このアジアに進出する政策の最初のステップでしかなかった。そして、一九一四年八月ドイツに宣戦を布告したことにより、ドイツの根拠地である山東省の膠州湾を陥落させた後、翌年一月、日中間の懸案を一挙に解決することを目的として、中国に二一ヵ条要求を提出したことは、中国における日本の覇権を築こうとするための布石であった。

したがって、一九三一年九月満洲事変の勃発から翌年三月満洲国の建国へと発展した過程を見れば分かるように、事変は鉄道の爆破事件への一時的な反応ではなく、かなり長い時間をかけ、精密な計画を立てていて初めて実行可能なものであった。ところで、満洲における関東軍の軍事活動に対抗できなかった国民政府は、一方で「不抵抗政策」を唱えて関東軍との戦闘を避けようとしながら、他方では国際連盟に訴え、事変の解決そのものを連盟に依存した。こうした国民政府の戦争回避の姿勢は「満洲国」成立後も変わらなかった。この政策について、「外部の侵略を防ぐために、先ず国内の秩序を安定させる（安内攘外）」というのが、当時国民政府の最高責任者である蔣介石の説明であった。つまり、外敵である日本の侵略に対抗するためには、まず、国内における共産党の反乱を絶滅させるべきだという主張である。こうした内部の脅威を除いてから外部に対処するという方針は、一九三六年の「西安事件」を契機に根本的に転換されることになる。すなわち、張学良が西安で蔣介石を拘束したことによって、国民党と共産党との間で抗日統一戦線が結成されることになった。こうして国内の矛盾を棚上げすることについて共通認識が成立した結果、全力を挙げて日本と対抗する体勢が整った。一九三七年の日中両国の全面戦争は、このような中国内部の変化の反映でもある。

換言すれば、満洲国ができたあと、日本の軍部がさらに華北に進軍しようとしたのは、国策とした「大陸拡張」政策を遂行するためである。また、その後盧溝橋で一兵士の失踪を事件の発端として、全面戦争への展開になったことも、こうした「大陸拡張」政策に乗ってしまった結果である。このように中国の国民感情と権益を完全に無視し、日本の国益のみを考えた中国進出政策が、歴代政府の国策となった以上、中国が反発することは当然であり、問題は、中国の国民がいつ奮起するかだけのことであったというのが中国側の主張である。

さて、こうした本質論と対立するのは、日本側のケーススタディーである。つまり、問題発生とそのプロセスを探求しない限り、歴史の真相をつかめないという日本側研究者の主張である。例えば、日清両国の衝突の発端は、朝鮮半島をめぐる主導権の争いから始まり、それは日本が朝鮮を清国の影響から切り放し、自身の勢力を扶植しようとしたためであったという。日本がこのように積極的に朝鮮半島に進出しようとしたのは、ロシアを恐れたからであり、ロシアの力が朝鮮に及ぶ前に、日本が先制攻撃を加えようとしたためであった。したがって、その後「韓国併合」を断行したのも、ロシアに備えるため、国防線の再設定として、朝鮮半島を「主権線」に入れた結果である。

また日本が中国の山東省に進出するようになったのは、ドイツへの宣戦を契機とする。日本は同盟国イギリスの要求に応じるために参戦したのであり、その結果、当該省におけるドイツの根拠地である膠州湾を占領できた。こうした山東省におけるドイツの権益の譲渡をはじめ、満鉄と関東州租借地の期限延長などを含む対華二一ヵ条要求の多くは、日本がすでに事実上享受しているものであった。

満洲事変は、張学良政権による組織的な排日政策と中国民衆の抗日活動に対する反発として起こされたものと理解されており、その満洲事変が満洲国の建国という結果をもたらした。また、満洲国建国に至る一連の経過が、五・一五事件を誘発したばかりでなく、さらには、それに起因して、日本が国際連盟から脱退することとなった。五・一五事件は、戦前における日本の政党政治の終焉を象徴するできごとであり、国際連盟脱退が日本の国際的孤立を招来したことは周知の通りである。これにつづく軍部勢力の拡大と、日独伊三国同盟の結成は、このような国内および国際政治の行き詰まりという状況の反映であった。日中全面戦争への突入から太平洋戦争にまで拡大する軍事力の使用は、当時の日本政府が抱えた難問解決のための突破口として選択された道でもあった。

こうした視点に立脚した日本側の歴史観から見れば、長期間にわたる両国の相互不信と敵対意識が戦争をもたらしたことに違いないが、盧溝橋事件を契機として始まった両国の全面戦争は、日本政府の意図により展開し、拡大したものではなかった。このことは、日本政府が最後まで中国に宣戦布告をしなかったこと、また、戦争期において日本側が無数の平和工作を試みたことからも明白である。日本政府は、両国の衝突状態の早期収拾を期待していたのである。要するに、戦争がその後無限に拡大していったのは、事変の偶発に次ぐ偶発という悪循環による所産であった。したがって、客観的な立場から、なぜ全面戦争にまで発展したかのプロセスを解明することが肝要である、というのが日本側の主張である。

3　新しい研究の視座

このように、歴史認識のみならず、研究に対するアプローチも異なっているため、日中戦争を巡る両国の解釈には、常に一種の溝が存在していた。特に、中国側は、戦場が自国であったため、日本が戦争責任を明らかにしない限り、いかなる研究作業も民族の和解には繋がらないと主張した。つまり、戦場になったことと戦場にならなかったことがいかに戦争責任の追究態度に影響を与えたか、日本の「内地」の住民と沖縄住民との態度の相違を考えれば、分かるであろう。また、単なる男同士の戦いという日米戦争と、多くの無辜な女性と子供を巻き込んだ日中戦争の本質との相違を明瞭に区別しない限り、日中の民族の和解には役に立たないというのは、中国側の考え方である。

両国の民族の和解を目指す筆者は、まず戦争拡大の過程に焦点を絞り、それぞれの事変における担当者の責任を追及することを試みる。つまり、従来の日本側の研究成果をもとに、それをさらに発展し、同戦争が長期的に計画、運営された結果ではなく、偶発的事変から事変へという悪循環の中で生まれた結果であるという認識の上で、かかる不幸な事変が何故連続して発生したのかを再検証したいと考えている。

具体的には満洲事変を始め、熱河作戦、上海作戦（一九三二年と一九三七年）、南京占領、徐州会戦、漢口作戦、広東作戦、南寧作戦、北部仏印進駐、南部仏印進駐などの事変に重点を置き、それを本質論に立つことなく再検討することによって、上記の事変における担当者の責任を追及し、相互の戦争責任を明らかにする。

さらに、戦争責任を追及するだけでなく、満洲開発を研究の軸として、戦争期における満洲国の位置づけを再検討することが、筆者のもう一つのねらいである。

今日まで、満洲国に関する中国側の研究は、負の側面にしか焦点をあてないという傾向があった。つまり、どれだけ大勢の中国人が使役され、虐殺されたのか、また、どれほど大量の物産が略奪されたのかという研究テーマが、中国学術界の主流であった。

戦争期において、満洲で大勢の中国人が犠牲になったこと、また大量の戦略物質が運び出されたことは事実である。しかしながら、満洲が戦場ではなかったことを考慮すると、満洲を中国本土と同様の基準で取り扱うことは、歴史の全貌を掴み損ねるおそれがある。よって、筆者は日本の満洲支配の原点に遡り、満洲国の位置づけを再検討することにした。

関東軍による満洲支配の目的は、資源と市場を獲得することにあった。つまり、資源と市場が不足していた日本は、満洲を勢力圏とすることで日満ブロック経済圏を建設し、本格的な大国となることができると考えていた。また、それによってロシアとアメリカとも対抗できる力を獲得しようとする思惑が当初から存在した。それゆえに、統制と重工業に重点をおく「開発政策」により、満洲経済を日本に包摂しようとすることが日本の満洲支配の特徴であった。こうして「貨幣統一事業」をはじめ、「日満経済ブロック」のスローガンの下で、「総力戦体制」に照応する第一期満洲経済建設が満洲国の樹立とともに実施されることになった。さらに、第二期計画として、「満洲国産業開発五ヵ年計画」が立案され、実行に移された。このため、一九三七年以降の五年間で満洲国に二五億円の費用が投入されたが、これは満洲を一大鉄鋼基地にするのが主な狙いであった。一九三七年当時の日本の国家予算が一六億円しかなかったことからすれば、満洲の開発計画の規模がいかに雄大だったかを思い知らされる。その結果として、満洲における工業化の進展も目を見張るものとなった。

裏を返せば、満洲で大勢の中国人を死亡させた原因は、戦闘によるものではなく、工業化を急激に推進させるために、気候等の劣悪な条件にもかかわらず、彼らを強制労働させた結果であった。大量の戦略物質が掠奪されたことは、日本の本土に運ばれただけではなく、満洲の工業化にも使われたのであった。

また、こうして工業化された満洲には、製鉄業などの一部先端技術が日本本土とほぼ同じ水準で導入されていた。後にこの地域が中華人民共和国の最重要工業基地として発展したことを考えれば、満洲国時期の工業化の実績についてもさらに深く考察すべきではないだろうか。

加えて日本国内では実現不可能な事業を実行することができたといわれる満洲の統制経済について、どのように評価すべきか。かつて満洲は、壮大な統制経済の実験場であった。この実験場で統制経済の経験を身につけた官僚たちが、その後、商工省や企画院を中心に革新官僚集団を形成し、戦時体制下の日本の政治、経済をリードしていったのである。さらに、彼らは終戦直後の経済安定本部、また、通産省に編入され、六〇年代の経済高度成長期においても活躍していたのである。通産省を中心とする官僚が主導し、政財官三位一体で経済成長を推進する「日本的経営システム」の原型が満洲国で作られたことを考えれば、満洲経験を再検討する価値があるのではなかろうか。

つまり「十五年戦争」とともに成長した満洲国は、両国にとって、それぞれの遺産として評価されるべきものが残っている。したがって、この遺産を両国がどのように使ってきたのかを明らかにすることも、筆者の研究目的のひとつになる。

4 日本における新たな共同研究（第一段階）

こうした新しい研究視野を考慮しつつ、日中戦争に関わるあらゆる事実関係を再理解するために、現在、筆者は二段階に分けて共同研究を進めている。まず二〇一四年六月から二〇一五年五月にかけて、筆者が京都の国際日本文化研究センター（日文研）の外国人研究員に招聘されたことで、戸部良一氏（元日文研）との共同主催が可能となり、二ヵ月に一回のペースで「日本の軍事戦略と東アジア社会――日中戦争期を中心として」と題する研究会を開催した。

この研究会は、東アジア全域にわたった日本の対外戦争が日本および東アジア各地の政治・経済・社会・思想・文化に与えた影響を明らかにし、特に日本が展開した軍事戦略とその実行が中国社会に与えた衝撃を解明しようとするものである。日本の対外戦争には、日本の大衆によって支えられた諸側面がある。また、アジアに植民地を抱えていた帝国「日本」は、戦争によって「帝国」を拡大するために様々なイデオロギーを必要とした。本研究会は、こうした諸側面を戦争文化と捉え、軍事戦略を核とした戦争と文化の相互作用を明らかにし、日本の精神主義、「国体」観念、アジア主義といった諸特徴が、東アジア全域にどのような影響を与えたかについて、特に東アジアの言論空間に着目し、社会史・思想史・文化史のアプローチから、戦争と時代精神の関係を解明しようとした。

また、当時、日本には二つのパワーシフトがあった。一つは、戦時体制の下、いわゆる政党から軍部への権力の移行があった。もう一つは、総力戦体制というスローガンの下、満洲組や新興財閥が現れ、同時にナショナリズムが大きな無形の圧力として台頭してきた。そして、国内では多くの難しい政治的課題や対立があり、右翼や青年将校によるテロが発生するなど、政治的安定性を欠いていた。このような日本の国内秩序の不安定性は日本の対外行動をどのように規定したのか。他方、日本の対外行動は、東アジアの国際秩序に大きな衝撃を与えた。第一に、日本が中国を「侵略」し、戦線を拡大していく。第二に、中国大陸が「偽満洲国」、南京政権、重慶政権、延安政権という複数の政権に分裂していく。第三に、アジアにおける欧米列強のヘゲモニーが崩壊していく。このような東アジアの国際秩序の変化は、今度は逆に日本の国内秩序、国体観、ナショナリズム、対中観に影響を与えることになる。本共同研究は、このような日本の国内秩序の変化と東アジア国際秩序の変化との相互作用を明らかにする。

「複眼的視点」と題された論文集は、この一年間の共同研究の成果報告である。「戦前」「戦争期」「終戦から戦後へ」という三部から構成され、時間軸にそって配列されている本論文集は、二〇一七年のうちにミネルヴァ書房から出版される予定である。

第一章「北伐と日中反共提携構想——田中義一・蔣介石会談をめぐる考察」（加藤聖文）と第二章「全面戦争前夜における日中関係——緩衝勢力の位置づけを中心に（一九三三—一九三五年）」（黄自進）をまとめた第一部

の「戦前」は、「反共提携」を軸として日中関係が友から敵へなっていく過程をたどった。特に、日本政府が「防共」を国策としたにもかかわらず、なにゆえ中国大陸で「防共」を掲げ中国共産党と戦ってきた蔣介石を仲間として扱わなかったのかについて、日中両国の学者よって各自の角度から再検討する。

第三章「石射猪太郎と日中戦争」（劉傑）をはじめ、第四章「田嶋栄次郎と日本軍の曲阜占領」（姜克實）、第五章「日本海軍と日中戦争」（相澤淳）、第六章「日中戦争と欧州戦争」（田嶋信雄）、第七章「日本人の日中戦争観――一九三七―四一」（戸部良一）、第八章「グローバル・ヒストリーのなかの日中戦争――米国・日本の対中不平等条約の撤廃問題を軸に」（馬暁華）および第九章「国共関係と日本――戦争末期の「容共」をめぐる葛藤」（波多野澄雄）をまとめた第二部の「戦争期」は、盧溝橋事件を契機として全面戦争に発展してきた様子を戦争責任、国際関係、戦史記録などの視野から検証する。とりわけ、戦争が拡大されていった過程における外務省と海軍および世論の戦争責任をいかに理解すべきか、という問題について日中両国学者がそれぞれの立場から探求する。また、この戦争と国際関係との関わりを検討したことにより、戦争期における日中両国の外交のあり方をより一層あきらかにした。さらに、戦史記録に関する日中両国の相違を手掛かりとして、事実と記憶とのずれに注目し、「個人行為」と「国家行為」との区別をすることによって、日中戦争史の新視野がいかに展開されるべきなのかを提案する。

第一〇章「鈴木貫太郎と日本の「終戦」」（鈴木多聞）をはじめ、第一一章「戦後初期国民政府の対日講和構想――対日講和条約審議委員会を中心に」（段瑞聡）、第一二章「財界人たちの戦前と戦後のあいだ――藤山愛一郎・村田省蔵・水野成夫とアジア主義」（松浦正孝）および第一三章「旧日本軍人の処遇問題をめぐる蔣介石の対応――送還から招聘への裏面史に見る「白団」の起源」（鹿錫俊）をまとめた第三部の「終戦から戦後へ」は、

「聖断」を通して、終戦を迎えた日本政府の平和に対する決意を論証する一方で、「戦争」を通じて、アジアに対する実感を身に着けた日本の財界人がいかにその知識を生かすことによって、戦後の実業活動に参入していったのかについても描きだした。また、講和をめぐる国民政府の構想とその挫折を検証することにより、戦後処理に対する中国民衆の不満に光を当てて、日中間に対立の原点に立ち戻ってみた。さらに、「白団」ができた経緯に焦点を絞り、国共内戦が負けて台湾に移った蔣介石が軍の再建を旧敵である日本にどのように任せてきたのかを追究した。

こうした共同研究の成果は、日本人学者の七名をはじめ、中国出身の学者五名と台湾出身の学者一名を結集した結果であることを考えれば、戦争史をめぐり「日本と台湾と中国」における共通認識が、同共同研究を通して、ある程度調和をみせるようになってきたことを示すものと言えよう。また、日本の知識を背景として歴史的事実を明らかにしたことより、共同研究の最初の目標を達成した。

5　台湾での継承（第二段階）

京都を後にした共同研究は、その後台湾の蔣経国基金会の後援のもと台湾台北の中央研究院近代史研究所に移り、「和解への道——日中戦争の再検討」と改名し三年間の研究プロジェクトとして再展開されることになった。二〇一五年九月一四日から一六日にかけ、同研究所で開催された第一回国際シンポジウムでは、四四本（台湾人の学者一五名、日本人の学者一六名、中国人の学者七名、中国大陸出身で、海外で活躍する学者六名）の論文が発表された。

参加者である成城大学の田嶋信雄氏が同シンポジウムの感想を次のようにまとめた。第一に、本シンポジウムでは、以下のような時期区分による事実の解明が目指された。①満洲事変から「華北事変」（華北分離工作）「両広事変」「西安事変」を経て盧溝橋事変勃発に至るまでの時期、②一九三七年七月七日から七月末までの、大規模武力衝突が起こらなかった時期（現地を含め、さまざまな交渉が行われた時期）、③七月末から八月九日までの激化の時期、④八月一三日の上海事変勃発から南京陥落・虐殺事件発生までの時期、⑤戦争長期化の時期。

第二に、さまざまなアクターの役割の解明が目指された。広田弘毅の役割、留日経験のある知日派中国人の役割、中国・日本・「満洲国」における民間・世論の役割、日本海軍の役割、第二九軍の役割、汪精衛の役割、高宗武の役割、蒋介石総司令官侍従室の役割、そしてもちろん蒋介石の役割などである。さらに派生的には、ドイツ軍事顧問団の役割、ソ連軍事顧問団の役割も論じられた。南京陥落時における唐生智（首都警備司令官）の役割が中国側から批判的に論じられたことも、注目すべき点であった。

第三に、各戦区における戦闘の詳細や戦略的意義を確定・再注釈する試みが行われた。それは、例えば上海戦での塹壕戦・持久戦戦略と戦闘の激化の関係、チャハル作戦や山西作戦の具体相、南京戦での日本軍の行動、山東戦場の戦略的意義、台児荘戦役の実態、ビルマ戦線の戦略的意義など、各方面にわたる。

第四に、日中戦争の国際的な次元についても言及された。それは中ソ関係、日本の防共外交、ヨーロッパでの第二次世界大戦勃発後の日本の対ソ政策、日米交渉、琉球問題、国際連盟問題、不平等条約問題などであり、多岐にわたる。

こうしたシンポジウムの特徴を検証し、田嶋氏は次のような成果が達成されたと評価した。

第一に、盧溝橋事件前後の激化の過程を①盧溝橋事件へといたる政治過程、②盧溝橋事件から七月末に戦争が拡大するまでの三週間の過程、③さらに八月一三日に上海事変が勃発して戦争が拡大するまでの過程、という三段階に分け、それぞれの段階の詳細な分析が行われたこと。そこでは、例え政府の公式の政策にはならずとも、戦争拡大・全面侵略以外の複数の政治的選択肢が存在していたことが明らかとなった。もちろん日本が盧溝橋事件をきっかけに中国への侵略戦争を拡大していったという大枠は変らないが、こうした作業により、歴史の襞が明らかになり、日中戦争の拡大過程を見るイメージが豊かになった。

第二に、蔣介石、宋哲元、広田弘毅などを事例として政治家・官僚・軍人らが世論のナショナリズムに拘束される面と、逆に政治家・官僚・軍人らが国民の戦争熱を煽るという二つの側面が注目された。

第三に、この間、中国において史料に基づく実証研究が進化・発展してきたことが如実に示された。中国における研究対象が、共産党から国民党へと拡大してきたことはすでに旧聞に属するが、台湾のみならず、大陸においても国民政府の政策を明らかにする膨大な史料の公開・刊行が行われており、さらに、蔣介石日記の公開にともない、いままで知られていなかった国民政府内部の政治過程が克明に明らかにされた。

おわりに

この共同研究では今後、二〇一七年度までの間、毎年一回シンポジウムを開催する予定である。このように日本において研究基盤を構築し、海外で同研究を深化させようとする運営の仕組みは、東アジア域内での国際的な研究交流の新しい形であり、イデオロギーと国境を超える成果を挙げることが期待され、さらに、日中台の三角友好関係を築くための手がかりとなることも望まれる。

無論、この研究計画のみで両民族の和解の鍵になり得るとは思ってはいないが、本共同研究を通して、和解への第一歩として抛甎引玉《ほうせんいんぎょく》の役割を果たせれば幸いである。

参考文献

伊藤隆編『新しい日本の歴史』(育鵬社、二〇一三年)

川島　真「『日中歴史共同研究』の三つの位相——難題はどこにあったか」(笠原十九司編、『戦争を知らない国民のための日中歴史認識——『日中歴史共同研究(近現代史)』を読む』勉誠出版、二〇一一年)

菊池一隆『東アジア歴史教科書問題の構図——日本・中国・台湾・韓国、および在日朝鮮人学校』(法律文化社、二〇一三年)

北岡伸一『日本政治史——外交と権力』(日本放送協会、一九九〇年)

北岡伸一・歩平編『「日中歴史共同研究」報告書』第二巻近現代史篇(勉誠出版、二〇一四年)

小林英夫『満鉄が生んだ日本型経済システム』(教育評論社、二〇一二年)

——『満洲と自民党』(新潮社、二〇〇五年)

黄　自　進『蔣介石と日本——友と敵のはざまで』(武田ランダムハウスジャパン、二〇一一年)

——『蔣介石與日本——一部近代中日關係史的縮影』(中央研究院近代史研究所出版(台北)、二〇一二年)

——『阻力與助力之間——孫中山、蔣介石、親日、抗日五〇年』(九州出版(北京)、二〇一五年)

高橋史郎責任編集・新しい歴史教科書をつくる会編『新しい教科書誕生!!』(PHP研究所、二〇〇〇年)

田嶋信雄「国際シンポジウム「和解への道——日中戦争の再検討」参加記」(『近現代東北アジア地域史研究会』第二七号、二〇一五年)

西尾幹二著・新しい歴史教科書をつくる会編『国民の歴史』(産経新聞社、二〇〇〇年)

藤岡信勝ら編『新しい歴史教科書』(自由社、二〇一三年)

山田辰雄「日中戦争の国際共同研究の試み」(呂芳上編、『戦後変局与戦争記憶』国史館(台北)、二〇一五年)

第11章

アジアの中を移動する女性たち

——結婚で日本に移住したフィリピンの女性たち

長坂　格

はじめに

フィリピンは国外に多数の移住者を送り出していることで知られる。世界有数の移住者送出国であるフィリピンの側から見ると、日本は主要な移住先の一つであるが、日本には、フィリピン人在住人口の中で結婚移住女性が多数を占めるという、他の主要受け入れ国には見られない珍しい特徴がある。

本章は、これら日本在住のフィリピン人結婚移住女性のライフヒストリーを紹介することで、彼女たちの、微細な差異を伴った移住以前の生活や移住経緯、さらには移住後の社会生活の再構築の特徴を明らかにすることを試みる。具体的には、彼女たちが移住以前にフィリピンでどのように暮らし、その後いかに日本人男性と結婚するに至ったのか、また結婚移住後にいかなる生き方を模索してきたのか、そしてそれは彼女たちの移住生活経験、そして自己意識といかなる関係を持つのかなどといった点を、彼女たちのライフヒストリーを記述する中で検討してみたい。そして彼女たちのライフヒストリーに見いだされる結婚移住女性たちの異なる移住経路や、その中でのよりよき生への摸索に注目することで、経済力、政治力、そしてステレオタイプ化されたイメージによって差異化・分断されるアジアを、人々がどう経験し、そしてどう乗り越えようとしてきたのか、その一端でも描き出すことができればと思う。

参考文献リストにその一部を挙げたように、日本に居住するフィリピン人結婚移住女性については、これまで、長期の調査にもとづいた優れた研究が数多くなされてきた。また、日比両国間の経済格差や両社会におけるジェンダー規範、さらには日本におけるステレオタイプ化されたフィリピン人女性イメージなどによる抑圧に対する、女性たちによる主体的な対応を論じた研究も少なくなく、それらの研究の問題意識は本章と重なるところが大きい。筆者は、これまでフィリピンの農村調査をベースにフィリピンからの国際移住、とりわけイタリアへの移住についての調査を実施してきた。日本のフィリピン人結婚移住女性については、近年に至ってようやく散発的に調査を始めたにすぎず、これらの研究群に対して、本章が新たに付け加える点は少ないであろう。それでも本章では、結婚移住女性の個別の事情や移住経路の微妙な違いに留意しつつ、結婚移住女性のライフヒストリーを提示していくという手法をとることで、その記述分析に多少なりとも特色を出したいと思う。

調査について説明しておくと、本章では、関西地方の周辺部に位置するA市一帯に住むフィリピン人結婚移住女性へのインタビューをもとに記述をすすめる。調査は、二〇一五年三月に、当地の日本語教室の方々等に紹介して頂いたフィリピン人女性結婚移住者五名に対して、一時間半から二時間程度の時間をかけて行われた。インタビューは、同行した二名の学生とともに、主に日本語で、そして時に多少込み入った話になるとタガログ語を混ぜるという形で行われた。インタビュー内容は、出身地での経験、移住過程、結婚後の生活をそれぞれ聞いていくという点では、すべての話者に対して同じようになされた。しかし、そうした基本的な点を除けば、聞き取りは会話の向かう方向をあまり限定せずにすすめられたこともあり、それぞれの話者が語った情報が集中する部分は必ずしも一致しなかった。本章では、同じ地域に居住するフィリピン人結婚移住女性たちの語りに見出される、こうした強調点の違いや個別の事情の違いをなるべく活かした記述を心がけたい。そうすることで、一般化された記述ではなかなか掬い取ることができない、生活状況および移住後の社会関係や自己意識の再形成のあり方の微細な差異が浮かび上がるのではないかと考えられるからである。なお、各事例の記述では、氏名はすべて仮名を用いたこと、話者が特定されないよう細部の情報に適宜変更を加えたこと、実際の会話ではタガログ語が日本語に混ざることが多かったが、文中の引用は紙幅の関係ですべて日本語に翻訳してあることを付記しておきたい。

1　フィリピンから日本への結婚移住

ライフヒストリーの記述に先立ち、フィリピンから日本への結婚移住について若干の背景説明を行っておこう。フィリピンは、一九七四年以降、移住労働者の送り出しを政策的にすすめてきた。そのことも大きな背景となり、フィリピンは現在、人口の約一〇％に相当する一千万人以上の海外移住者を擁する世界有数の移住者送出国となっている。[*1] 宗主国であった米国は最大のフィリピン人人口を擁するが、東アジア、西アジア、ヨーロッパなどにも多数のフィリピン人移住者がいる。

こうしたフィリピンからの国際移住において、しばしば指摘されるのが「国際移住の女性化」である。一九八〇年代半ば以降、フィリピン海外雇用庁が把握する海外労働者派遣数は、男女比が拮抗するようになり、一九九〇年代初頭には新規派遣数は女性が六割を占めるようになった（Go, S. 1998）。それらフィリピン人女性の多くは、東アジア、西アジア、ヨーロッパ、北米諸国などへ、看護、介護、家事労働の分野での就労を目的に移住していった。

そのような多数のフィリピン人女性の国際労働移住の流れの中にあって、日本への女性の労働移住はきわめて特殊な形で展開された。日本への就労目的の移住は、一九八〇年代初頭以降、日本の在留資格「興業」を通しての、ホテルやナイトクラブでエンターテイナーとして就労する若年女性の移住が中心となるという、他の国に見られない特徴をもっていた。このルートで来日して就労する女性たちは、一九九四年以降は、フィリピン政府の担当機関による審査を経て「アーティスト」としての認定を受けた後、「興業」ビザを申請することになっていた。また、「興業」ビザでの日本での就労期間は、多くの場合六ヵ月であったので、少なくない女性が六ヵ月ごとの日本での契約を繰り返した。そしてこうした「興業」ビザで来日するフィリピン人女性の数は、二〇〇三年には年間八万人以上に達した（佐竹眞明、M・A・ダアノイ　二〇〇六年）。

このような「興業」ビザによる移住女性の日本での就労に対しては、国連や米国政府から人身売買の温床になっているという批判がなされ、日本政府は二〇〇五年に「興業」ビザの発給基準を厳格化した。この発給基準の厳格化以降、二十年以上にわたって日比両政府によって制度化がすすめられ、巨大な人の流れを形成してきたフィリピンから日本への「興行」ビザを通しての移動はほぼ終息した。ただし、この期間の大量のフィリピン人若年女性の移住・就労は、フィリピン人女性と日本人男性との出会いの機会と日比間の人的交流を飛躍的に増大させ、一九八〇年代以降の日本人男性とフィリピン人女性との国際結婚の増加の重要な背景となった。
フィリピン人女性と日本人男性の結婚は、日本人男性の国際結婚相手の出身国統計にフィリピンが記載されるようになった一九九二年の段階で、五七七一件となっており、その年の日本人男性の国際結婚相手の出身国としてはトップであった。その後、日本人男性と結婚した女性の出身国トップは中国に取って代わられるが、それでも七〇〇〇組前後の日比カップルが毎年生まれた。さらに「興行」ビザ発給基準の厳格化がなされた二〇〇五年と翌年には、一万組を超える日比結婚が行われている。ただし、その後日本人男性とフィリピン人女性の結婚件数は徐々に減少し、二〇一三年には三一一八組にまで減少した。[*2]
このように一九八〇年代から増加し、二〇〇〇年代半ばにピークを持った日本人男性とフィリピン人女性の国際結婚の動向を反映して、現在の日本のフィリピン人の人口構成は、三〇代後半から四〇代後半の女性が極端に多くなっている。とりわけ四〇代の女性は同年代の男性の約一〇倍となっており、[*3] これら女性の多くは日本人男性と結婚している／していたと考えられる。次節でライフヒストリーを紹介する三名のフィリピン人結婚移住者は、おおまかにはこの年代の女性たちである。

2　結婚移住女性のライフヒストリー

調査を実施したA市一帯は、大阪駅から電車で約三時間の距離にある。駅周辺に商業地と住宅地が集中しているが、その周囲には農山村地帯が広がっている。地区によってばらつきがあるが、全体的に人口減少および高齢化の進展が見られる。過去一五年間でA市の総人口は一〇％以上減少し、近年、高齢化率は三〇％を上回るようになっている。

A市の外国人在住人口比率は、全国平均の三分の一程度と少ない。フィリピン人人口も数十名と少なく、人口比率も〇・一％を下回る。これら少数のフィリピン人の多くは結婚移住女性と推察されるが、彼女たちの住居は特に集中しているわけでもなく、地域一帯に分散している。以下では、このA市および周辺自治体で実施された聞き取りにもとづき、三名のライフヒストリーを順に紹介していくことにする。

ケース一　ジョアンナ　二〇〇五年に九歳年上の男性と結婚

ジョアンナは一九七七年、五人兄弟の二番目としてマニラ近郊の州で生まれる。父は、フィリピンで庶民が利用する乗り合いバスであるジープニーのドライバーで、母はマニキュリストをしていた。他にごく小規模な養豚も行っていた。父親のキョウダイ[*4]が同じ敷地内に住んでおり、両親が働いているときはオジ、オバに面倒をみてもらったりもした。

子ども時代の生活は「大変だった」という状況だった。例えば三食食べることができたが、しかし毎日三食は食べられた。キョウダイのだれかの洋服を今買えば、別のキョウダイの洋服は後回しという具合だった。周囲もそのような生活だったので「普通」だと感じていたが、「大きくなったら、大きな家も欲しい」と思ってもいた。キョウダイの中で高等教育を受けたのは、本人と一番下の妹である。ジョアンナ自身は、コンピューターセクレタリーの専門学校の二年コースを卒業した。

専門学校を卒業してからは、外資系の会社で勤務した。ただ、コンピューターへの入力作業は難しく、続けることはできないと感じ、転職することにした。病院や企業などに履歴書を送っていたとき、たまたま近所に日本で働いている人がおり、「日本に行ったらすごいお金が貯まるで」と言われ、自分も行きたいと思うようになった。そのうちイトコから、日本で働く「タレント」をリクルートする男性を紹介された。その男性は、自宅に何度もジョアンナを勧誘にきた。

父親は、ジョアンナが日本で働くことを、「危ないから」と反対した。父親が「危ない」と思った理由は、当時、フィリピンのニュースで、日本で働く若い女性がレイプ被害にあったり、殺されたりしたことが報道されていたからだとジョアンナは回想する。しかし母親は、たまたま友人の娘が何度も日本に行っていたこともあり、強く反対はしなかった。日本行きのためのダンスなどのトレーニングをして審査にも通った後でも、父親は反対し続け、話し合うときもジョアンナとは別の方向を向くばかりだった。ジョアンナは「家族を助けたいから、行きたい。これしかない。このほうが早い。こっち（フィリピン）で働いていても、がんばったとしても、そんなお金は貯まらない」と思っており、そのことも伝えた。最終的に父親は「もう仕方がない」と半ば許可することになったが、最後まで「オーケー」とは言わなかった。

二〇〇〇年に二二歳で日本にきた。フィリピンの他の地方出身者と四人のグループだった。空港からA市内のクラブに直接向かい、日本で結婚しているフィリピン人女性が通訳に入り、「明日から仕事をするから」と言われた。最初の日々は、お客さんのところに行っても「何されるか」と不安になり、「もう帰りたい」が、「でも帰れへんし、もう仕方ない。がまんせな」と思ったという。そして「英語しゃべる人がおったら英語でしゃべる。でも全然しゃべらない人は、メモを書いて、お名前は何ですか、何歳ですか。で、もうないからおしまい」という状態が三ヵ月くらい続いた。そのうち「しゃべれないなら、ひらがなを覚えたら大丈夫」と同僚に言われ、独学でひらがなの読み方を覚えた。そして松田聖子の歌など日本語の歌を覚えて歌うようになり、仕事にも少しずつ慣れていったという。

　契約期間が終了し、フィリピンに帰国する前に、クラブ側からまた戻ってこの店で働きたいかと聞かれた。来日前、映画などで得た「怖い」という日本の印象は少しずつ薄れ、「日本が好きになっていた」し、店の外で客と会うことが求められないこの店ならば安心して働けるので、再び同じ店で働きたい旨を伝えた。結局、帰国前に次の契約を合意するという形で、四回、同じ店で働いた。

　最初の契約期間六ヵ月が終わって帰国したとき、「私が（お金を）持ってて、何するの？」と思い給料をすべて母親に渡した。母親は大体半分は生活費に、もう半分は実家の増改築費用に充てたという。自分が買いたい服などは母親からお金を受け取って買った。ただ、三回目、四回目は自分で使う額も多くなった。それでも、フィリピンで次の契約を待っている期間があるので、そのときに少しずつ使ってしまい、日本で稼いだお金はほとんど手元に残らなかった。

　A市近くの町で働いているときに、ジョアンナは一〇歳年上のトラックの運転手である未婚の独身男性、武田と出会った。四回目の契約が終了するとき、それ以前にフィリピンのジョアンナの家を尋ねたこともあった武田は、彼女に結婚を申し込んだ。当時、ジョアンナは、次回の契約で別の店に移ることを打診されており、別の店では働きたくないのでもう日本に戻らないと決めていた。迷いもあったが、「日本に残りたい」という気持ちもあり、武田との結婚を決心した。同時に「この人は私の旦那さん、だからこれから旦那さんのことしか見ない」と決めたという。

　すでに武田と会って好印象を持っていたジョアンナの家族からの反対も特になく、二人はフィリピンで結婚した。ジョアンナは来日して、夫と夫の両親とA市で暮らし始めた。現在二人の子どもがいるが、日本とフィリピンの育児の違いには苦労した。「みんな（が寄って）きて、あんた（母親）は寝なさい、休んでとか」といった雰囲気ですすめられるフィリピンの育児と異なり、日本は育児を「全部ひとりでする」。また、喜んでほしいからと子供にプレゼントをあげることに対して義母から「もったいない」と反対されることにストレスを感じたこともあった。義母との同居も必ずしもスムーズではなかった。義母がすべてを決めることや夫の食事を作り続けることにも抵抗を感じた。そこで三年前から夫とも相談し、食事は自分たちで作ることにし、家計も分離することにした。最近は、「だまっとったらわからへんで」と夫にも言われ、向うが文句をいえばこちらも文句を言うようにもなったという。

現在も母親には毎月二万円程度の送金をしている。結婚前に「私だけ幸せになるんじゃなくて、私も家族も」と夫に告げていたこもあり、以前は夫の稼ぎから送金をしていた。現在はジョアンナが車の部品工場で働いているのでその給料から送金をしている。

フィリピンではミドルクラス向けの住宅地を購入している。子どもが大きくなり、夫が日本で働けなくなったら夫婦でフィリピンに住みたいと考えている。自分の母親と妹たちとフィリピンでまた一緒に暮らしたいということの他に、日本で近所を「一人で歩いている」たくさんの高齢者がいるが、彼らのところにはたまにケアサービスの車がくるだけで、お葬式になるまで家族が帰ってこないのを見ていて、「私もこうなるかな、いやだな」と感じたことも、将来、「絶対フィリピンに帰りたい」と思う理由だという。

ケース二　ジャネット　二〇〇四年に一〇歳年上の男性と結婚

ジャネットは一九六七年、七人キョウダイの三番目として生まれた。生家はマニラ首都圏の庶民層が多く住む地域にあった。毎日夕方六時には、家族で「お告げの祈り（アンジェルス）」の祈禱をするという敬虔なカトリックの家庭に育った。父親は溶接工、母親は主婦であった。父親は、サウジアラビアなど数カ国で溶接工として働いた経験がある、いわゆる海外契約労働者であった。日本には妹が一人、A市内で結婚移住して住んでいたが、最近離婚した。離婚を機に、フィリピンから連れてきた子供と一緒にフィリピンに帰る予定であるという。

二人の姉は、高校を出てから働いていたが、彼女はマニラの有名私立大学に進学した。彼女自身は、姉二人と同様に、高校卒業後にすぐに働いて、「自分の服とか靴とかを買える」ようになりたかった。しかし父親には子どもを大学に行かせたい、という夢があったので、「じゃあ、わかった、私が大学までいく」と言って大学に進学することになった。しかし大学の二年目が終わったころ、父親が海外の出稼ぎ先で怪我をしてしまい、その後一年間仕事ができなくなった。薬代もかさみ、家計が苦しくなったのを見て、ジャネットは父親に「ごめんなさい、大学をやめて仕事する」といって働くことになった。

最初はお菓子を袋詰めする工場で働くが、そのうち、ビジネス街であるマカティのカラオケスナックで会計の仕事に就いた。その後、そのカラオケスナックに訪れた日本企業の社員の紹介で、日本企業に事務職で就職した。そこで三年間働いた後、給料が「少しだけ高い」ヨーロッパ系企業に移った。当時の給料は一人分の生活費に「ちょうどいい」くらいで、子どもがいればとても暮らしていけない額だったという。ただ、その頃、カラオケスナックで働いていた頃のツテを活かし、カラオケスナックで「タレント」として働く女性への化粧品や衣装の販売も「副業」として行っていた。化粧品や衣装を仕入れて「タレント」たちに月賦で販売し、彼女たちの給料日に集金にいくという商売である。給料日の深夜の終業時間に、釣銭をたっぷり持って彼女たちが出てくるのを待つという商売のやり方は、誰に教えてもらったわけでもなく彼女自身が「自分で考えて」始めたものだという。

その後自宅で、フィリピンで一般的にサリサリストアと呼ばれる、ごく小さな街角の雑貨店を三年ほど経営した。当時三五歳になっており、「結婚したい」、「子ども一人でも欲しい」と、水曜日はバクララン、金曜日はキアポというように、マニラの下町の有名な教会で祈っていた。その頃、カラオケスナック勤務時代に知り合った友人が日本人と結婚して日本に住んでいた。その友人は、最初冗談で「誰かいい人いたら紹介する」と言っていた。ジャネットは、「いいよ。もし紹介してくれて、いい人だったら家族にあわせてみる」と答え、もし家族が、その人はだめだとか、横柄な感じがすると言ったらやめると言った。その友人は、ジャネットの一〇歳年上で地元の建設会社に勤務する、離婚経験のある日本人男性上田を紹介した。上田は、ジャネットに会うために、二〇〇三年の一〇月にフィリピンを訪れた。上田は、日本の食材を持参して「あなたの家族に食べさせたい」と料理を振舞った。ジャネットの家族は、上田に「優しい人」という印象を持った。

上田は、帰国後にジャネットが本気で結婚したいと思っているのかどうか自信が持てなかったようで、何度か「本当に結婚したい?」と確かめてきた。一方、ジャネットの父親は「反対してないけど、心配」だったという。二人の姉はすでに結婚していたが、外国人との結婚は家族にとって初めてだったこともあり、父親は「決められないのだったら、今、やめるほうがいい」と言った。しかし彼女は決意を固め、五ヵ月後に上田がフィリピンを再訪した際に、教会で式を挙げて結婚した。結婚の決心が固いことを家族と上田に示すために周到な準備をしておいたので、上田がフィリピンに滞在していた「二週間だけ」で、婚姻証明の取得から教会結婚式まで「すべて」を済ませることができたという。

結婚してからの二年間は「喧嘩ばかり」だった。夫は酒をよく飲み、友人と酔っぱらって騒いだりすることに加え、パチンコに出かけることが多かった。「夜、仕事かえってから、シャワーするだけ。一緒にご飯食べて、すぐに（パチンコに）出ていく」。最初の家は、A市の中でも山間地域だったので、「わー、この山ばっかりのところで、一人でどうするの」と泣いてばかりいた。しかし結婚を固く決意したからこそ教会で式を挙げたのだし、教会で式を挙げた以上別れることはできないと思い、また父親から何度も本当に結婚したいかと聞かれたことも思い出し、「自分で決めた人生だから」と我慢をした。ただ二人の間に男の子が生まれ、成長していくと夫のパチンコ通いは止まった。

ジャネットは、子どもが幼稚園に入ってからまず自動車部品工場で働くようになった。その仕事は、夫を紹介してくれたフィリピン人の友人と一緒だった。現在は、ハローワークで紹介された食品加工工場に移り、そこで四年間働いている。ジャネットの仕事は土曜日が休みなので、土曜日は子供と過ごす。日曜日は仕事なので、子供は夫と過ごす。料理が得意な夫はよく子供と釣りに出かけ、釣った魚を料理してくれる。またジャネットは、日本食を作るのは今でも苦手なので、日本料理をつくるのは夫の役割となっている。

現在、家計の管理はすべてジャネットがしている。夫の給料も自分の給料もあわせて、公共料金の支払いなどもすべてジャネットがしている。子どもへのお年玉や児童手当は別口座に入れて「触らない」。息子はまだ小学校四年生だが、自分は四八歳、夫は五八歳で、二人とも「年だから」貯めることが必要だという。家計管理については家計簿もつけている。フィリピンにいるころから毎日出費を記録する習慣があった。「今日何買った、これこれ、何払った、で、給料は一日二〇〇（ペソ）だから、今日の出費は一五〇。大丈夫、五〇残る」という具合に収支を記録していたが、それは今も続けているという。

ジャネットは今もマニラの家族とスカイプで頻繁に連絡をとりあっている。兄が誕生日を迎えれば、「お兄さん、誕生日おめでとう」と言って一緒に祝う。夫も、タガログ語を覚えて、ジャネットの母親が写ると「元気?」と声をかける。ジャネットの弟などに「おかずは何?」と聞かれて、食べている料理を見せて「魚、おいしい」とタガログ語で答えたりしている。今は亡くなった父親が咳をしているのを見ると、「大丈夫?」と声をかけて「病院に連れて行って」といって、お金を渡してくれたこともあった。父親が生きているときは毎月五万円を送金していた。今も母親が薬が必要なので三万円を送っている。自分が仕事をしていない頃は、すべて夫の給料から送金していたが、夫は「これ、フィリピンに送って。こっちは何とでもできるから」と言ってくれた。

また、ジャネットは、日本とフィリピンの家族について、インタビュー冒頭で自ら次のように切り出した。「フィリピンの場合、生活はつらいけど、でもやっぱりファミリーと一緒だから、なんでもやる、なんでもできるとか、また、あしたがんばろうとか。日本の場合も同じ。(中略)子供いるから、なんでもがんばる、また明日がんばろう、なんでもする、とか。今日だめだったら、また明日する、とか。それはわたしの考えですから。他の人はわからないけど」。そして、夫は自分のフィリピンの自分の家族を大事にしてくれる、だから自分も夫を「大事にする」と続けた。

ただ、フィリピンの自分の家族を大事にしてくれる夫が、父親と関係が悪いことについては心配している。夫は、小学生の頃に父子家庭となったが、父親が家庭を顧みなかったため、夫が中学を出てから働き、弟と妹を高校に行かせた。夫の料理がうまいのはそのせいだが、ジャネットは夫の父親とはまだ会ったことがない。ジャネットは、現在病に伏している父親を許すことができない夫を何度も説得して和解させようとしたが、果たせずにいる。カトリックでは、時間がたてば、向うも悪かったという思いが募る、それを許せばその人の苦しみも和らぐと考えるし、また病気にもなったのだから許して欲しいと説得するが、まだ子供の頃の苦しい経験を消し去ることができないのだろうという。

ケース三　リサ　二〇〇八年に一一歳年上の男性と結婚

リサは一九六六年に、マニラ近郊の州で八人兄弟の五番目に生まれた。父親は警察勤務で母は化粧品の販売などをしていた。父親は、警察官としてのキャリアの後半には専門分野の教官をしており、ある程度の地位にあったと推測される。またリサらが子供の頃は、家に家事労働者が住み込みでいたこともあった。

キョウダイの中で、最初に日本に来たのは妹のリディアだった。ハイスクール在学中に、たまたま友達のオバがダンサーを養成して日本に送り出すプロモーションをしており、リディアは家族には内緒でそのプロモーションの練習に参加していた。グループに分かれて練習する中、たまたまリディアのグループが日本に行けることになった。しかし父親と兄はリディアの日本行きに猛反対した。リディアがまだ若すぎることに加えて、一九八〇年代前半の当時、戦争中の記憶がまだ強く、日本人のイメージが非常に悪かったことも反対の理由であったという。結局リディアは日本に行き、最初の数回の契約ではホテルでフォークダンスのショーをおこなうダンサーとして働き、後に、より給料が高いクラブの「タレント」として働くようになった。ただ、このように妹のリディアが何とか親を説得して先に日本に行ってくれたおかげで、リサや別の妹が、その後日本に行ったときには特に反対もされなかったと、リサは笑って回想する。リサは、大学在学中であった一九八八年に、「そのときは流行っていたから」と「タレント」として日本に行き、その後名古屋や東京で九年に渡って働いた。

九年後に地元に帰ったときに、同じプロモーションから日本に行った友達から、その兄ジュニーを紹介された。やがてジュニーと交際をするようになり、結婚することになった。結婚して電気修理店を営む夫の家に住み始め、夫の商売を手伝いながら三人の子どもを持った。ところが三人目の子供が生まれた後、しばらくして夫ジュニーが癌で急逝してしまった。治療代の支払いにも事欠く中、「健康保険も生活保護もない」フィリピンで母子の生活は行き詰まった。そこで仕事をしなくてはならないということになり、まず友達の紹介で警備員として働き始めた。「でもフィリピンの場合は、警備員にしても（私は）初めてでしょ、若い人の方が必要なんですよ。私は四十歳くらいだったからバカにされたんですよ。でもどうしても仕事欲しいから子供たちのために我慢して」。その後、建設業者に砂やセメントを売るエージェントの仕事もした。近隣の州まで砂やセメントを買い付けに行ったり、入札に参加したこともあったという。

ちょうどその頃、妹のリディアはA市在住の日本人男性と結婚してA市で働いていたが、その妹が病気になり、手術入院することになった。リディアは、リサに今の月収の倍を払うので、入院中、自分の子どもの面倒を見てほしいと言ってきた。そこで、リサは、家事労働者を雇い、子供たちを父親の家に預けて、日本に行くことにした。

妹の夫の友人である、板金加工会社に勤める山崎を紹介されたのは日本滞在中のことであった。山崎は離婚経験がある、リサより一一歳年上の男性だった。山崎から日本滞在中に求婚されたとき、リサは再婚に対して大きな不安があった。フィリピンに帰って自分が働き、これから子供を学校に行かせることができるかどうかと思う一方で、たとえ自分のことを愛していても子どものことを放っておくような男性と結婚したら子どもがどうなってしまうのかを考えると、すぐに結婚に踏み切ることはできなかった。そこでリサは「私には子供が三人いる。もし私のことが好きなら、私のことだけじゃなくて子供まで大事にしてくれれば私もちゃんと、ね、奥さんになりますよ」と言い、子供を呼び寄せる計画も伝えた。リサは山崎が断ると思っていたが、次の日に「それでもいい」と言ったので、再婚することにした。

一二月に結婚して、正月には「田舎なので」夫の親や兄の家に挨拶に行った。夫が再婚について何も言わなかったので夫の兄は怒っていたという。ただ、一年後に子どもを連れてきた後は、夫のキョウダイには小さい子供はもういないので優しくしてくれた。また、夫が大病を患い入院中に夫の母親が死去したが、その葬儀で、リサの子供も含めリサたちは遺族の位置にいるようにと言われ、さらに葬儀中のいろいろな役も割り振られた。リサは、夫がいなかったので自分たちは親族のところには入れないと思っていただけに「すごい涙が出た」という。

一番上の娘は再婚したときに一〇歳だった。その娘だけが再婚に反対だった。他の子供たちは「新しいお父さんができる」と喜んでいた。長女は、日本にきてしばらくの間、夫に話しかけるのは、「おはようございます」「行ってきます」「ただいま」「お休みなさい」という四つの言葉だけだった。大変だろうと思いつつも、長女には夫ともっとよくしゃべるように促したりもした。今では夫とよく話すようになったので安心しているという。日本人と結婚して、自分の子供を日本に呼び寄せた人は他にもいるが、子供に手を上げたり乱暴な言葉を浴びせる夫の話もよく聞く。そうした中にあって自分の夫は、子供を呼び寄せる前に、広い家が必要だろうと、自ら率先して家を探し、その後中古住宅を購入してくれた。今では、夫は「神様からの贈り物」だと感謝しているという。

下の子どもが一年生くらいになって仕事を始めた。子供が幼稚園のときは、まだ日本語もわからないし、「私が仕事を始めたらきついな」と思って小学校に入るまで待った。最初の仕事は携帯電話の部品工場だった。二年くらいしてから介護の仕事に転職した。実は介護の仕事を始めからしたかったのだが、資格がないと難しいと聞いたので工場で働くことにした。しかし介護の仕事は経験がなくても可能と聞き、転職した。転職する前に給料がいいとも言われたが、実際に働いてみると決していいわけではないという。それでも介護の仕事を今後も続けたいと思っているのは、自分の亡くなった両親を思い出すからだという。病に倒れてから身体が不自由になっていた父親は、リサが「私、今こうだよ、ああだよという話をすると、うんうんと聞いてくれた」が、介護の仕事では同じようなことができる。さらに介護の仕事は楽しいという。「やっぱり、おじいさん、おばあさんと話すと楽しいじゃないですか。（中略）レクレーションとかみんな楽しい。食べ物作るとか。何食べたいですか、とか」と述べ、今後も介護の現場で働いていくという。

3　社会関係と自己意識の再構築

以上、三人のフィリピン人結婚移住女性のライフヒストリーを、それぞれの移住経緯やその後の生活、あるいは語りの強調点の微細な差異をなるべく活かす形で紹介することを試みた。

彼女たちの語りは、フィリピンでの出身階層が微妙に異なる女性たちが、日本とフィリピン両国で様々な関係を取り結びながら、異なる移住経路を辿ってフィリピンから日本への結婚移住に至ったことを示していた。例えば庶民層に一般的な職業であるジープニーのドライバーを父に持つジョアンナは、周囲の日本帰りの人の話を聞くことで、「家族のために」と日本での「タレント」としての就労を決意した。フィリピンのメディア上の日本で就労するフィリピン人女性のイメージもあり、父親の強い反対を受けるなどしたが、反対を押し切って日本に移住した。その後店で会った男性の求婚を受け、迷いながらも「日本に残りたい」と考え、「私だけでなく、私も家族も（幸せにして）」と告げて結婚することにし、「これからは旦那さんのことだけしか見ない」と決意した。

ジャネットは、社会的上昇のチャンスを持つ海外契約労働者の父を持ちながらも、父親の就労先での怪我などで生活の安定が得られない状況で、複数の仕事をかけもちして生活してきた。しかし三〇代半ばで結婚願望が高まり、日本在住の結婚移住をした友人から男性を紹介され、フィリピンの教会で式を挙げて結婚に至った。リサは、ある程度の地位にある警察官を父に持つが、日本で「タレント」として働く妹や周囲の人の影響を受け、大学を中退して、日本で「タレント」として八年間働いた経験を持つ。その後、フィリピンで「タレント」仲間の兄と結婚したが、三人の子供を持った後に夫が急死し、生活が困窮する中、日本在住の妹から紹介を受けた日本人男性の求婚を受け、子どもを連れてくる希望があることをあらかじめ伝えた上で結婚した。

次に、このように出身階層、家族状況、移住経路、結婚の経緯を異にする女性たちのその後の結婚生活について、若干の考察をおこなうことでまとめに代えたい。従来のフィリピン人結婚移住女性の研究は、結婚後彼女たちが、集住せず単身で日本人の家庭、社会に参入していくことによる不確実性と困難（高畑幸　二〇〇三年）、さらに日本とフィリピンにおける日本在住フィリピン人女性のステレオタイプ化されたイメージの作用（N. Suzuki　2000）に直面することを指摘してきた。

まず、日本人家庭に単身で参入することによって生じる彼女たちの不確実性と困難についてみていくと、日本へのフィリピン人結婚移住女性の場合、一般に、他の国へのフィリピン人の移住において重要性を持つことが多い親族のネットワーク、あるいは業者等の斡旋ネットワークへの依存の度合いがきわめて低い。そうした移住形態では、移住後に彼女たちが用いることができる社会的資源は大変乏しい。逆に、特に移住初期段階では、彼女たちの移住先社会への適応、さらにフィリピンの家族との関係維持を支援する存在としての夫の役割が著しく重要性を帯びる。また在留資格という点でも夫の存在に依存していることが一般的である。

このような、夫、時に夫の親との関係性の著しい重要性とそれに伴う結婚移住後の生活の不確実性についての彼女たちの認識は、リサのケースによく示されていると思われる。日本で山崎からの求婚を受けたリサは、フィリピンで一人で働きながら三人の子供を育て学校に通わせる困難を考慮しつつも、もし自分の子供に暴力を振るったり、暴言を浴びせるような男性であったらと考え、再婚に大きな不安を感じていたと述べている。彼女は、今では、子供のことをよく考えてくれる夫を「神様からの贈り物」だと思っていると述べた。この「神様からの贈り物」という言葉は、フィリピン社会におけるキリスト教的世界観との関連だけでなく、夫との関係性如何で生活がいかようにも変わりうる彼女たちの生活や居住の脆弱性、不確実性との関連でも理解される必要があると思われる。

また、単身で日本人家庭に参入する彼女たちにとっての、夫の家族との関係の重要性は、特に夫の親と同居する場合、彼女たちに様々な葛藤をもたらしうる。ジョアンナの語りでは、時に子育てについての意見があわず、家のことを「すべて決め」、夫の食事を作り続けるという義母との関係性を、時間をかけて少しずつ調整し、家計や家事の分離に結び付けていくことに苦心したことが述べられている。別の話者は、英会話学校や介護の仕事をする際に、同居する「いい人」である義母に育児や食事の準備を頼むことが多いが、いろいろなことを頼んでいるときには「思うところはあっても言わない」、「言われた通りにする」と自制することで家事と仕事のバランスをとっていることを説明してくれた。リサが語りの中で強調した、義母の葬儀の際に、自分と自分の子供が親族として位置づけられたということも、こうした彼女たちによる、夫の家族との非対称的な関係性のもとでの無数の調整の試みを背景として見ることで、彼女たちにとっての重要性がより明確になるのではないだろうか。

ステレオタイプ化されたイメージの作用については、例えば、「エンターテイナー」イメージとの結びつきが強い日本在住フィリピン人女性のステレオタイプが作用する中で、フィリピン人移住者組織がフィリピン女性のイメージを改善すべく対抗的な自己イメージの構築を試みたことが報告されている（小ケ谷千穂 二〇一六年）。では地方でこうした組織とはほとんど関わりなく暮らす彼女たちは、こうしたステレオタイプの遍在という状況下で、どのように自己を再構築、表現してきたのか、あるいはしようとしているのだろうか。

その点をそれぞれの語りの強調点に注目して見ていくと、例えばジャネットのビジネスや家計管理についての語りを、フィリピンにいた頃から日々の収入と支出を詳細に記載してきたことや、小さなビジネスを工夫しつつ行っていたことを活かしながら、現在では家計の管理を一手に引き受け、子供のための教育資金計画を周到に用意していくような妻・母としての自己の模索、あるいは表現として理解することができるかもしれない。あるいは、彼女がインタビューの冒頭でファミリーの重要性に触れ、ファミリーと一緒だから何でもできると繰り返したこと、また疎遠となった夫と夫の親との関係を気に掛ける言葉を繰り返したことを、彼女が三〇代半ばまでを暮らしたフィリピン社会における家族・親族関係の重要性の表れとしてだけでなく、フィリピンと日本の家族双方に強くコミットする存在としての自己、しかも自分を犠牲にして家族に尽くすだけでなく、エンパワーの源泉としての双方の家族に強くつながれた存在としての自己の構築、表現として検討していくことも可能ではないだろうか。また、リサの介護の仕事の魅力を強調する語りも、「タレント」、妻、母とは異なる形での日本社会との関わり方の模索として検討することができるかもしれない。

ここで自己の模索、表現として挙げた点は、移住者組織による意識的な集団イメージの形成に比べれば、いずれもあまりはっきりとしない、捉えどころのないものである。またはっきりしないだけに、その解釈の妥当性が問われるものでもあるだろう。しかし筆者は、移住者組織などによる、より組織的かつ意識的なイメージ構築の試みと共に、こうした捉えどころのない微細な自己の再構築を丹念に追うことも、歴史的に形成された特定のイメージの中で生きていく人々の多様な生き方の模索の理解として、同様に重要性を持つと考えている。

おわりに

本章では、移住人口の中で結婚移住女性が多数を占めるという、フィリピン人の移住先としての日本の特異性に注目し、その歴史的背景を概略した上で、同じ地域へと結婚移住したが、微妙に差異化された移住経験を持つフィリピン人女性のライフヒストリーを提示した。本章で事例として取り上げた女性たちは、いずれも婚姻関係が継続している結婚移住女性である。近年の日本人男性とフィリピン人女性の離婚件数の増加を踏まえれば、ここで取り上げた三例が、フィリピン人結婚移住女性の移住生活経験を代表しているわけではないことも強調しておく必要がある。

ただし、少数の人への詳細な聞き取り調査は、それが代表性を持たないにしても、経済的不平等、ジェンダーを含む文化的な規範、人の移動・就労を規制し方向づける諸制度、さらにはそれらと関連して形成されるイメージなどの諸力が、いかに絡み合いながら移動する人々に作用し、そして人々がいかにそうした作用に対応しているのかについて、量的調査では得られない洞察や知見をもたらす可能性を持つ。本章は、限られた資料に基づいたものであるが、そこへ向けてのささやかな試みであった。

注

＊1　Commission of Filipino Overseas "Stock Estimate of Overseas Filipinos 2013" より。

＊2　厚生労働省「平成二七年人口動態調査」より。

＊3　法務省「在留外国人統計」（二〇一四年）より。

＊4　フィリピン諸語では、親族呼称上、兄弟と姉妹を区別しないことが一般的である。そうした語感を残すため、本章ではキョウダイとカタカナ表記をする。また、オジ、オバ、イトコなども、フィリピン諸語では、親世代、同世代の遠い親族をも含むことが一般的であり、そうした語感を残すためにカタカナ表記を採用した。

参考文献

小ケ谷千穂『移動を生きる――フィリピン移住女性と複数のモビリティ』（有信堂、二〇一六年）

佐竹眞明、ダアノイ、M・A『フィリピン―日本国際結婚――移住と多文化共生』（めこん、二〇〇六年）

鈴木伸江「日比結婚――コロニアル・グローバル・ナショナルの時空で」（『比較家族史研究』二四号、二〇一〇年）

高畑　幸「国際結婚と家族――在日フィリピン人による出産と子育ての相互扶助」（石井由香編『講座グローバル化する日本と移民問題――移民の居住と生活』明石書店、二〇〇三年）

永田貴聖『トランスナショナル・フィリピン人の民族誌』（ナカニシヤ出版、二〇一一年）

Go, S. "Towards the 21th Century: Whither Philippine Labor Migration?" In B. Cariño (ed.) Filipino Workers on the Move: Trends, Dilemmas and Policy Option, Paperchace Printing Service, 1998.

Faier, L. "Filipina Migrants in Rural Japan and Their Professions of Love," American Ethnologist, Vol. 34, No.1, 2007.

Suzuki, N. "Between Two Shores: Transnational Projects and Filipina Wives in/from Japan," Women's Studies International Forum, Vol.23, No.4, 2000

（付記）本章は、科学研究費「現代東アジアにおける国際結婚と「地方的世界」の再構築」（研究代表者：藤井勝神戸大学教授、課題番号二五三〇一〇一〇）の成果の一部である。また、話者をご紹介下さった日本語教室と国際交流協会の方々、調査に同行し、インタビューの文字起こしの一部を担当して頂いた中山瑞絵氏、藤田浩美氏に感謝する。

第12章
近現代ベトナムへの日本人の関与

八尾隆生

はじめに

最近の日本ではベトナムの食文化や雑貨文化に興味が高まり、テレビでもしばしば紹介番組が放送されているが、実は日本とベトナムはそれほど深く長い交流の歴史があったわけではない。また日本とベトナムは多くのものを中国から受容したが、どっぷりと中国の文化と欧米の文化に浸りながらもそれにあまり違和感や劣等感を覚えることもなく、漠然と「日本文化」をもつと考えているのがいまの日本人だろうが、本章で扱うベトナムはそうではない。

近代以前、ベトナム人[*1]は中国との対比で自らを語ることが多く、今でもそうした傾向は残っている。「北＝中国」に対する「南＝ベトナム」の構図である。

こうした対抗意識は同時に自らが「漢字文化圏の国＝東アジア文化圏の国」であるという意識を育んだ。一〇世紀までベトナムは中国の一部であり、独立後もベトナム歴代王朝は中国をモデルとした国家建設をしてきた長い歴史が存在する。公文書で用いられるのは当然漢文であった。今では一部を除き、公教育の世界から漢字、漢文は姿を消し、現代ベトナム語はアルファベットで綴られるが、語彙、特に抽象的な語彙は漢語起源のものが大半を占める。しかもその多くは日本人の造語であった。例えば「Nước（国）Cộng hòa（共和）Xã hội（社会）Chủ nghĩa（主義）Việt Nam（越南）＝ベトナム社会主義共和国（現正式国名）」のうち、傍線を引いた単語は和製漢語で、Nước（国）だけがベトナム口語である。

しかし、他方でその位置からもわかるように、自分たちは東南アジア[*2]に属するという考えも無かったわけではない。一九八六年以降の開放政策により、東南アジア各国との交流が盛んになったこと、中国との関係が微妙なままであったこと（一九七九年の中越戦争勃発の後、九〇年代くらいまで）も影響しているが、歴史学の世界でも、ベトナム歴代王朝のライヴァルで、ベトナム中南部に存在したチャンパー王国（マレー系のチャム人が主体のヒンドゥー王国で、後一部がイスラーム化した）の文化的・社会的要素が近世以前のベトナムに影響を与えていることが認められるようになった。筆者の首都ハノイ近郊での調査でも、自らの祖先がチャム人（戦争捕虜など）であることを今では隠さない村人が多くいた。

アセアン（東南アジア諸国連合）はアメリカ主導の下、反共連合として成立したため、社会主義ベトナムは当然それを敵視したが、政治的性格が薄れ、地域共同体としての性格が強まると和解が進み、一九九五年には加盟が許され、自らの「東南アジア性」を強調する傾向が強く見られるようになった。

こうした二つの帰属意識がベトナムにはあったが、グローバル化する時代に入って、そうしたジレンマは自然と溶解しつつある。今や中国の経済的・政治的プレゼンスは東南アジアでも強大なものとなり、ベトナムは東南アジアと狭義の東アジアを一体化させた広義の東アジアの一員としての生き方を模索している最中と考えるのが妥当で、史上ほとんどつきあいのなかったわが日本との友好を深めていることや、アメリカと和解したのもその戦略の一環である。

しかし、グローバル化する世界に対応するため、小学校から英語授業を行う、英語の出来ない大学教員は准教授に昇格させないなど強硬な政策を行う一方で、漢字は捨てたが漢語語彙がベトナム語の根本になっていること、中国文化の影響は歴然と残っていること、こうした事実をどう受け止めるのか、さまざまな模索が行われてきた。本章ではそうした模索の歴史を漢字とベトナムの民族文字である字喃（チュノム）[*3]で記された主に一九世紀以前の古典籍[*4]の流転をもとに考え、同時に十九世紀の終わり頃からそれに大きく関わることになった日本につき論じ、これからの日本とベトナムの学問的交流の行く末を考える一助としたい。

1　ベトナム近現代史と古典籍の流転

阮《グエン》朝前半（一八〇二年から八五年まで）

一九世紀後半の内乱を制して現在のベトナムにほぼ匹敵する版図を支配することになった阮福暎（後の嘉隆《ザロン》帝）は、中部のフエを都として一八〇二年に阮朝を樹立した。彼は新たな官僚制度や法整備を急ぐ一方で、自己の正統化のため、歴史書編纂、前朝である黎朝王宮の典籍移管に着手した。ただ彼の統治はおおむね緩やかで、新王朝に懐疑的な北部の有力者を刺激しないよう、急速な集権化は行わず、王朝成立に貢献した家臣やタイのラ

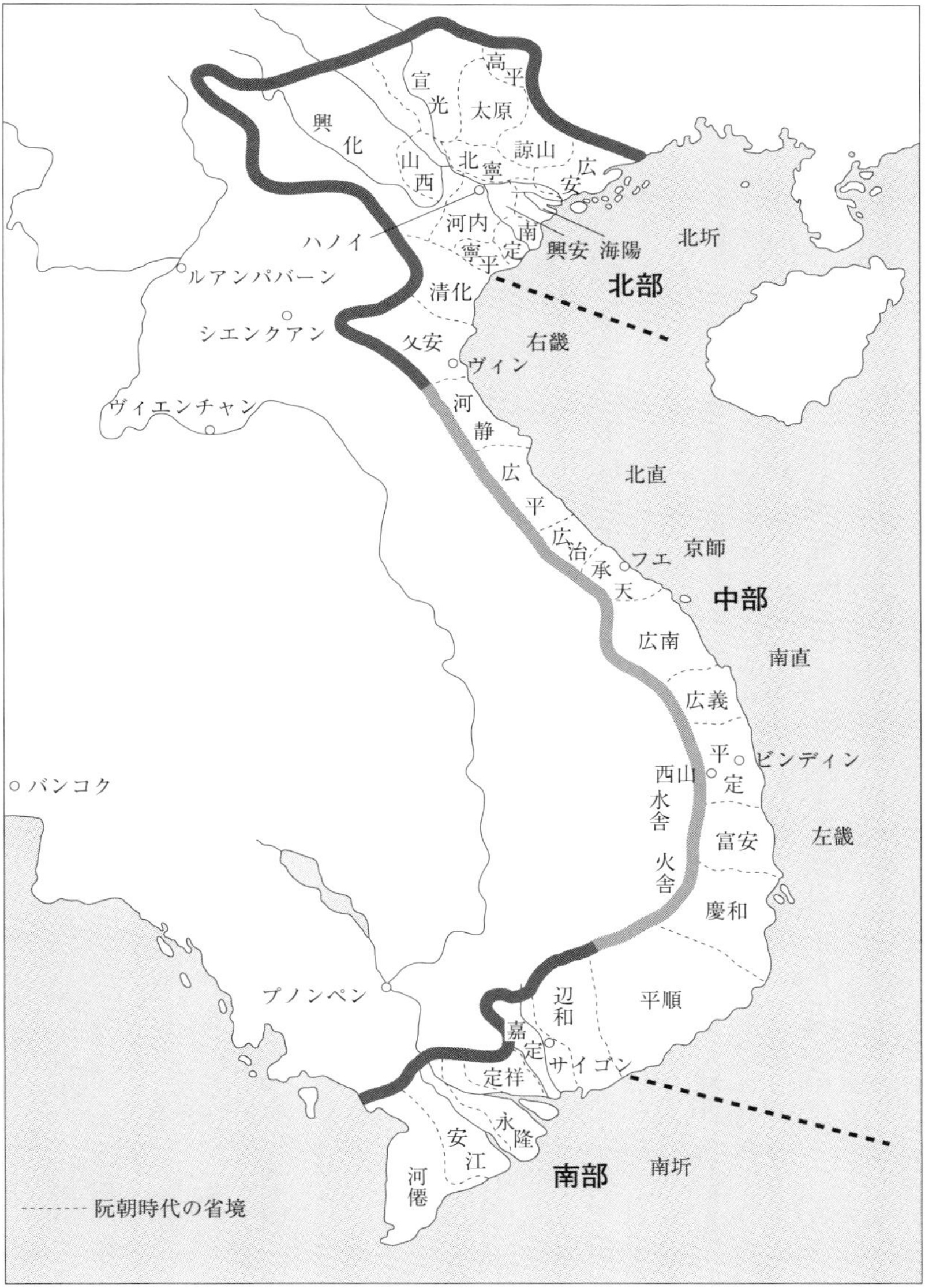

図１　明命期のベトナム

（(嶋尾稔　2001 年）図 1 に加筆）

タナコーシン王朝、それにフランスのカトリック勢力などを優遇した。

ところが彼の子で二代皇帝明命《ミンマン》帝の時代になると事態は一変する。彼はより集権的な国家体制構築のため、カトリック弾圧を開始する。父帝の家臣にも強い態度で臨み、反抗する者は力で制圧し、全国に省制度をしいた。対外的にはタイとも戦って現在のベトナムにほぼ匹敵する版図を築くことに成功した。

文化面では父帝の政策を引き継ぎ、歴史書や政治に関する書籍の編纂を続行した。実はベトナムではいわゆる「出版文化」が貧弱で、阮朝成立以前は木版印刷に付された典籍は数えるほどしかなかった。儒教関連の典籍を必要とする知識人層が薄かったこと、実用本を求める大衆文化の発達が中国などに比べかなり遅れていたことなどが原因であるが、さすがに阮朝期に入ると、政書や地誌、科挙官僚の文集、それに前代の写本をもとにした書籍、民間では実用本などの木版印行が行われ、前代に比べてはるかに多くの書籍が印行に付されている。

フランスの侵略開始

阮朝の盛時はそう長くは続かなかった。明命帝の子である紹治帝が在位わずか七年で没したあとを嗣いだのがその子の四代嗣徳《トゥドゥック》帝（在位：一八四七〜八三年）である。彼はベトナム史上最高の文人皇帝として有名で、阮朝成立以来の多くの出版事業を継続・拡大させる一方、自らも文集や詩文集、音学書や辞書まで編んでいる。ただし中国との第二次アヘン戦争が終結の後、フランスがいよいよ侵略を本格化させる中にあって彼は無策のまま病床に就く。しかも実子がいなく、宮廷では権臣により皇帝が次々と擁立、廃位される中、一八八五年にフエの宮廷はフランス軍の攻撃を被り、王宮書庫も掠奪・破壊の対象となった。ベトナムは三つに分割され、南部はフランス直轄地、中部は保護国として阮朝が存続、北部は名目上阮朝がフランスと共同統治する保護領となった。

その後の諸帝の中にはフランス支配の下、政治権力を奪われたために日々を無為に過ごし、失われた権威の回復のため、文化事業に力を注ぎ、大規模な典籍刊行事業を行ったを行なった者もいた。阮朝年代記である『大南寔録』『大南列伝』の編纂、嗣徳期に中絶された『大南一統志』の再編集と印行などがその代表例である。こうした事業は、変に政治的野心をもたず、実用に乏しいことに労力と費用を費やしてくれているとフランスには歓迎されたのかもしれない（林正子　二〇〇一年）。

フランスのインドシナ統治と古典籍

フランスはカンボジアやラオスにも手を伸ばし、まずはベトナム三地区とカンボジア、それに中国からの租借地広州湾をまとめて一八八七年にフランス領インドシナ連邦を創設した（九九年にはラオスもこれに編入）。総督府は当初サイゴンに置かれたが、対中関係を考慮してハノイに移転された。

同時代には、ベトナムでも金属活字を使用した書籍が印行されるようになるが、フランスは行政用語としてフランス語、民間ではベトナム口語をローマ字で表記させようとした。当初これに反対していた漢学知識人も科挙が廃止されたこともあってやがてこれに慣れ、独立運動家達も反植民地運動の利用に便があることから歓迎の立場に変わり、漢字・漢文の使用は都市部では極度に落ち込むこととなった。

ところが王宮では上述のごとく二〇世紀に入っても依然として宮廷内での公文書用語は漢文のままで、大規模な典籍編纂事業が継続されていた。また農村部でも村落エリートが権威保持のために漢文石碑を延々と作成し続け、神社仏閣や名家は阮朝からの権威のお墨付きである「勅封」を欲しがった。筆者はいったいどれだけの植民地期の勅封や石碑を村々で見たことか……。

ただし、フランスがベトナムをはじめアジアの文化をないがしろにしていたかというと決してそうではない。むろん、植民地支配に貢献させるためであるが、連邦は一九〇〇年にアジア人文学研究機関である「極東学院」をサイゴンに設立し、翌年ハノイに移転させた。そこには敦煌文書研究でも有名なポール・ペリオやアンリ・マスペロ、クメール碑文学の大家ジョルジュ・セデスといった著名な東洋学（日本学を含む）者が顔をそろえた。その研究員たちは中国漢籍とは一味違うベトナムの古典籍にも興味を示し、阮朝王宮典籍を調査し、重要と思われるものについては、科挙の廃止によって官僚になりそこねた漢学者を動員して筆写させ、学院用の写本を作成する一方、ベトナム各地で多くの典籍を精力的に集めた。そして彼らに協力して働いたベトナム人研究者（例えば後に典籍解題書『ベトナム漢喃《ハンノム》書籍の書庫探求』を作成したチャン・ヴァン・ザップなど）が、独立後の近代的な歴史学研究と古典籍の保存・収集・翻訳作業を担うこととなる。

第二次世界大戦、アジア太平洋戦争、そしてベトナム戦争

第二次世界大戦勃発後、フランス本国はナチスドイツに占領され、植民地政権はドイツの傀儡であるヴィシー政権に従った。対米関係が悪化していた日本はドイツと同盟を結び、東南アジアの資源確保のために一九四〇年に連邦の北部に、翌四一年には南部にも進駐し、植民地政権の上にたつ存在となった。そして同年末にはアジア太平洋戦争が勃発し、日本はサイゴンに南方軍総司令部を置いて東南アジア各地を占領下に置いた。周知の如く、戦争後期にはミャンマーやフィリピンが激戦地となったが、ベトナムは連合軍の空爆は受けたものの、陸戦の場にはならないまま、四五年八月に日本敗戦を迎えた。この機をとらえ、四〇年代のはじめから中国との国境付近の北部山岳地帯で抗仏・抗日運動を続けていたホー・チ・ミン率いるベトミン（ベトナム独立同盟）がベトナム全土を手中におさめ、翌月にはハノイでベトナム民主共和国の独立宣言を行った。フエにいた最後の皇帝保大《バオダイ》も退位し、阮朝は滅亡した。しかしフエは無血開城であったにもかかわらず、宮廷に所蔵されていた多くの典籍は再び激しい破壊を被ったらしく、宮廷図書を引き継いだ第一国家公文書館に残る典籍は非常にわずかである（後述）。

フランスは大戦の痛手から抜けきれていなかったにもかかわらず、民主共和国の独立を認めず、四六年から第一次インドシナ戦争が始まった。東南アジアで多くの新興国が成立する中、五四年のディエンビエンフーの戦いでフランスは大敗し、インドシナからの撤退を余儀なくされた。そして同年締結のジュネーヴ協定により、北緯一七度線を軍事境界ラインとして南北ベトナムが成立したのである。

典籍の方に目を配ると、協定成立後、フランスはインドシナから去るにあたって、極東学院をパリに移転させ、同院が所蔵していた典籍はハノイに残されたが、重要典籍の多くをマイクロフィルムにして持ち帰った。北政権はそれらをとりあえず国立社会科学委員会に保管させた。その後その下部組織として漢喃研究院が成立すると、それら極東学院旧蔵本は同院に移管された。一方南部ではアメリカの支援のもとで五四年にベトナム共和国（南ベトナム）が成立した。阮朝の旧都フエは北緯一七度以南だったため、阮朝王宮典籍も同政権によりフエで保管されることになった。

五六年に協定で定められていた統一のための総選挙は結局実現せず、北ベトナムは武力による統一を企図し、六〇年に南部ベトナム解放民族戦線を設立し、ゲリラを潜入させはじめた。北からの浸透に脅威を覚えたアメリカは南ベトナム軍に軍事援助だけでなく直接介入を開始し、六四年からは北爆が開始され、第二次インドシナ戦争＝ベトナム戦争が本格化した。

南ベトナムでは北からのゲリラ攻撃や反戦運動に力で対抗した初代大統領ゴ・ディン・ジェムは「フランスかぶれの反共主義者」「仏教弾圧者」として悪名高く、最後はアメリカの同意を得たクーデタで殺されるが、ベトナム伝統文化の保存には熱心で、王宮蔵典籍を保護するためサイゴンの公文書館の管理下に移し、各地の書庫に分散保管させた。そのおかげで六八年の北側ゲリラ及び解放戦線によるテト攻勢でフエ王宮も大きく破壊されたが、典籍は消失を免れた。七〇年代に入ると北側の攻勢が激化したため、それらの図書の一部は大統領官邸（現在の統一宮殿）の地下収蔵庫に収蔵されることになった。

南北ベトナムの統一と典籍管理

一九七五年に首都サイゴンが陥落し、南ベトナム政権は消滅した。翌年南北ベトナムの統一がなるが、主に西側諸国の経済制裁などで国内経済は麻痺し、書籍の管理どころではなく、王宮古典籍は、そのまま散在する複数の書庫に置かれたままであったようである。そしてサイゴン改めホーチミン市の公文書館は第二国家公文書館に再組織化され、旧王宮蔵典籍やフランス植民地政権文書などはそこに移管されたが、資金難は続き、保存や整理、公開へ向けた活動はとても十分と言えるものではなかった。

経済開放策がようやく効果をあげはじめた九〇年に、中部の都市ダナンで「ホイアン国際シンポジウム」が開催された。国際化を図るベトナムが、かつて日本町も存在した国際交易港ホイアンをテーマに選んだのも日本を当てにしてのことであろうが（シンポの主なスポンサーは日本）、ベトナム戦争後初の国際学会でもあり、手土産代わりにベトナム側は、参加した外国人研究者にテト攻勢時に消失したとの説もあった上記の典籍の存在を明らかにし、参観を許可したのである。

漢喃研究院には旧極東学院蔵書だけでなく他機関に所蔵されていた典籍も集められた（グエン・ティ・オワイン　二〇〇五年）。同院は海外の学術基金をもとに、連年地方に史料調査・収集活動に出向く傍ら、研究員の研究も盛んで、定期機関誌『漢喃雑誌』や毎年出される『漢喃学通報』はその研究報告集である。外国人にも所蔵典籍は公開されており、受入機関の紹介状があれば閲覧や複写も可能となっている。

2　日本人の関与

黎明期の日越交流

前述のごとく、日本とベトナムとの交流はそう古いものでも、深いものでもなかった。しかしこと江戸初期の朱印船貿易時代に関していえば、日本船が最も繁く訪れたのは、実はベトナムであった。

当時ベトナムは南北政権（北政権は黎氏が皇帝であるにも関わらず権臣鄭氏が実権を握っている黎鄭政権、南政権は中部に本拠を置く阮氏政権（阮朝の前身））に分裂している時代ではあったが、その両方に日本船は到来し、阮氏の本拠地フエに近い国際交易港ホイアンには日本町も建設された。日本がベトナムから輸入したがったものには、当時直接取引のできなかった中国産の生糸や、ベトナム産の生糸、それに中部産の沈香、砂糖などであった。ベトナムの典籍が日本にもたらされたとは思えないが、阮氏や鄭氏と幕府との間で交わされた書簡の実物や写しはそう多くないものの存在する。

このベトナムとの交流は日本の鎖国により数十年で終わることになるが、その後も日本ではいわゆる漢学は発展を続け、中国あるいはオランダ船経由でベトナムの情報も細々と伝わり、幕末を迎えることとなる。

明治期

明治維新の後、急速な近代化を目指す政府と足並みをそろえるように、歴史学の世界でも近代的歴史学研究方が欧米から導入され、従来の漢学を基礎に「東洋学」という新しい学問分野が成立した。しかしその「東洋」学とはいわば「東アジア」学ともいうべきものであり、日本を除く中国、朝鮮、モンゴルがその主な研究対象地であった。現在東南アジアと呼ばれる地域は、当時欧米列強の植民地化が進行しており、日本では南方とか南洋といった呼び名が用いられていた。その中でベトナムだけは、上述の如く阮朝朝廷がフランスの保護国として存在を許されたため、また主要な典籍が漢文で記されていたため、かろうじて東洋学の片隅にひっかかるような形で研究がはじまったのである。

ただし、注目すべきことは、ベトナムへの関心はいわゆる学問の世界ではなく、軍人、ジャーナリスト、外交官の方から始まったこと、つまり古典籍の分析など学術的なことではなく、同時代的関心からはじまったことである。

明治維新後、日本は列強の動向に注意を払っていた。フランスのベトナム侵略とそれに続く清仏戦争では軍人やジャーナリストが現地で情報収集を行っていた。そうした情報に触れた人々の中から、ベトナム古典籍を覆刻（活字印刷化）したり、自らベトナム通史を書いたりする者が現れたのである。

例えば軍人としては引田利章（一八五一〜九〇年）が有名である。彼は萩藩出身で、陸軍に入り、参謀本部付きの編纂畑を歩み、多くの報告書や著述を残している。幼いときから漢学の手ほどきを受けていたため、日本初のベトナム通史である『安南史』を漢文調で残している。また神話の時代から黎朝末期までを記したベトナム正史『大越史記全書』を金属活字印刷本として覆刻したのも彼であった。[*5]

ジャーナリストとしては岸田吟香（一八三三～一九〇五年）が挙げられる。彼は美作の富農出身で、東京の新聞社に勤務し、台湾出兵にも従軍記者として参加した。一八七七年には東京に薬屋楽善堂を開店し、八〇年にはその支店を上海に開き、商業の傍ら時事問題にも関心をいだき、銅板印刷による中国書籍の覆刻に貢献した。そうした書籍の中に、ベトナムでは伝わらず、中国で伝来した現存する最古のベトナム地誌である『安南志略』があったのである。そして引田版『大越史記全書』と岸田版『安南志略』は、実に二〇世紀の後半に至るまで、日本でのベトナム史研究の底本として貢献し続けたのである。

日本の南進政策

日本の対外政策はその進出方向を巡って陸海軍が対立し、迷走を極め、中国大陸での戦いも泥沼の様相を迎えていた。そんな中、一九三六年の五相会議で日本の進出方向が南方であると、一応の合意ができる。その影響は日本の社会全般に及び、南洋への関心を惹起するような小説や旅行記出版が盛んになる一方、学問の世界でも南方に関する歴史研究などが盛んとなった。

永田安吉（一八八八年～？）は三〇年代に在ハノイ日本総領事であったが、ベトナム古典籍や骨董品を収集し、帰国後の三四年に典籍類を東京の東洋文庫に寄贈した。それにより、日本における最初の公的機関によるベトナム古典籍コレクションが誕生した。

松本信広（慶大出身、一八九七～一九八一年）、山本達郎（東大出身、一九一〇～二〇〇一年）、藤原利一郎（京大出身、一九一五～二〇〇八年）らが一九三〇年代から四〇年代にハノイやフエを訪れ、極東学院や阮朝王宮所蔵図書を調査し、目録を作成している。これらの業績により、どれだけの典籍が第一節で論じたように失われたかがわかる。彼らは現地で典籍の収集にもあたったが、特に松本が極東学院院長セデス氏の仲介で、保大帝の許可を得て、『大南寔録』を数部印刷することに成功し、日本にもたらした功績は大きい。[*6]

第二次世界大戦後〜南北政権下

アジア太平洋戦争に敗北した日本人は政治的にも経済的にも外国渡航のチャンスが与えられず、ベトナム史研究者は戦前収集の典籍と業績の蓄積で細々と研究を行っていた。大きな変革のチャンスは皮肉なことにベトナム戦争の激化によって日本人のベトナムへの関心が高まったことで訪れた。ベトナム史を志す多くの新進研究者が登場したのである。やはり現代史に彼らの関心は集中し、典籍を中心とした研究者はほとんど増えなかった。しかし、それでも様々な手段やルートを通じてこの時代にもベトナムでの活動を続けた人々がごくわずかではあるが存在した。

幾人か紹介してみると、陳荊和（慶大出身、一九一七〜九五年）は台湾生まれで日本で教育を受け、フランスに移った極東学院にも在籍した。ゴ・ディン・ジェムの文化担当顧問となり、王宮典籍の整理につとめる一方で、『安南志略』の覆刻、阮朝硃本目録の編纂に着手するなど多くの業績を残した。

山本達郎は第一次インドシナ戦争の真っ最中にフランス支配下のハノイで、極東学院蔵書本の追加目録を作成する一方、パリにフランス極東学院が移転した後、同院より多くのマイクロフィルムを将来し、東洋文庫に寄贈した。筆者世代の研究者はこのマイクロがなければ研究が不可能だったであろう。

川本邦衛（慶大出身、一九二九年〜）は北政権に食い込み、外国人ではじめて社会科学図書館に所蔵されていた旧極東学院蔵典籍を調査し、ベトナム側で作成中であった目録を筆写し、日本で公開した。

こうした先学の努力のもと、わずかではあるが育ちつつあった新世代の研究者に光明が訪れたのである。

経済開放政策開始後（一九八六年〜）

ベトナム共産党が改革路線を打ち出した後、日本の商社やメーカーはベトナムへの参入を図ったが、やはり商習慣や法制上の問題でその歩みは決して順調とは言えなかった。皮肉なことに、金銭的問題が少ない人文学領域に属する歴史研究者は比較的スムーズにベトナム人研究者との交流を活発化させた。留学や現地調査も盛んとなり、多くの学術基金団体、大学等がベトナム研究助成に乗り出し、改革開始から三〇年が過ぎた現在、筆者もその交流の全貌をもはや把握できていない状態である。唯一自慢できるのは、ベトナム戦争後はじめて漢喃研究院で蔵書のコピーを許されて持ち帰ったのがこの自分だということくらいであろうか。同院の研究者の情報を補足しながらベトナム古典籍の歴史をまとめると、図２のようになる（もちろん、未確認の情報や知られていない事実も数多く存在する暫定図である）。

おわりに

近代以前、公用語の地位にあった漢文及び地方文書や民族文学書に多く用いられた字喃は社会主義政権成立後も「封建制度の悪しき遺物」とはみなされず、それらを用いて記された古典籍はベトナム文化の貴重な財産とされ、漢喃研究院や国家公文書館が中心になって整理・保存・研究が継続されている。

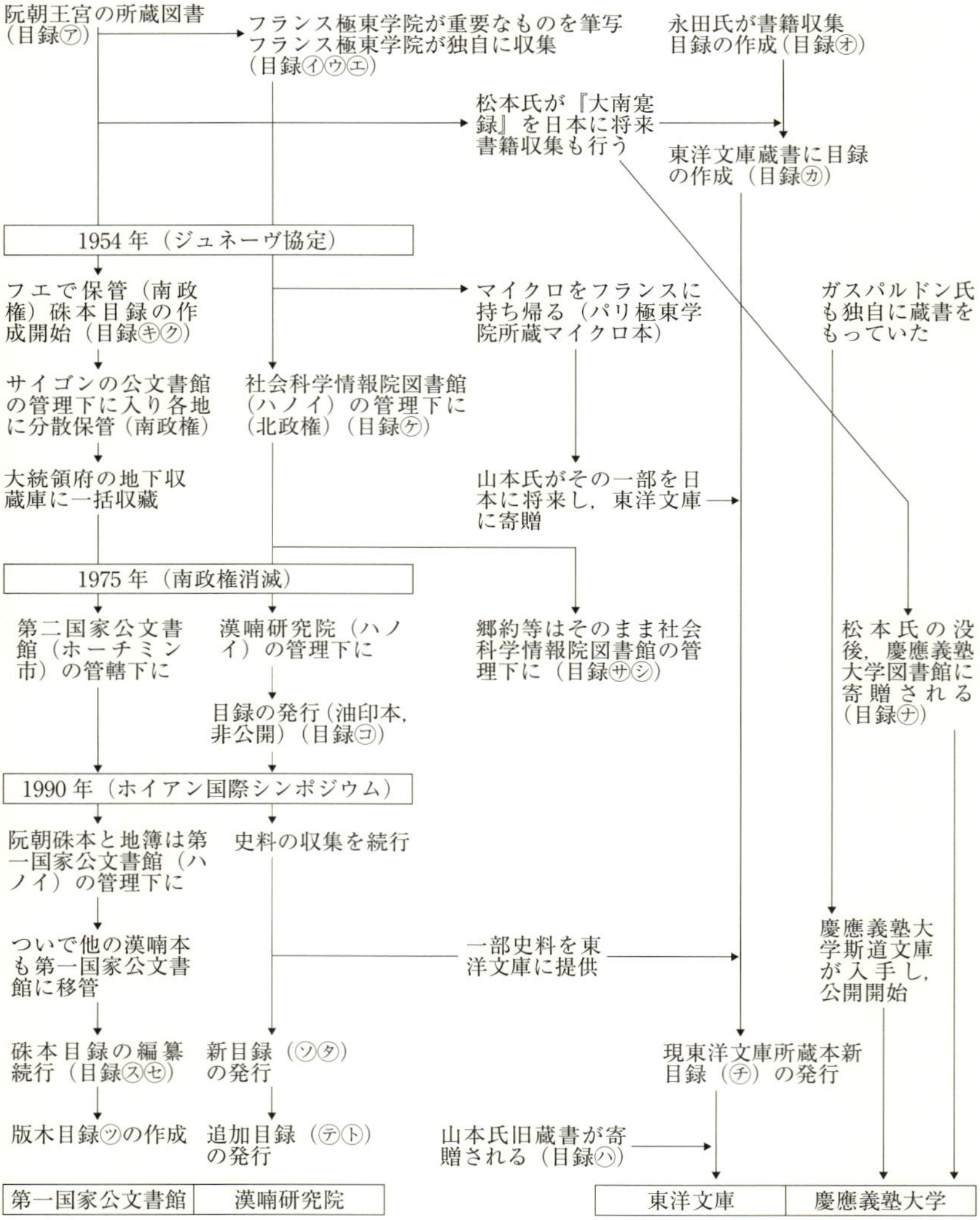

図2　ヴェトナム古典籍の歩み（暫定図）

（注）日本では国立国会図書館古典籍室に数十冊の漢喃本が所蔵されている（目録㋥）．さらにパリの国立図書館（目録㋦），国民図書館（目録㋧），アジア協会（目録㋨）などにもかなりの漢喃典籍が存在する．また，ヴェトナムの史学院，国家図書館蔵書，及びヴェトナムと交流の長かった中国，台湾の諸機関については筆者は満足に調査を行っていない．今後に期したい．

しかし財政上の問題から、地方の典籍の保存は、法的には定められているものの、各地方政府の「やる気」と「能力」に委ねられているのが実情である。やる気のある自治体や機関は学術協力の形をとって外国から助成金を引き出すなどの工夫を行っている。筆者が現在お世話になっているタインホア省も「やる気」のある省で、竣工したばかりの新たな省図書館には古典籍室が設けられ、省内から収集した典籍や碑文の拓本などの整理が進み、筆者もささやかながらお手伝いをしている。

ただ人文学に世間で大きな逆風が吹いている中、自虐的な言い方をすると、人文学は学問の世界の負け組で、その中で歴史学は負け組である。歴史学の中で東洋史学は負け組であり、その中でベトナム史学は負け組である。そしてベトナム史学の中で古典籍を扱う前近代史学はぶっちぎりの負け組であろう。よっていつまでこうした一見業績の出せない作業に国が研究費を出してくれるかは全く見通しが立たない。

それでも経済的問題より重要なのは、後継者の養成である。公的教育から漢字を排除したベトナムでは、漢喃文を読めるのは東洋文学・哲学やベトナム前近代史を専攻したごく一部の者に限られる。そこに日本人をはじめとする外国人が史料保存や研究に貢献できる余地が生まれる。実際、図2をみれば日本人がベトナム古典籍の保存に大きく関わってきたのは明かであり、新しい世代が先人の作業を引き継ぐだけでなく、ベトナム人の後進養成にも積極的に協力することは大いに意味があることだと考える。

注

＊1　ベトナムは五四の民族からなる多数民族国家であり、本章では多数民族であるベト族をとりあえずベトナム人と表現する。

＊2　無論、二〇世紀以前に「東南アジア」という概念は存在しないし、航海術に長けていたわけでないベトナムは中国に対す

るほど積極的に東南アジア諸国と交流したわけではないが、言語、儒教が浸透する以前の信仰や社会観念等に「東南アジア性」が多く見られることに関しては人類学などで多くの研究がある。

＊3　漢文本と字喃本、それに漢字と字喃の両方を使用して書かれた書籍を以下では漢喃本と称する。

＊4　筆者の専門である文献研究では冊子体の「書籍」の他に、単体の文書や碑文などが研究の材料となるが、本章では書籍に対象を絞り、(古)典籍と記載することとする。

＊5　他に軍人としては曽根俊虎（一八四七〜一九一〇年）が有名。彼は米沢藩出身で海軍に入った後、中国で諜報活動を行っていた。清仏戦争でのフランスの非道を描いた『法越交兵記』（報行社、一八八六年）を漢文体で著し、中国の革命分子とも公然と交際していた（佐藤茂教　一九七二年）。

＊6　他に日本植民地下の朝鮮で生まれた金永鍵（一九一〇〜?）が重要である。ユン（二〇一〇年）によれば、彼はソウルの普通高等学校を卒業後、フランスに留学し、二〇年代の末から極東学院に司書として勤務し、四〇年の日本による仏印進駐までハノイに滞在した。ベトナム史の論文集として『印度支那と日本の関係』（冨山房、一九四三年）がある。

漢喃古典籍の目録（ベトナム語のものにはV語と表示）

㋐松本信広「越南王室所蔵安南本書目並びに追記」（『史学』一四（二）、一九三五年）

㋑―――「河内仏国極東学院所蔵安南本書目」（『史学』一三（四）、一九三四年）

㋒山本達郎「河内仏国極東学院所蔵字喃本及び安南版漢籍書目並びに追記」（『史学』一六（四）一九三八年）

㋓―――「河内仏国極東学院所蔵安南本追加目録」（『東洋学報』三六（二）、一九五三年b）

㋔岩井大慧「永田安吉氏蒐集安南本目録」（『史学』一四（二）、一九三五年）

㋕（財）東洋文庫編『東洋文庫朝鮮本分類目録附安南本目録』（(財)東洋文庫、一九三九年）

㋖陳　荊和『阮朝硃本目録』第一集　嘉隆朝（フエ大学出版社、一九六〇年、V語）

㋗―――『阮朝硃本目録』第二集　明命朝（フエ大学出版社、一九六二年、V語）

㋘川本邦衛「越南社会科学書院所蔵漢喃本目録」（『慶応大学言語文化研究所紀要』二、一九七一年）

㋙ベトナム社会科学図書館編『漢喃書籍書目』全十一冊（未公刊油印本、一九六九～七二年、V語）
㋚――『越南郷約目録――近代期』（社会科学出版社、一九九一年、V語）
㋛――『越南郷約目録――漢喃原本』（社会科学出版社、一九九四年、V語）
㋜ベトナム国家公文書局・フエ大学・ベトナム研究文化交流センター編『阮朝硃本目録』第二集　明命六・七年（一八二五～二六）（文化出版社、一九九八年、V語）
㋝ベトナム国学研究センター編『嗣徳硃本（一八四八～一八八三年）（選録・略述）』（文学出版社、二〇〇三年、V語）
㋞漢喃研究院・フランス極東学院編『ベトナム漢喃書籍の遺産――書目提要』全三冊（社会科学出版社、一九九三年、V語）
㋟劉春銀・王小盾・陳義主編『越南漢喃文献目録提要』全二冊（中国文哲研究所（電子版：http://www.litphil.sinica.edu.tw/hannan/）、二〇〇二年）
㋠後藤均平『東洋文庫蔵越南本書目』（（財）東洋文庫、一九九九年）
㋡国家公文書局・第二国家公文書館編『阮朝木版――総観提要』（文化情報出版社、二〇〇四年、V語）
㋢漢喃研究院編『ベトナム漢喃書籍の遺産――書目提要』補遺Ⅰ　上巻　神勅・神籍・俗例（社会科学出版社、二〇〇二年a、V語）
㋣――『ベトナム漢喃書籍の遺産――書目提要』補遺Ⅰ　下巻　俗例・地簿・古紙・社誌（社会科学出版社、二〇〇二年b、V語）
㋤和田正彦「松本信廣博士将来の安南本について――慶應義塾図書館・松本文庫所蔵安南本解題（上）（中）（下）」（『史学』六二（一・二）、（三）、六三（一・二）、一九九二～九三年）
㋥後藤均平「国立国会図書館所蔵越南本一覧」（『アジア資料通報』三三（三）、一九九五年）
㋦藤原利一郎「パリ国立図書館新収安南本目録」（『史窓』三二、一九七四年）
㋧山本達郎「パリ国民図書館所蔵安南本目録」（『東洋学報』三六（一）、一九五三年a）
㋨――「パリアジア協会所蔵安南本書目」（『東洋文化研究所紀要』五、一九五四年）
㋩（財）東洋文庫（編）『山本達郎博士寄贈書目録』和漢書・越南文献篇（（財）東洋文庫、二〇一一年）

参考文献

グエン・ティ・オワイン著・清水政明訳「漢字・字喃研究院所蔵文献——現状と課題」（『文学』六（六）、二〇〇五年）

佐藤茂教「引田利章の経歴紹介と曽根俊虎に関する若干の史料」（『史学』四五（一）、一九七二年）

嶋尾　稔「タイソン朝の成立」（桜井由躬雄（責任編集）『岩波講座　東南アジア史』四、二〇〇一年）

林　正子「『大南寔録』の成立過程（二）——フランス支配下における変質を中心として」（『人文・自然・人間科学研究』（拓殖大学）五、二〇〇一年）

八尾隆生「ベトナムにおける漢喃（ハンノム）本の研究と収集の現状」（大澤顯浩編著『東アジア書誌学への招待（学習院大学東洋文化研究叢書）』下冊、東方書店、二〇一〇年）

ユン・デヨン（尹大栄）「一九三〇—四〇年代の金永鍵とベトナム研究」（『東南アジア研究』四八（三）、二〇一〇年）

（付記）本章で扱ったベトナム古典籍についてより専門的に知りたい方は、やや情報が古くなっているが、本章のもととなった拙稿（八尾隆生　二〇一〇年）や（グエン・ティ・オワイン　二〇〇五年）を参照いただきたい。

あとがき

いきなり私的な話で恐縮だが、小高い丘が原爆の被害を多少とも和らげたといわれる広島の下町で僕は育った。高校二年まで住んでいたアパートの隣人は、「在日」の一家だった（韓国籍か朝鮮籍かは知らない）。新聞の勧誘員がやってきたある日、その家の母親が「日本語は読めないから買わない」と片言の日本語で断っていたことをなぜか覚えている。彼らは通名を止めて本名を使うようになったが、その家の長男は僕たちの愛犬の小屋を作ってくれる、器用で優しい人だった。そんな環境で育ったせいか、中学生のとき、ある同級生が――彼としては僕への友情の発露だったのだろうが――、「あいつとこいつが在日だ」と耳打ちしたときには、なんともいえない思いが残った。僕がアジアと日本に関して漠然とだが関心をもったのは、その頃からだったように思う。しかし中学生には分らないことだらけだった。こうした分らないことを少しでも理解したい、と思い続けて、本書に至ったように感じる。だが今、あとがきを書きながら、アジアをみる視点はさまざまで、アジアに対する答えも一つではないことを改めて実感している。その多様で時に緊張関係を孕むアジアをめぐる議論を、丁寧にひもとくために必要な情報と、情報の整理や解釈の方法を、僕はどれほど身につけてきただろうか。

本書のサブタイトルにある「日本人」に対しては、執筆者のなかから違和感が示された。たしかに「日本人」を強調することで、他国民との対立を煽る議論が横行していることは否定できない。同時にインターネット上での「非国民」などの言葉が示すように、あるべき「日本人」像を他者に押しつける議論もみられる。また「アジアの世紀」という表現にも批判があった。そもそも本書の目的は、「アジア」という語のもつ曖昧さや恣意性を論じることであり、その作業を通じて「アジアの世紀」を強調し、欧米に対する指導権争いを念頭に置く人々を批判すべきではないのか、という意見である。いずれも正鵠を射たもっともな批判だと編者も考えている。しかしながら、現在では「日本人」にしても「アジアの世紀」にしても、人々の間で広く使われている。こうした普通の言葉に今一度寄り添って、その意味を自分たちの言葉で考え直すことも、困難な課題ではあるが、重要だと感じている。あえてこの言葉をタイトルに含んだゆえんである。

本書は「ワンアジア財団」の助成金により、二〇一五年度に広島大学総合科学部で開講した「「アジア」学」を基礎とし、一書にまとめるにあたって執筆者を広げた。講義と本書の企画を深める過程では総合科学部の理念に拠り、自分の学んできた学問の手法のみに拘らず、学際的であろうとしてきた。執筆を予定していながら、諸般の事情で原稿を掲載できなくなった方もいるが、執筆者はもとより彼らからも、僕は多くの知的な刺激を受けた。特に名前をあげることはしないが、心より感謝の意を表したい。またワンアジア財団には、本書の出版経費についても支援していただいた。金は出すが口は出さないということは、「言うは易く行うは難し」であろう。僕にとって、これほどありがたいことはなかった。佐藤洋治理事長ほか、財団の方々に改めてお礼申しあげる。最後になったが、有志舎社長・永滝稔氏にも本当に助けてもらった。生来いい加減な私は永滝氏の叱咤激励のもとで、本書を形にすることができた。皆さん、ありがとうございました。

二〇一六年一一月

水羽信男

丸田孝志（まるた　たかし）

1964 年生まれ、広島大学大学院文学研究科東洋史学専攻博士課程後期単位取得退学

現在、広島大学大学院総合科学研究科教授

〔主要業績〕

『革命の儀礼――中国共産党根拠地の政治動員と民俗』（汲古書院、2013 年）

『共進化する現代中国研究：地域研究の新たなプラットフォーム』（共著、大阪大学出版会、2012 年）

『変革期の基層社会――総力戦と中国・日本』（共著、創土社、2013 年）

黄 自 進（こう　じしん）

1956 年生まれ、慶應義塾大学法学博士

現在、中央研究院近代史研究所研究員（教授）

〔主要業績〕

『「和平憲法」下的日本重建（1945-1960）』（中央研究院人文社会科学研究中心亜太区域研究専題中心、2009 年）

『蔣介石と日本――友と敵のはざまで』（武田ランダムハウスジャンパン、2011 年）

『阻力與助力之間：孫中山、蔣介石親日、抗日 50 年』（九州出版社、2015 年）

長坂　格（ながさか　いたる）

1969 年生まれ、神戸大学大学院文化学研究科博士課程単位取得退学

現在、広島大学大学院総合科学研究科准教授

〔主要業績〕

『国境を越えるフィリピン村人の民族誌――トランスナショナリズムの人類学』（明石書店、2009 年）

Mobile Childhoods in Filipino Transnational Families: Migrant Children with Similar Roots in Different Routes（共編著、Palgrave Macmillan, 2015 年）

Southeast Asian Migration: People on the Move in Search of Work, Refuge and Belonging（共著、Sussex Academic Press、2016 年）

八尾隆生（やお　たかお）

1960 年生まれ、京都大学大学院文学研究科博士後期課程研究指導認定退学 博士（文学）（大阪大学）

現在、広島大学大学院文学研究科教授

〔主要業績〕

『黎初ヴェトナムの政治と社会』（広島大学出版会、2009 年）

「前近代ヴェトナム法試論」（『歴史評論』759 号、2013 年）

「黎朝聖宗の目指したもの―― 15 世紀大越ヴェトナムの対外政策」（『東洋史研究』第 74 巻第 1 号、2015 年）

布川　弘（ぬのかわ　ひろし）

1958年生まれ　神戸大学大学院文化学研究科単位取得退学

現在、広島大学大学院総合科学研究科教授

〔主要業績〕

『神戸における「下層社会」の形成と構造』（兵庫部落問題研究所、1993年）

『近代日本社会史研究序説』（広島大学出版会、2009年）

『平和の絆――新渡戸稲造と賀川豊彦、そして中国』（丸善、2011年）

西　佳代（にし　かよ）

1969年生まれ、広島大学大学院社会科学研究科博士課程後期修了、学術博士（国際関係論）

現在、広島大学大学院総合科学研究科准教授

〔主要業績〕

「グアムの基地内外格差に関する一考察――島南部の水問題を事例として」（龍谷大学『社会科学研究年報』第43号、2012年）

「アメリカのアジア太平洋地域に対する軍事的関与の政治経済学――海軍によるグアム島統治史を中心に」（広島平和科学研究センター『広島平和科学』第34号、2012年）

「対テロ戦争が米国の天然資源管理に及ぼす影響に関する考察――ナショナル・ガードのウェル・ビーイングをめぐる議論を中心に」（松島泰勝編著『島嶼経済とコモンズ』晃洋書房、2014年）

金子　肇（かねこ　はじめ）

1959年生まれ、広島大学大学院文学研究科東洋史学専攻博士課程後期単位取得退学

現在、広島大学大学院文学研究科教授

〔主要業績〕

『近代中国の中央と地方――民国前期の国家統合と行財政』（汲古書院、2008年）

『中国議会百年史――誰が誰を代表してきたのか』（共著、東京大学出版会、2015年）

「抗米援朝運動と同業秩序の政治化――上海の愛国業務公約を素材に」（『歴史学研究』923号、2014年）

水羽信男（みずは　のぶお）←編者

1960年生まれ、広島大学大学院文学研究科東洋史学専攻博士課程後期単位取得退学

現在、広島大学大学院総合科学研究科教授

〔主要業績〕

『中国近代のリベラリズム』（東方書店、2007年）

『中国の愛国と民主――章乃器とその時代』（汲古書院、2012年）

『戦時期中国の経済発展と社会変容』（共著、慶應義塾大学出版会、2014年）

編者・執筆者紹介

大池真知子（おおいけ　まちこ）

1967年生まれ　お茶の水女子大学大学院博士課程修了 博士（人文科学）
現在、広島大学大学院総合科学研究科准教授
〔主要業績〕
『スピヴァク　みずからを語る――家・サバルタン・知識人』（ガヤトリ・スピヴァク著、岩波書店、2008年）
『エイズと文学――アフリカの女たちが書く性、愛、死』（世界思想社、2013年）
『かくも多彩な女たちの軌跡――英語圏文学の再読』（共著、南雲堂、2004年）

青木利夫（あおき　としお）

1964年生まれ　一橋大学大学院社会学研究科博士後期課程単位取得退学 博士（社会学）
現在、広島大学大学院総合科学研究科教授
〔主要業績〕
『20世紀メキシコにおける農村教育の社会史――農村学校をめぐる国家と教師と共同体』（溪水社、2015年）
『生活世界に織り込まれた発達文化――人間形成の全体史への道』（共編著、東信堂、2015年）
『世界の高等教育の改革と教養教育――フンボルトの悪夢』（共編著、丸善出版、2016年）

三木直大（みき なおたけ）

1951年生まれ、東京都立大学大学院人文科学研究科博士課程単位取得退学
現在、広島大学大学院総合科学研究科教授
〔主要業績〕
『越えられない歴史――林亨泰詩集』（思潮社、 2006年）
『台湾近現代文学史』（共著、研文出版、2014年）
『台湾新文学史（上）（下）』（共訳、東方書店、2015年）

川口隆行（かわぐち　たかゆき）

1971年生まれ　広島大学大学院教育学研究科博士課程後期修了
現在、広島大学大学院教育学研究科准教授
〔主要業績〕
『原爆文学という問題領域』（創言社、2008年、増補版2011年）
『台湾・韓国・沖縄で日本語は何をしたのか――言語支配のもたらすもの』（共編著、三元社、2007年）
『「サークルの時代」を読む――戦後文化運動研究への招待』（共編著、影書房、2016年）

アジアから考える
日本人が「アジアの世紀」を生きるために
2017年3月30日　第1刷発行

編　者　水羽信男
発行者　永滝　稔
発行所　有限会社　有　志　舎
〒101-0051　東京都千代田区神田神保町3丁目10番、宝栄ビル403
電話　03(3511)6085　　FAX　03(3511)8484
http://yushisha.sakura.ne.jp
振替口座　00110-2-666491
DTP　言海書房
装　幀　折原カズヒロ
印　刷　中央精版印刷株式会社
製　本　中央精版印刷株式会社

ISBN978-4-908672-11-8